Zu diesem Buch

«Ich hatte M. gehorcht, allein weil er befohlen hatte. Ich hatte mich demütigen lassen, hatte mich schlagen lassen. Die Befehle, die Erniedrigung, die Schmerzen – sie hatten mich erregt. Mehr als alles in meinem Leben bisher Erfahrene. Mir sogar den Verstand geraubt. Ich hatte gehorcht. Blind ... Zu erleben, wie Vorsicht und Umsicht einem unwiderstehlichen Sog wichen, verlieh der Sache einen besonders prekären Charakter. Mit einem Hunger konfrontiert zu werden, dessen Ausmaß ich nicht erahnte, machte – fassungslos.»

Hin und her gerissen zwischen Angst und Lust, stellt sich Eva B. ihrer Veranlagung. Durch den Wechsel zwischen atemlosen, erotischen Spielen und dem Versuch, sich selbst zu verstehen und zu bewahren, ermöglicht die Autorin dem Leser einen spannenden Einblick in die geheimnisvolle Welt des Masochismus.

Die Autorin

Eva B. war viele Jahre verheiratet und ist Mutter von drei Kindern. Die Akademikerin ist neben ihrem Beruf erfolgreiche Autorin zahlreicher Fachbücher. Seit drei Jahren lebt sie zusammen mit W. ihren Traum.

Eva B.

Mit dem Schmerz gehör ich dir

Bekenntnisse einer Masochistin

Rowohlt Taschenbuch Verlag

Alle im Buch vorkommenden Personen sind Personen des wirklichen Lebens. Um ihre Privatshäre zu schützen, wurden Lebensumfeld und Namen geändert.

Veröffentlicht im Rowohlt Taschenbuch Verlag,
Reinbek bei Hamburg, Mai 2007

Lektorat Angela Troni
Umschlaggestaltung ZERO Werbeagentur, München
(Foto: mauritius images / Photononstop)
Satz Proforma PostScript (InDesign)
bei KCS GmbH, Buchholz bei Hamburg
Druck und Bindung Clausen & Bosse, Leck
Printed in Germany
ISBN 978 3 499 62222 9

Inhalt

Fassungslos

Schau mich an! Mit festem Griff nimmt er mein Kinn und dreht meinen Kopf zu sich. Er befiehlt, und ich gehorche. Ich gehorche, weil er befiehlt. Einen anderen Grund gibt es nicht. Die ganze Welt besteht plötzlich nur noch aus seiner befehlenden Stimme. Das Café, in dem wir uns befinden, existiert nicht mehr. Setz dich gerade! Leg die Hände in den Nacken! Ellenbogen nach hinten! Weiter nach hinten! Der Blick, mit dem er meine Brüste und Achseln prüft, lässt mich schaudern. Er heißt mich auf meinem Stuhl nach vorne zu rutschen und die Arme auf dem Tisch vor den Brüsten zu verschränken. Kneift mich ohne Vorwarnung in die linke Brustwarze. Mit einer Selbstverständlichkeit, als gehöre sie ihm. M., einem Mann, mit dem ich vor einer halben Stunde zum ersten Mal zusammengetroffen bin. Der Schmerz durchdringt meinen ganzen Körper. Bitte mich, fester zuzudrücken! Ich bitte ihn darum. Bitte ihn, auch die rechte zu kneifen. Er greift mir in die Haare, zieht mir den Kopf nach hinten. Hält meinen Kopf so, dass ich ihn nicht mehr bewegen kann. Stößt mit seiner Zunge in mein Ohr. Ich werde in alle deine Öffnungen eindringen, und du wirst tun, was ich dir sage! Eine nie gekannte Erregung ergreift mich bis zur Ausblendung aller anderen Wahrnehmungen. Am nächsten Tag werde ich mich nur noch an seine befehlende Stimme, seine Berührungen und seinen strengen Blick erinnern können. Nicht an sein Aussehen, nicht an seine Antworten auf meine Fragen. Nur seine Befehle werden sich in meinem Gedächtnis wiederholen, mich jedes Mal beben lassen. Geh zur Toilette und entledige dich deiner gesamten Unterwäsche! Nein, das nicht. Etwas wehrt sich in mir, wehrt sich so stark, dass ich mich weigere. Er akzeptiert, leicht verärgert. Du verdienst Strafe! Komm! Wir gehen! Dreh dich zur Mauer und stütz dich so auf, dass du den Hintern rausstreckst! Dreh dich um! Spreiz die Beine! Weiter auseinander! Ich kann nur gehor-

chen. Empfange die Schläge auf meinen Hintern und zwischen meine Schenkel. Ergebe mich ihnen. Wünsche, er würde nicht aufhören. Mir all meine Kontrolle über mich nehmen. Mich zur Besinnungslosigkeit führen. Dennoch gelingt es mir, ihn mit fester Stimme zu bitten, er möge mich jetzt gehen lassen und unsere Begegnung für heute beenden. Nach dem Abschied erreiche ich gerade eben mein Auto, um nur durch den Schmerz in meinen Brustwarzen, das Nachspüren seiner Hände und ein leichtes Zusammenpressen meiner Schenkel zu kommen. Die Erregung hält drei Tage an.

In dem Sommer des Jahres, in dem ich meinen 50. Geburtstag feiern sollte, gab ich, nach zahlreichen Ehejahren geschieden, Mutter von drei erwachsen werdenden Kindern und erfolgreiche Fachbuchautorin, eine Kontaktanzeige auf. Es war eine Anzeige, die mein Privatleben grundlegend veränderte.

Gebieter ihrer Lust
Sie, 49, sehr sinnlich, schlank, attraktiv, lebensbejahend, anspruchsvoll, sucht entsprechenden Ihn, der ihre Hingabefähigkeit zu schätzen weiß, für eine niveauvoll-erotische Beziehung auf der Basis von Achtung und Vertrauen.

Sie erschien am 26.6.2003 in der überregionalen Wochenzeitung *DIE ZEIT*, völlig unbemerkt von allen, die mich kannten. Doch selbst wenn ein mir nahestehender Mensch die Anzeige per Zufall unter der Rubrik «Gemeinsames Erleben» entdeckt haben sollte, hat er sie mit Sicherheit nicht mir zugeordnet. Einer Frau, in der Familie als verantwortungsbewusste Mutter, von Freunden als strukturiert und zuverlässig, von Kollegen als engagiert und kompetent, von Nachbarn als freundlich und vielbeschäftigt angesehen.

Der Text war mit einer Selbstverständlichkeit aus mir herausgekommen, als hätte ich ihn über Jahre hinweg in mir formuliert.

Ich inserierte, ohne mir Fragen zu stellen, einem inneren Zwang folgend. Gelassen wollte ich schauen, was dabei herauskommt.

Jetzt, nach dem ersten Treffen mit einem Mann, stand ich fassungslos vor meiner Reaktion.

Zu Beginn fühlte ich nur leichte Gespanntheit, wer und wie viele Männer schreiben würden. Die Anzahl der Zuschriften, die täglich stapelweise eintrafen, bis schließlich 152 vor mir lagen, erstaunte mich.

Während ich die ersten drei Briefe lediglich mit einem Gefühl großer Neugierde öffnete, veränderte mich der vierte. Ich saß in unserer mit wildem Wein bewachsenen Laube. Sie war klein, aber sehr gemütlich eingerichtet, und ich zog mich sehr gerne an diesen Ort der Stille zurück. Mit einer Tasse Kaffee hatte ich es mir am runden Gartentisch bequem gemacht, um den Brief in Ruhe zu lesen. Äußerlich wie die anderen nur mit der Chiffre-Nummer versehen, unterschied sich sein Inhalt erheblich.

Der Verfasser, H., schrieb von Stolz und Demut, von der Stärke der Frau, die zum Dienen bereit sei, und der Hingabe, dessen Wert nur ein sensibler Herr zu würdigen in der Lage sei. Seine Worte brachten meine Hände und mich zum Zittern, sie versetzten mich in große Aufregung, und sie erregten mich. Sie erregten mich so sehr, dass ich aufsprang, ins Haus lief und onanierte. Danach zwang ich mich zur Ruhe, doch diese Zeilen berührten etwas tief in mir. Sie ließen mich nicht mehr los.

Der Brief von H. hatte mir meine Gelassenheit geraubt. Ich geriet in einen Bann. Welche Zuschriften würden noch kommen? In den folgenden Tagen hatte ich ständig ein Kribbeln im Bauch und konnte kaum das Ende der Arbeit erwarten. Wann immer ich es ermöglichen konnte, fuhr ich in meiner kurzen Mittagspause nach Hause, nur um nach der Post zu sehen. Nicht um sie zu öffnen, dazu reichte die Zeit nicht, ich zählte vielmehr die Briefe, genoss die Spannung und versteckte sie in meinem Schreibtisch.

Ich beherrschte mich bis zum Abend, wenn ich ungestört war.

Auf keinen Fall wollte ich beim Lesen von meinem pubertierenden Sohn Karl überrascht werden. Wegen seines Nachmittagsunterrichts traf er meist kurz vor oder nach mir ein. Gewöhnlich plauderten wir erst ein wenig, dann zog er sich in sein Zimmer zurück, um Hausaufgaben zu machen, Musik zu hören oder am Computer zu spielen. Dennoch musste ich jederzeit mit seinem Auftauchen rechnen. Nach dem gemeinsamen Abendessen war er in der Regel mit Freunden verabredet. Meine Mädchen, Johanna und Lucia, 24 und 21 Jahre alt, studierten bereits und lebten in anderen Städten. Unsere Telefonzeit war zwischen 19.00 und 20.00 Uhr. Danach kam «meine» Zeit.

Sicherheitshalber machte ich es mir mit meiner Post nicht auf dem Sofa im Wohnzimmer bequem, sondern zog mich ins Arbeitszimmer zurück und setzte mich an den Schreibtisch. Für den Fall, dass Karl plötzlich hereinkam, könnte ich so tun, als arbeitete ich, und die Briefe schnell unter meine Akten schieben. Ich schloss sogar die Tür.

Erst dann öffnete ich die neu eingetroffenen Zuschriften. Einige sortierte ich sofort aus. Es waren die Briefe der Männer, die gebunden waren. Obwohl ich es in meiner Anzeige nicht erwähnt hatte, kam für mich nur ein ungebundener Mann in Frage. Ich wollte keine Heimlichkeiten, ich wollte keine anderen Frauen verletzen, ich wollte keine Familien zerstören, vor allem wollte ich jedoch nicht von vornherein eine Begrenzung auf die Erotik. Im Gegenteil, in mir wirkte eine tiefe Sehnsucht nach mehr. Briefpapier, Inhalt, Schrift, Sprache und Beruf bestimmten die weitere Auswahl und weniger die Tatsache, ob ein Foto beigelegt war oder nicht.

Ich versuchte sachlich zu sein, doch etwas in mir war es nicht. Ungefähr 15 Zuschriften zogen mich magisch an, in ihnen waren zwischen und in den Zeilen Selbstsicherheit, Niveau, Erfahrung und vor allem Dominanz spürbar. Diese steckte ich in einen großen weißen Umschlag, schrieb mit rotem Filzstift ein «A» darauf und legte ihn in meine unterste Schreibtischschublade. Den Brief von

H. las ich jedoch jeden Abend. So schien es mir selbstverständlich, als Erstes Kontakt zu ihm aufzunehmen.

Erstaunlichweise war ich nicht aufgeregt. Vielleicht weil ich es von mir gewohnt war, die passenden Worte zu finden, oder weil ich in diesem Moment einfach ausblendete, dass meine Anzeige eine besondere war. Die Füße entspannt auf den Schreibtisch gelegt, wählte ich seine Nummer. Seine Stimme war mir auf Anhieb sympathisch. Wir fanden gut und schnell in ein Gespräch. Völlig ahnungslos, was auf mich zukommen würde, ließ ich ihn gleich zu Beginn wissen, wie seine Zeilen auf mich wirkten.

So solle es sein, sagte er und erzählte unbefangen von seinen Erfahrungen. Behutsam tastete er sich mit Fragen vor, um dann, es waren noch keine zehn Minuten vergangen, dem Gespräch eine Wendung zu geben: Er wolle mich sehen, bald, er erwarte mich, bekleidet mit Rock und Bluse, aber ohne Schlüpfer und BH. Er erwarte eine aufrechte Haltung und beim Sitzen geöffnete Beine, jederzeit, auch wenn er nicht zugegen sei, als Zeichen für meine ständige Verfügbarkeit. Er erwarte, dass ich mir ein Strafbuch kaufe, in das ich sämtliche Verstöße gegen die Kleider- und Haltungsvorgaben meines Herrn gewissenhaft einzutragen hätte.

Seine Worte erregten mich, doch sie forderten auch sofort meinen Widerspruch heraus. Voraussetzung seien eine persönliche Begegnung, Gefallen, Verständigung, erklärte ich ihm, nach außen hin kühl und souverän, verabredete mich mit ihm und beendete das Gespräch.

Kaum hatte ich aufgelegt, steigerte sich die Erregung in einem Maße, dass es mir den Atem nahm. Gleichzeitig bekam ich Angst. Angst vor mir selbst. Es konnte und durfte nicht wahr sein, dass ein Mann, den ich nicht kannte, mich so erregte, allein durch seine Worte. Es schien mir unvorstellbar, dass ein Mann überhaupt solche Erwartungen lebte, und noch unfassbarer schien mir, dass ich seine Vorstellungen nicht umgehend abgelehnt, sondern auch noch ein Treffen mit ihm vereinbart hatte.

Die Erregung und die Angst raubten mir drei Nächte lang den

Schlaf. Am nächsten Tag fiel es mir schwer, mich auf meiner Arbeitsstelle zu konzentrieren, und dennoch musste ich es tun, denn die Aufgaben wollten umgehend erledigt werden. Es fiel mir schwer, mich beim Abendessen auf Karl einzulassen, der sich mit mir über das Geburtstagsgeschenk für einen Freund beraten wollte, doch irgendwie gelang es mir, so dass ihm nichts an mir auffiel. Erschöpft saß ich danach in der Laube, die mir verändert erschien. Vielleicht kam es mir auch nur so vor, weil ich nicht mehr die Gleiche war.

Die Angst nahm zu. Ein Teil in mir wollte die Anziehungskraft von H. auf mich nicht tatenlos akzeptieren. Ich fühlte mich ihm nicht gewachsen. Mein Verstand riet mir, einen weiteren Mann anzurufen, und ich entschied mich für M.

Die Betonung, mit der er seinen Namen nannte, gefiel mir. Ohne Zögern und mit fester Stimme eröffnete ich das Gespräch.

«Guten Abend, ich halte gerade Ihre Zuschrift in meinen Händen. Störe ich, oder können wir ein wenig sprechen?»

«Sie stören nicht, im Gegenteil, Ihr Anruf freut mich. Sie werden verstehen, dass mich die Frau, die hinter einer derart mutigen Anzeige steht, sehr interessiert.»

«Mich interessiert der Mann hinter der Zuschrift», griff ich in spielerischem Ton seine Worte auf. «Sie hat mich angesprochen, und mir gefällt, dass Sie geschrieben haben: ‹Beginnen wird alles mit dem ersten Blick.›»

«Was hat Ihnen noch gefallen?»

«‹Vertrauen und Achtung brauchen Zeit zur Entwicklung›», zitierte ich, ohne überlegen zu müssen. «Ich teile Ihre Auffassung. Außerdem teile ich Ihre Hobbys. Wie Sie reise ich gern und treibe Sport. Und ich interessiere mich ebenfalls für Kunst und Literatur.»

Da er schwieg, sagte ich: «Was wollen Sie noch von mir erfahren?» Ihn interessierten zunächst mein Beruf und meine Lebensumstände.

«Sie haben eine angenehme Stimme», sagte er. Und dann: «Erzählen Sie mir von ihren erotischen Vorstellungen!»

«Wir können jetzt viele Worte wechseln, entscheidend ist die persönliche Begegnung», erwiderte ich bestimmt, statt seine Frage zu beantworten. Nach der Erfahrung mit H. wollte ich mich nicht der Gefahr aussetzen, wieder erregt zu werden.

«Unser Gespräch hinterlässt in mir den Eindruck, dass wir uns treffen sollten, um unverbindlich feststellen zu können, ob Sympathie und das Bedürfnis nach mehr entstehen oder nicht», fuhr ich fort. «Wie denken Sie darüber?»

«Wir sollten uns unbedingt bald sehen! Am liebsten morgen schon.»

«Uns trennen 300 Kilometer, das ist zu weit für einen Werktag.»

«Wir müssen uns ja nicht in der Mitte treffen, ich kann es gut einrichten, etwas weiter zu fahren.»

Ich erklärte mich einverstanden und schlug ein gut zu findendes Burgcafé ganz in der Nähe meines Wohnortes vor. So würde ich nur wenig später als sonst von der Arbeit nach Hause kommen. Zufrieden mit mir, legte ich auf. Ich hatte mir die Führung des Gesprächs nicht aus der Hand nehmen lassen und sah dem Treffen mit M. gespannt und dennoch gelassen entgegen. Um fair zu bleiben, rief ich H. an, erzählte ihm von meiner Angst und meiner Entscheidung, vor ihm weitere Männer zu treffen. Zwar war er nicht erfreut, er wäre lieber der Erste und Einzige gewesen, aber ich fühlte mich meiner selbst wieder sicher.

Umso fassungsloser war ich jetzt. Ich hatte M. gehorcht, allein weil er befohlen hatte. Ich hatte mich demütigen lassen, hatte mich schlagen lassen. Die Befehle, die Erniedrigung, die Schmerzen – sie hatten mich erregt. Mehr als alles in meinem Leben bisher Erfahrene. Mir sogar den Verstand geraubt. Ich hatte gehorcht. Blind. Ohne mir den Mann, der die Befehle ausgesprochen hatte, genau angesehen zu haben. Ohne dass mein sonst mir so sicher urteilender Instinkt mir eine Rückmeldung zu diesem Mann gegeben hatte. Schlimmer noch, ohne dass mein Instinkt überhaupt in der Lage gewesen war, aktiv zu werden. Meine Fähigkeit, vorwarnende oder richtungsweisende Impulse wahrzunehmen und nach innerer Eingebung eine Situation oder Menschen einzuschätzen, war vollkommen außer Kraft gesetzt worden.

Ich hatte im Café einen Tisch auf meinen Namen bestellt und war vor ihm da. Der Tisch befand sich in einer kleinen Nische am Fenster. Ich setzte mich mit Blick zur Tür. Ich wollte ihn hereinkommen sehen. Nur der Nachbartisch war noch frei. Es war schwül. Er erschien in dem Moment, in dem ich damit beschäftigt war, meine Kostümjacke auszuziehen. Wir saßen kaum zusammen, als ich erwähnte, dass ich selbstverständlich, bevor ich mich entscheide, noch wenigstens drei weitere Männer kennenlernen wolle.

M. reagierte sofort – mit Befehlen, ungeachtet der Menschen um uns herum: «Sieh mich an! Leg die Hände in den Nacken ...»

So hatte ich mir meine erste Begegnung mit einem dominanten Mann nicht vorgestellt. Ich hatte immer mit masochistisch angehauchten Phantasien gelebt, doch zu erfahren, dass auch real erteilte Befehle und real zugefügte Schmerzen mir Lust bereiten, war nicht das Gleiche. Sich vorzustellen, es könnte so sein, ist das eine. Zu erleben, dass es tatsächlich so ist, etwas ganz anderes. Darüber hinaus zu erleben, wie Vorsicht, Übersicht, Umsicht einem unwiderstehlichen Sog wichen, verlieh der Sache einen besonders prekären Charakter. Mit einem Hunger konfrontiert zu werden, dessen Ausmaß ich nicht erahnte, machte – fassungslos.

Plötzlich war ich von Fragen umgeben. Fragen, die ich mir, als ich die Anzeige formulierte, nicht gestellt hatte. Umso drängender rückten sie jetzt näher, als Gefühle, nicht in Worten, nicht zu greifen, nicht deutlich zu verstehen. Doch sie warteten auf eine Antwort, beharrlich, und ich wusste, dass sie nicht weichen würden, ohne die Antwort zu erhalten.

Eine Antwort, die bereits viele Jahre darauf wartete, ausgesprochen und gelebt zu werden.

Es gibt kein Ausweichen

Randvoll gefüllte Tage, die das Leben einer berufstätigen Mutter mit sich brachte, verhinderten weiteres Nachdenken: 6.00 Uhr aufstehen, Frühstück vorbereiten, Schulbrote schmieren, mit Karl frühstücken, abräumen, Spülmaschine anstellen, Betten machen, Waschmaschine füllen, Computer einschalten, Mails abrufen und die dringendsten beantworten. Danach ins Auto springen, auf dem Weg zur Arbeit beim Bäcker oder Metzger einkaufen. Nach der Arbeit mit Karl erzählen, Wäsche aufhängen, bügeln, Abendessen zubereiten, Haus- und Gartenarbeit.

Zum gewohnten Tagesablauf kamen die Bitte meines Vaters, ihn zum Arzt zu fahren, die Geburtstagsfeier einer Freundin, ein tropfender Wasserhahn, Lateinvokabeln abhören, Seminaranfragen entscheiden und ein langes Telefonat mit meiner jüngeren Tochter Lucia, die meinen Rat brauchte.

Obwohl innerlich völlig aufgewühlt, verrichtete ich alle Aufgaben, als hätte die Begegnung mit M. nicht stattgefunden. Mit der mir eigenen Disziplin blendete ich sie so weit aus, dass ich an meiner Arbeitsstelle unverändert in jeder Sekunde präsent wirkte. Meine Umwelt konnte nicht sehen, wie sehr das Geschehene in mir arbeitete, und ich war froh darüber, dass mir dies gelang.

Zwei Nächte später, zwischen zwei und drei, in der Stunde der Wahrheit, der Stunde, in der es kein Ausweichen gibt, kamen die Fragen dann wieder. In Worten, gut zu verstehen, unüberhörbar:

Bin ich eine Masochistin? Ich? Kann das überhaupt sein? Schließlich komme ich beim Sex auch ohne Schmerz und Fesseln und

Befehle zum Orgasmus. Was genau ist überhaupt Masochismus? Was ist mit meinen Phantasien, mit denen ich onaniere? Habe ich nicht sogar beim Sex fast immer masochistische Phantasien, damit ich kommen kann? Ich habe nie nach dominanten Männern gesucht, oder etwa doch? Immerhin mag ich so gerne Zärtlichkeiten, ich bin gerne zärtlich, ich werde gerne sanft und zart berührt, ich berühre gerne sanft und zärtlich, ich massiere gerne und werde gerne massiert. Wieso haben mir die Schläge Lust bereitet? Oder waren es gar nicht so sehr die Schläge, sondern mehr die Befehle? Bin ich irgendwie nicht normal? Oder hat mich einfach nur die Situation gereizt, als Spiel sozusagen, ich weiß doch von mir, dass ich neugierig bin und gerne Neues ausprobiere.

Aber was mache ich mit meiner Erinnerung an mich als Kind, die plötzlich so nah ist, als wäre es gestern gewesen? Die Erinnerung an mein Lieblingsspiel «Der Kaiser und seine Sklavin»? Was ist mit meiner Suche nach Grenzen? Was ist mit meinem Drang, mich beim Radfahren völlig zu verausgaben und bis zur Erschöpfung Steigungen zu fahren? Habe ich mir am Ende etwas vorgemacht, indem ich glaubte, ich wollte so nur «auftanken», um den Anforderungen, die mein Beruf mit sich bringt, immer wieder mit Begeisterung und Energie begegnen zu können? Was ist mit meinem Hang zu extremen Reisen? Was ist mit der Lust, die ich empfand, als ich sieben Tage mit unzähligen Blasen wanderte? Hat sie vielleicht etwas mit Masochismus zu tun? Nein, solche Reisen unternehmen viele Menschen und bekommen dabei Blasen, doch empfinden sie dabei auch Lust?

Die Anzeige in der *ZEIT* ist vielleicht nur die Suche nach einem neuen Abenteuer? So wie eine Reise, nach der man wieder ins normale Leben zurückkehrt und es weiterführt? Oder ist sie etwa das Ergebnis einer unbewussten Sehnsucht? Warum habe ich sie all die Jahre unterdrückt? Wieso habe ich dieses Inserat aufgegeben? Wieso kam der Text so selbstverständlich aus mir heraus? Was jetzt? Durch das Erlebnis mit M. hat sich doch nichts verändert, oder etwa doch? Kann ich überhaupt noch so weiterleben wie bisher? Ich bin Mutter von drei Kindern, ich kann doch nicht einfach Masochistin sein? Wie finde ich es heraus, ohne mich in Gefahr zu begeben? Oder will ich es vielleicht gar nicht herausfinden? Bleibt mir am Ende nichts anderes übrig, als es herauszufinden?

Was mache ich jetzt? Ich trage die Verantwortung für die Kinder. Ich werde ihnen selbstverständlich ihren gewohnten Lebensrahmen weiter geben. Ich kann doch nicht meine Arbeitsstelle gefährden. Was wäre, wenn jemand dahinterkäme? Wie würde meine Familie, wie würden meine Freunde, meine Kollegen reagieren? Würden sie mich verachten? Oder gar meine Kinder? Beginnt jetzt etwa ein Doppelleben? Oder habe ich schon immer ein Doppelleben geführt, haben nicht meine Phantasiewelten immer einen großen Teil meines Lebens ausgemacht? Endet vielleicht jetzt das Doppelleben und das Leben beginnt?

Am nächsten Tag konnte ich wenigstens stundenweise wieder über meinen scharfen Verstand verfügen. Ich analysierte, telefonierte, organisierte und onanierte.

Denn ich wusste, dass ich das Erlebte nicht auf sich beruhen lassen konnte, und wollte den Fragen nachgehen. Um Antworten zu finden, musste ich mich weiteren Erfahrungen stellen. Das Bedürfnis, es wissen zu wollen, war stärker als die Angst. Ich fühlte, dass ich an einem entscheidenden Punkt meines Lebens stand, ich fühlte, dass es kein Ausweichen geben konnte, selbst wenn ich es gewollt hätte. Noch nie in meinem Leben hatte ich mich durch Angst von etwas abhalten lassen. Ich war meist unvorbereitet meinen Impulsen gefolgt, wobei ich mir meiner selbst und meines Reaktionsvermögens jedoch stets sicher sein konnte.

Diesmal war es anders. Diesmal hatte ich mich verhalten, wie ich es niemals von mir gedacht hätte. Diesmal ging es nicht um eine Auseinandersetzung mit äußeren Welten, sondern um eine Begegnung mit mir selbst. Um etwas, was unbedingt und unaufhaltsam aus mir herauswollte. Diesmal musste ich mich vor einer Bedürftigkeit in mir vorsehen, deren Stärke und Eigendynamik ich nur schwer einschätzen konnte. Um die Gefahr zu verringern, musste ich mich vorbereiten. Ich überlegte mir eine Strategie:

1. Kontakt zu einem weiteren Interessenten aufnehmen, um herauszufinden, ob jeder dominante Mann eine solche Wirkung auf mich hat wie M.
2. Mit M. telefonieren, um aus dem Abstand heraus weitere Informationen und Eindrücke zu sammeln und meinem Instinkt eine Chance zu geben.
3. Wie vereinbart H. in zehn Tagen treffen.
4. Literatur über Masochismus besorgen und lesen.

Punkt 4 schien mir notwendig, da ich über kein Wissen zum Thema Masochismus verfügte. Erstaunlicherweise hatte ich mich nie damit beschäftigt. Natürlich war mir bekannt, dass eine SM-Szene existiert, aber ich hatte von ihr keine Vorstellung. Jetzt war ich neugierig geworden, dennoch hielt mich irgendetwas davon ab, im Internet zu recherchieren, so wie es für mich von vornherein selbstverständlich gewesen war, meine Anzeige nicht in einem einschlägigen Magazin aufzugeben. Ich spürte, es würde nicht meine Welt sein, mein Weg war ein anderer.

Beruhigt durch meine Strategie, nahm ich den weißen Umschlag mit dem «A» aus dem Schreibtisch, um die ausgewählten Zuschriften erneut zu lesen. Die Wahl fiel mir schwer, daher ließ ich den Zufall entscheiden, indem ich blind eine herausgriff.

Bewusst hielt ich das Telefongespräch kurz. C., Unternehmer, 62 Jahre, war so interessiert daran, der Gebieter meiner Lust zu werden, dass er gleich am nächsten Tag in meine Stadt kommen wollte. In aller Deutlichkeit betonte ich die Unverbindlichkeit eines Treffens und informierte ihn, dass ich bereits einen Mann gesehen und vor einer Entscheidung für meinen Gebieter weitere Männer kontaktieren würde. Auch machte ich ihn darauf aufmerksam, dass sich der weite Weg für ihn vielleicht als erfolglos erweisen könnte, und bot ihm eine Begegnung auf halber Strecke am Wochenende an.

Meine Offenheit sei ein Grund mehr, die Fahrzeit zu investieren, er wolle seine Chancen durch ein frühes Auftreten in meinem Leben erhöhen, entgegnete er mir. Dann verabredeten wir uns um 17.00 Uhr in einem Restaurant mit Blick über die Stadt.

Als ich ankam, wartete C. bereits auf dem Parkplatz vor dem Restaurant. Unsere Wagen waren das Erkennungszeichen, ich parkte meinen alten blauen VW-Bus direkt neben seinem schwarzen, glänzenden Audi A8.

«Sie zu betrachten ist eine Freude», begrüßte er mich, nachdem er mich mit Blicken von oben bis unten abgetastet hatte.

«Guten Tag, danke für Ihr Kommen. Darf ich Sie zu einem Kaffee einladen?», antwortete ich unbeeindruckt.

Ruhig und gelassen ging ich neben ihm her, fest entschlossen, diesmal souverän zu bleiben. C. war groß und schlank. Sein blauer Anzug war maßgeschneidert und betonte seine blauen Augen. Er war attraktiv, trotz seines Alters.

In dem Restaurant waren nur wenige Tische belegt, und wir entschieden uns für einen Zweiertisch am Fenster, auf dem eine gelbe Rose in einer kleinen Vase stand. Sobald wir uns hingesetzt hatten, sah ich ihn an und sagte: «Mir ist das Zucken Ihrer Augen nicht entgangen, als Ihr Blick auf meinen Bus gefallen ist.»

«Es ist ein ungewöhnliches Fahrzeug für eine so attraktive und elegant gekleidete Frau. Doch sollten Sie sich für mich entscheiden, würde ich ihm einen Platz in meiner Doppelgarage einrichten».

«Müssten Sie mich dazu nicht erst noch kennenlernen?» Ich fragte lächelnd, mit leicht provozierendem Unterton. «Was möchten Sie denn von mir wissen?»

«Sie haben eine Traumfigur und Stil. Ihre Anzeige zeugt von Mut. Alle Männer werden Sie wollen», entgegnete er, statt auf mein Angebot einzugehen.

«Ich möchte alles von Ihnen wissen», erwiderte ich lachend.

Unsere Begegnung verlief ohne auch nur einen Anflug von Erregung. Weil er lediglich redete und nicht befahl. Der Mann war interessant und erfolgreich, und am nächsten Tag wusste ich noch jedes Wort über ihn und seine Vorlieben. Und ich wusste, dass mich ein Wiedersehen mit ihm nicht reizte.

Stattdessen ging mir M. ständig im Kopf herum. Ich hatte erfahren, dass mich nicht jeder dominante Mann erregte, offenbar bedurfte es mehr dazu. Noch immer spürte ich die Hände von M., hörte seine Befehle, noch immer onanierte ich mit dieser Erinnerung. Vor dem Treffen mit H. erlag ich der Versuchung, M. wieder zu fühlen.

«Guten Abend, hast du ein wenig Zeit für mich?», sagte ich, als er sich meldete.

Das Telefonat mit M. war mir derart wichtig, dass ich es nicht hinausschieben wollte, obwohl ich so sehr zitterte, dass ich kaum den Hörer halten konnte. Der Versuch, mich vorab durch autogenes Training zu beruhigen, war gescheitert.

«Hast du bereits einen anderen Mann getroffen?», fragte er sofort, als er meine Stimme hörte.

«Ja, aber wir haben nur gesprochen», berichtete ich ihm und bemerkte, dass ihn meine Antwort zufrieden stimmte. «Du hast mich so beeindruckt, dass ich nichts von dem, was du mir über dich verraten hast, behalten konnte», sprach ich dann offensiv meine Situation an. «Ich weiß nicht mal mehr, welche Fragen ich dir gestellt habe, daher möchte ich dich bitten, mir nochmal zu antworten.»

«Du weißt wirklich nichts mehr? Unglaublich! Doch ich muss sagen, es gefällt mir sehr, dass ich so gut war.»

Ich überging seine Selbstgefälligkeit und überhörte den Anflug von Arroganz in seiner Stimme, vernahm nur, dass er bereit war, sich zu wiederholen. Sicherheitshalber schrieb ich mit: Er handelte mit Immobilien in ganz Deutschland sowie im benachbarten Ausland, hielt nebenbei auf Einladung von Unternehmen Vorträge, war geschieden, lebte seit 15 Jahren allein in einer Penthousewohnung mit Blick über die Stadt, hatte keine Zeit, Freundschaften zu pflegen, traf einmal die Woche seine Mutter, Weihnachten auch seine Geschwister.

«Alles Weitere erzähle ich dir später», unterbrach er meinen Fragestrom. «Du weißt doch, dass du und ich uns wiedersehen werden.»

Er sprach mit einer Bestimmtheit, die mich irritierte.

«Und du weißt auch, dass es mir überhaupt nicht gefällt, wenn du einen weiteren Mann treffen willst. Für den Fall, dass er dich berührt und du dich danach für mich entscheidest, würde etwas zwischen uns stehen.»

Ich schwieg, denn seine Reaktion gefiel einem Teil in mir sehr.

«Ich schlage vor, du triffst zunächst mich wieder, ich werde dich von mir überzeugen», fuhr er fort.

«Du verstehst bestimmt, dass ich vorher schnell deine Homepage überprüfen möchte. Um sicherzugehen, dass deine Angaben stimmen.

«Gut! Ich rufe dich gleich wieder an.

Wir verabredeten uns an einem großen See, der auf halber Strecke zwischen unseren Wohnorten lag. Ausschließlich um zu reden, so meine Rechtfertigung vor mir selbst. Ich musste ihn mir doch anschauen und einen Eindruck von ihm gewinnen. Der Treffpunkt schien mir geeignet, da sich dort sonntags sehr viele Touristen aufhalten. Ich war davon überzeugt, dass es in diesem Umfeld nur zu einem Gespräch kommen konnte, zu nichts anderem. Um auch noch auszuschließen, dass seine Gegenwart mich zu sehr irritiere, erstellte ich eine lange, genau durchdachte Liste, die ich in allgemeine Fragen und Fragen zum Thema SM unterteilte:

Welche Sportarten? Art zu Reisen? Wie gestaltet sich der beruflich Alltag? Wie viel Raum bleibt für Freizeit? Bevorzugte kulturelle Veranstaltungen? Buchvorlieben? Wie lange verheiratet? Kinder? Beziehungsvorstellungen? Umgang mit der Entfernung? Welche Erfahrungen mit SM? Kontakt zur Szene? Wie kann eine

SM-Beziehung gelebt werden? Worin besteht seine Lust? Welche Vorlieben? Bestimmte Erwartungen? Was ist, wenn ich etwas nicht möchte?

Noch nie zuvor war ich mit einer Liste zu einem Treffen mit einem Mann gefahren.

Wie fremd er mir war!

Ich erwartete ihn vor der Kirche am See. Auf dem Parkplatz hatte ich mir in meinem Bus noch einmal meinen Zettel mit den Fragen durchgelesen und meine hohen roten Schuhe angezogen. Die flachen weißen, die ich beim Autofahren trug, hatte ich in den Rucksack gesteckt. Sie gaben mir ein Gefühl der Sicherheit, für alle Fälle. Auf dem Kirchplatz wimmelte es von Menschen. Einzeln, paarweise, in kleinen und großen Gruppen liefen sie an mir vorüber. Doch ich nahm sie gar nicht richtig wahr. Angespannt und aufgeregt schaute ich umher.

Ohne dass ich mich an sein Aussehen erinnern konnte, erkannte ich M. sofort, als er den Platz betrat. Schnellen Schrittes kam er auf mich zu, wobei er mich die ganze Zeit fixierte.

Wie fremd er mir war, dieser Mann, der meinen Körper so berührt hatte, als gehöre er ihm. Ich hielt bewusst Abstand und musterte ihn, den großen schlanken Körper, die braunen Haare, das Gesicht, die blauen Augen, die Nase, den Mund. Er gefiel mir.

Zur Begrüßung legte er unvermittelt meine rechte Hand auf seinen steifen Schwanz. Er wollte mich spüren lassen, wie ich auf ihn wirkte. Um zu verhindern, dass meine durch diese kleine Berührung sofort geweckte Bedürftigkeit wieder meine Wahrnehmung und meinen Verstand lahmlegte, umschloss ich mit der linken Hand die Handtasche, in der die Liste mit den Fragen steckte.

Als wir die Kirche betrachteten, musste ich mich anstrengen, nicht in Phantasien abzugleiten. Den Weg von der Kirche zum Biergarten konnte ich jedoch schon nicht mehr wahrnehmen, so sehr war ich damit beschäftigt, mich an meine Fragen zu erinnern. Sie waren mein einziger Halt. Ich brauchte ihn gegen die

Übermacht seiner Ausstrahlung, die meine Phantasien tanzen ließen.

Sobald wir einen ruhigen Platz bei Kaffee und Kuchen gefunden hatten, zog ich, um Herrin der Situation zu bleiben, meinen Zettel aus der Handtasche und lachte M. an. «Damit du mich nicht wieder irritierst, habe ich eine Liste vorbereitet.»

Ungläubig schaute er auf meine Hand und das Papier, mit dem ich wedelte. Bevor er eine Bemerkung dazu machen konnte, begann ich zwanghaft und entsprechend der Reihenfolge der Liste mit meinen Fragen. «Welchen Sport machst du?»

«Golf!» Ich hatte ihn so sehr überrascht, dass er tatsächlich antwortete, wenn auch nur mit einem Wort. Er hatte mir die Führung überlassen. Was ihn offensichtlich wurmte, denn nach einer kurzen Pause, in der er mich durchdringend ansah, fügte er sehr betont hinzu: «Und zwar mit Leidenschaft! Und ich bin gut!» Wieder eine kurze Pause, dann: «Was hast du für ein Handicap?»

«Ich spiele nicht Golf. Ich fahre gerne Rad, treibe Gymnastik und wandere.»

«Wenn wir zusammenkommen, wirst du Golf spielen lernen.» Sein Blick erreichte meinen Magen, der umgehend anfing zu zittern.

Ehe ich antworten konnte, schlug er vor: «Komm, lass uns ein wenig spazieren gehen. Im Gehen redet es sich besser.»

Noch vollkommen beeindruckt von der Bestimmtheit, mit der er über meine Freizeit verfügen wollte, sagte ich eher automatisch als reflektiert: «Ja, ein wenig Bewegung schadet nicht. Ich wechsle nur schnell die Schuhe.»

Als ich mich bückte, gelang es ihm, mich trotz der vielen Menschen um uns herum unauffällig, jedoch heftig in die Brustwarzen zu kneifen. Sofort brachte er mich wieder in seinen Bann. Statt wie beabsichtigt an den See unter Menschen zu gehen und obwohl ich mir fest vorgenommen hatte, mich durch nichts davon abbringen zu lassen, gestattete ich ihm, mich an der Hand in den Wald zu führen.

Zwei kleine Klapse beim Gehen, und die Fremdheit verschwand. Mir war, als würde ich ihn schon ewig kennen. Das, was schon so lange in einem lebt, erzeugt wohl sofort Vertrautheit, selbst wenn ein ganz fremder Mensch es spiegelt.

Steh auf! Heb dein T-Shirt hoch! Ohne Vorwarnung beginnt er mit seinen Befehlen. Und wieder kann ich nicht anders als gehorchen. Der Fragezettel ist völlig vergessen. Sieh mal! Ein kleines Geschenk für dich! Der Anblick der metallenen Klammern befremdet mich, erregt mich. Er greift meine Brustwarzen und legt sie an. Der Schmerz lässt mich aufstöhnen. Ist kaum auszuhalten und schreit doch nach mehr. Du wirst sie zehn Minuten tragen! Setz dich und frag weiter! Ich setze mich, frage, höre, ohne zu verstehen, fühle die Klammern, den Schmerz, fühle, wie sich der Schmerz verändert, schwächer wird und wieder stärker, möchte bitten, dass er sie mir abnimmt, und frage dennoch weiter. Endlich heißt er mich aufzustehen. Umfasst meine Brüste und zieht die Klammern ab. Ein heftiger, den ganzen Körper durchdringender Schmerz. Er zieht mich an sich, drückt meine Brüste fest gegen seinen Oberkörper, um den Schmerz zu verstärken. Schwindlig, erregt, abwehrend und hinstrebend zugleich lasse ich mich halten. Taumle, als er mich loslässt, damit ich weiterfrage. Wieder unterbricht er mich abrupt. Knie nieder! Küss meine Füße! Erst den rechten! Hände auf den Rücken! Die Beine weiter auseinander! Ich spüre den Waldboden unter meinen nackten Knien. Und dann die Erniedrigung. Will aufspringen. Jetzt den linken! Ich ergebe mich dem strengen Klang seiner Stimme, empfinde Lust, indem ich mich ihr ergebe. Steh auf! Warte! Du bekommst heute, wonach du dich sehnst! Ich beobachte, wie er einen Stock sucht und ihn von kleinen Ästen befreit. Will weglaufen, will noch nicht den Stock und bin doch ganz wild darauf, sehe die Phantasien vieler Nächte real werden. Komm mit! Er nimmt mich an der Hand. Widerstrebend und willig zugleich lasse ich mich führen. Er geleitet mich zu einem dicken Baum, befiehlt mir, mich nackt auszuziehen, mich mit den Brüsten gegen die raue Rinde zu drücken, die Hände über den Kopf zu heben und wie gefesselt zu halten. Ich bin tatsächlich gefesselt, unfähig, mich zu bewegen. Die befehlende

Stimme bindet mich stärker, als dicke Stricke es gekonnt hätten. Ich stehe regungslos da, warte, stehe, warte. Spüre die festen Schläge seiner Hand auf meinem Hintern. Erleichtert nehme ich sie auf, Lustschmerz durchströmt mich. Bitte mich, dich mit dem Stock zu schlagen! Ich bitte ihn. Fühle mich, als ginge ein langgehegter Wunsch in Erfüllung. Zerfließe vor Erwartung. Spüre den Stock. Es tut weh, sehr weh, und doch warte ich begierig auf den nächsten Schlag und den nächsten. Er hört auf, sagt, er will erst die Reaktion meiner Haut einschätzen lernen. Heißt mich, stehen zu bleiben. Betrachtet mich. Betrachtet mich lange. Ich spüre die große Erregung, die sein Blick auf meinen geröteten Hintern in mir auslöst. Er befiehlt mir, mich umzudrehen, den geschlagenen Körperteil fest gegen den Baum zu drücken und ihn anzuschauen. Als sich unsere Blicke begegnen, kommt es einem Stromschlag gleich. Ich kann kaum standhalten, möchte die Augen niederschlagen, möchte verhindern, dass er meine Lust bemerkt. Bereitwillig nehme ich seine Anweisungen an, mich niederzuknien, ihm die Füße zu küssen, mich zu bedanken. Folge ihnen, empfinde – Dankbarkeit. Er lässt mir nicht viel Zeit. Steh auf! Stell dich wieder an den Baum! Wie vorhin mit den Händen über dem Kopf! Wähle! Hände oder Stock! Ich wähle den Stock. Er tritt von hinten an mich heran, hält mich, mein Beben wird von seinem Körper aufgefangen.

Als mein Beben schwächer wurde, führte er mich aus dem Wald in das Café am See, wobei er meine Hand fest umfasste. Er wählte einen Tisch auf der Terrasse, bot mir den Platz mit Blick auf den See an, rückte mir den Stuhl zurecht und sagte: «Eine Tasse Kakao wird dir jetzt guttun». Dann bestellte er und suchte für mich ein Stück Kuchen aus.

Ich war froh darüber, denn ich war unfähig, etwas zu entscheiden, und sei es die Wahl des Kuchens. Nur mit größter Anstrengung konnte ich die Eindrücke beiseiteschieben.

«Es gibt keine Worte dafür, wie sehr mich das Geschehen im Wald bewegt», versuchte ich meinen Zustand zu beschreiben. «Ich bin völlig durcheinander und aufgewühlt.»

«Es gefällt mir sehr, dass ich dich beeindruckt habe», antwortete er mit tiefer Stimme. «Ich möchte ein Wochenende mit dir verbringen. Dein Vorhaben, noch andere Männer zu treffen, hat sich doch wohl soeben erübrigt, oder?»

Ich nickte zustimmend und sagte: «Auch ich möchte dich näher kennenlernen.»

«Wenn ich so deinen und meinen beruflichen Background betrachte, könnten wir gut zueinanderpassen», bemerkte er und ergriff erneut meine Hand. «Die Turnschuhe solltest du allerdings nicht mitnehmen, ich bevorzuge Schuhe mit Absatz.»

Ohne ihm zu zeigen, dass mich seine leicht überhebliche Art, mit der er diese Worte aussprach, unangenehm berührte, entgegnete ich: «Falls du die weißen meinst, das sind keine Turnschuhe, sondern Freizeitschuhe. Und auf die möchte ich nicht verzichten. Für den Fall, dass ich schnell weglaufen muss», ergänzte ich als Reaktion auf den spöttischen Zug um seine Mundwinkel.

Ich hätte mir gewünscht, dass er nachfragte. Er lenkte jedoch das Gespräch in eine andere Richtung, indem er sagte: «Du gefällst mir sehr. Du rufst eine seltsame Mischung von Gefühlen in mir hervor. Dieser Wechsel auf der Waldbank eben! Von der ernsthaften Frau mit der Liste, die sich plötzlich wie ein kleines Mädchen mit hochgezogenen Beinen auf meinen Schoß setzt, mich umarmt, um dann wieder Abstand zu nehmen, bis hin, wie du am Baum standest.»

«Ist dir eigentlich bewusst, dass ich mich auf einem völlig neuen Weg befinde? Dass ich meine Grenzen nicht kenne? Dass ich überhaupt noch nicht weiß, was genau ich suche und will?», fragte ich ihn. «Vielleicht stelle ich fest, dass ich diese erotischen Spiele nicht weiterspielen möchte.»

«Darauf lassen unsere bisherigen Begegnungen nicht schließen», antwortete er. «Und das Risiko gehe ich mit dir gerne ein. Deine Unerfahrenheit reizt mich sehr. Sie ermöglicht, dass ich dich präge!» Das letzte Wort erregte und erschreckte mich gleichermaßen.

«Ich möchte einen Aidstest», sagte ich unvermittelt.

Erstaunt antwortete er mit hochgezogenen Augenbrauen: «Ich bin gesund, das weiß ich genau.»

«Du machst den Test ja auch nicht für dich, sondern für mich», erklärte ich ihm.

«Ich habe mich immer vorgesehen», wollte er abwiegeln. Offensichtlich verstand er mich nicht.

Ich zog meinen Aidstest aus der Tasche. Ich hatte ihn beim Gesundheitsamt machen lassen, als ich die Anzeige aufgab.

«In der heutigen Zeit halte ich das für eine Selbstverständlichkeit», beharrte ich. «Wir können erst gemeinsam wegfahren, wenn du das Ergebnis hast.»

Meine Hartnäckigkeit überzeugte ihn. «Ich gehe gleich morgen früh zu meinem Arzt und werde uns ein Hotel für das kommende Wochenende buchen.»

Kurz darauf begleitete M. mich zu meinem Bus. Er ließ es sich nicht nehmen, noch einmal seine Macht über mich zu erfahren, indem er mir befahl, mich über den Sitz zu beugen und ihm den Hintern hinzuhalten. Ein letztes Mal schlug er mich und kniff mir in die Brustwarzen. Dann drehte er sich um, ging und ließ mich erregt allein.

Mit aller Kraft unterdrückte ich die Erregung. Seine Antworten. Ich musste sie mir unbedingt ins Bewusstsein rücken. Es gelang!

Jetzt erst erreichte mich, was er mir im Wald erzählt hatte, und ich führte mir sein Bild vor Augen: Er ist attraktiv, intelligent, gebildet und kann sich gut ausdrücken. Sein Beruf beansprucht ihn phasenweise sehr, lässt andererseits jedoch auch viele kurze Urlaube zu. Da er keine Kinder und nicht viele Freunde hat, ist er wesentlich weniger eingebunden als ich. Er spielt mit Leidenschaft Golf, reist mit Vorliebe in Urlaubsorte mit erstklassigen Golfplätzen. Unter den kulturellen Veranstaltungen bevorzugt er Opern und Konzerte, liest alle in der *ZEIT* empfohlenen Bücher und sieht sich einmal wöchentlich anspruchsvolle Kinofilme an. Er war acht Jahre verheiratet.

Seine Veranlagung hat er nach der Scheidung entdeckt, gelegentlich in der Szene Befriedigung gesucht. Über eine Kontaktanzeige ergab sich eine Beziehung, die jedoch nur ein halbes Jahr dauerte und sich auf gemeinsam verbrachte Wochenenden in Hotels beschränkte. Seine Lust besteht in dem Erleben von Macht, in dem Erleben, über eine Frau verfügen zu können. Sensibilität war und ist für ihn die wichtigste Voraussetzung, um zu spüren, wie weit er gehen kann. Seine Vorlieben und Erwartungen will er mich erleben lassen, ohne sie vorher zu beschreiben. Im Spiel würde vorher ein Codewort vereinbart, das ihm sofort ein Stopp auferlegt. Er wünscht das Wort Gnade. Dabei ist es für ihn unabdingbar, auf die Vermeidung körperlicher Schäden zu achten. Ein guter Gebieter ist sich seiner Meinung nach jederzeit über seine Verantwortung bewusst.

Ich wiederholte die einzelnen Punkte, bis ich sicher sein konnte, alles in meinem Gedächtnis gespeichert zu haben. Erst dann ließ ich mich von den Vorgängen im Wald einnehmen, erst dann ließ ich die Erregung zu, die sogleich so stark wurde, dass ich die Hand zwischen die Beine gleiten ließ.

Auf der Rückfahrt dachte ich über mein Verhalten nach.

Wenn er im Wald lediglich befohlen hätte, wäre ich diesem Sog erlegen, ich hätte nur gehorcht. Ich hätte den Fragezettel gänzlich vergessen. Nein, vergessen sicher nicht, ich hätte ihn einfach außer Acht gelassen, um mich zu ergeben. Er war es, der den Wechsel zwischen Fragen und Befehlen vorangetrieben hatte. Als ahnte er, dass ich nur so eine weitere Begegnung zuließe. Ich war wieder meiner Bedürftigkeit erlegen, allerdings nicht – wie bei unserer ersten Begegnung – so weit, dass ich nichts anderes mehr wahrnehmen konnte.

Ich hatte seine Reaktionen auf meine Fragen beobachten können, und ich erinnerte mich im Nachhinein an seine Antworten. Das Entscheidende war jedoch, dass mir, bevor ich mich hatte in den Wald führen lassen, mein Instinkt die Rückmeldung gegeben hatte, diesem Mann vertrauen zu können. Ich war ein gewisses

Risiko eingegangen, als ich ihm folgte. Ich folgte ihm willenlos, wenngleich nicht unüberlegt. Da war auch der Gedanke, dass ich in flachen Schuhen jederzeit schnell genug sein würde. Die Kontrollaufgabe war diesmal kontrollierter erfolgt.

Diese Tatsache stimmte mich zufrieden. So zufrieden, dass ich das Gaspedal durchtrat und aus meinem Bus herausholte, was er hergab. Mit 140 Stundenkilometern brauste ich über die Autobahn.

Während der Fahrt überprüfte ich in Gedanken die Entscheidung, mit M. ein langes Wochenende zu verbringen. Er gefiel mir. Und ich wollte weitere Erfahrungen. Allerdings ließ ich mich auf einen Mann ein, den ich kaum kannte. Ich hatte gleich vier Tagen zugestimmt. Ging ich ein zu hohes Risiko ein? Begab ich mich in Gefahr? Würde er wirklich das Wort Gnade beachten? Oder etwas tun, was ich überhaupt nicht wollte? Was, wenn ich mich gefesselt nicht wehren könnte? War es verrückt und unverantwortlich, was ich vorhatte?

In der Stunde der Wahrheit

Als ich die Haustür öffnete, war ich froh über die Tatsache, dass ich das Haus für mich hatte und nicht sofort wieder Mutter sein musste. Die Schul- und Semesterferien hatten vor wenigen Tagen begonnen. Ich wusste, dass es meinen Kindern gutging, sie machten mit ihrem Vater eine Radtour. Mein Mann und ich lebten seit fünf Jahren getrennt, seit der Scheidung verbrachten sie jedes Jahr einen Urlaub mit ihm.

Um zur Ruhe zu kommen, nahm ich Gartenschere und Eimer und schnitt alle verblühten Blumen aus den Stauden und Blumenkästen. Obwohl der Garten groß ist, reichte er nicht, mich zu beruhigen.

Ich versuchte es mit Schreiben. Doch in den Artikel, an dem ich seit fünf Wochen für eine Fachzeitschrift mit Begeisterung arbeitete, fand ich nicht hinein. Mein Schreibtisch stand am Fenster zur Straße. Statt zu schreiben, sah ich hinaus. Ich lebte in einem ruhigen Stadtteil, etwa zehn Kilometer vom Zentrum entfernt. Hier konnten sich die Kinder noch ungefährdet auf der Straße bewegen. Nie zuvor war ich von ihren Spielen abgelenkt worden, im Gegenteil, es machte mir Freude, mich umgeben von Leben zu konzentrieren. Auch jetzt hinderten mich nicht ihr Lachen und Toben und auch nicht die laute Diskussion zweier Nachbarinnen darüber, wann der Grünabfall abgeholt werde, sondern die Wallungen in meinem Inneren.

Ich stand auf und ging in meinem Arbeitszimmer auf und ab. Es war mir der liebste Raum im Haus. Hier verbrachte ich viel Zeit, um zu arbeiten. Hierhin zog ich mich zurück, wenn ich allein sein wollte. An jeder Wand stand ein Bücherregal, das bis zur Decke reichte, vollgestopft mit Büchern und Akten. Dazwischen Trockenblumensträuße, Kerzenständer, Aquarellfarben, gebastelte Muttertagsgeschenke aus der Kindergarten- und Grundschulzeit sowie unzählige bunte Schachteln. Sie waren gefüllt mit Fotos, Briefen, meinen Tagebüchern und Erinnerungsstücken wie dem Strampelhöschen von Johanna, den Lauflernschühchen von Karl oder dem Pferdeschwänzchen von Lucia. Den kleinen runden Tisch am Fenster zum Garten nutzte ich selten, meist diente er nur als Postablage, oder ich stapelte darauf die Bücher, die ich als Nächstes lesen wollte. Während ich im Haus großen Wert auf Ordnung legte, liebte ich es, wenn hier ein wenig Chaos herrschte. Heute gab er mir jedoch keinen Halt, dieser Raum.

Ich war froh, als eine Freundin anrief, um mich zu fragen, ob ich Lust auf einen Abendspaziergang hätte, und die Ablenkung war mir willkommen. Die frische Luft im Wald tat gut. Meine Freundin erzählte von ihren Problemen mit ihrem Mann, und ich hörte zu. Über das, was mich beschäftigte, konnte ich nicht sprechen.

In der Nacht, in der Stunde der Wahrheit, kamen erste Antworten und Gefühle und mit ihnen neue Fragen:

Ich bin eine Masochistin! Die Demütigung, als M. mir befahl, ihm die Füße zu küssen, hat mir Lust bereitet. Die Klammern und die Stockschläge haben mir ebenfalls Lust bereitet. Ungeahnte Lust. Es schreit in mir nach mehr, es gibt noch viele Phantasien, die endlich gelebt werden wollen. Die Sehnsucht nach Unterwerfung brennt in mir. Es gibt kein Zurück mehr, es gibt nur noch ein «Ich will mehr erfahren».

M. hat meine Fragen zu SM ernst genommen, er hat bisher größte Sensibilität in der Rolle des Gebieters gezeigt. Er wird mich behutsam in diese neue Welt einführen. Ganz bestimmt wird er nicht zu weit gehen, indem er etwas tut, dem ich nicht zustimme. Ich kann mich bei ihm sicher fühlen. Mein Instinkt sagt es mir. Klar und deutlich. Er spricht, er hat eine Chance zu sprechen, da ich hinhöre, ihn befrage, genau hinhöre. Das beruhigt mich. M. ist ein guter Gebieter!

Doch wie ist er als Mensch? Werden wir uns verstehen? War da nicht schon etwas? Hat mein Instinkt dazu nicht sprechen wollen? Und ich habe nicht hingehört? Habe ich mit M. Berührungspunkte außerhalb von SM? Was sollen die Fragen? Was suche ich? Was treibt mich? Kann ich aus der Welt wieder hinaus, wenn ich sie erst noch tiefer betreten habe? Wie wird es weitergehen? Was wird nach dem Wochenende sein? Was wird, wenn ich diese Welt gar nicht mehr verlassen will? Wie gestaltet sich das Leben einer Masochistin? Wie bringe ich die verschiedenen Lebenswelten zueinander? Oder ändert sich vielleicht gar nicht so viel, weil es keinen Unterschied macht, ob es sich um Phantasien oder reale Erfahrungen handelt – zumindest nicht nach außen, wenn ich meine Neigungen im Verborgenen auslebe?

Ich spürte, die Sehnsucht nach Erfüllung würde sich weder von Ängsten noch von Fragen aufhalten lassen. Ich wollte mit M. das Wochenende verbringen. Ich wollte ihn als Gebieter erleben, um meinen Hunger zu stillen. Der Sog war zu stark, ich konnte mich nicht entziehen. Wenn ich ihn als Mensch hätte wahrnehmen wollen, hätte ich damit vor seinem ersten Befehl beginnen müssen. Außerdem war in den vier Tagen genügend Zeit, ihn näher kennenzulernen. Sicherheitshalber werde ich mich nicht am ersten Abend fesseln lassen, nahm ich mir vor, sondern erst, wenn mein Vertrauen dazu ausreicht. Außerdem war ich frei, jederzeit abzubrechen und abzureisen. Ich konnte es wagen. Ich wollte es unbedingt.

Noch vor dem Frühstück rief M. an, um mit mir über die Hotelwahl zu sprechen.

«Wo möchtest du gerne hin? Paris, London?», fragte er voller Vorfreude.

Ich hielt kurz den Atem an.

«Wenn du mich fragst, würde ich für das erste Mal eine Stadt in der Nähe bevorzugen», antwortete ich aus dem Bauch heraus. «Noch lieber wäre mir ein Ort mit Gelegenheit zum Wandern.»

Als ich sein Zögern bemerkte, versuchte ich es ihm zu erklären. «Bei dir erwarten mich intensive Erlebnisse, in der Natur könnte ich die Eindrücke vielleicht besser verarbeiten.»

«Ich gehe in kein Hotel mit Wanderschuhen.» Sein Ton verriet einen Anflug von Verstimmung. «Ich werde ein gutes Hotel aussuchen und deinen Entfernungswunsch berücksichtigen», beendete er das Gespräch abrupt.

Etwas ungläubig und enttäuscht hielt ich den Hörer in der Hand. Ein heftiger Impuls abzusagen regte sich in mir. Doch etwas hielt mich davon ab. Es war wie ein namenloser Zauber, dem ich mich nicht entziehen konnte.

Als am Abend das Telefon klingelte und M. mir mit seiner wohlklingenden Stimme unvermittelt auftrug, ich solle mir vorstellen, wie sich Wäscheklammern an meinem Körper anfühlen und ihm am nächsten Tag berichten, an welchen Stellen sie wohl am meisten schmerzen, erfasste mich eine heftige Erregung.

Die Vorstellung, er könne Wäscheklammern an mir befestigen, lässt mich zittern. Gehorsam stelle ich sie mir an jeder Stelle meines Körpers vor, bebe, versinke in Erregung, berühre mich, spüre die Klammern, komme, komme mit lautem Stöhnen. Am nächsten Tag beantworte ich seine Frage am Telefon, nenne Schamlippen und Brustwarzen, kann nicht verhindern, dass es mich erregt, stelle mir vor, er wähle genau diese Stellen. Vernehme seine Stimme. Ich muss wissen, welche Male Wäscheklammern an deinem Körper hinterlassen! Und ich muss mehr über dein Schmerzempfinden erfahren! Nimm vier Wäscheklammern! Holzklammern! Befestige zwei an der Innenseite deines rechten Oberschenkels und die anderen beiden an dem Muskel deiner rechten Brust zwischen Brustwarze und Brustbein! Spür genau hin, wie sich die Schmerzen anfühlen und verteile Punkte auf einer Schmerzskala von eins bis zehn! Trage die Klammern zehn Minuten! Überlege, wie das Abnehmen am meisten schmerzt! Nimm sie genau so ab! Muss ich dir verbieten, dich danach zu berühren? Ich verneine, er befiehlt mir, in den Keller zu gehen, was ich tue. Ich komme mir seltsam vor, in meinem Keller, in dem ich sonst die Wäscheklammern an der Wäsche befestige, verspüre große Aufregung, Abwehr, Neugier, mache alles so, wie er es mir aufgetragen hat, als könne er mich dabei beobachten, fühle mich beobachtet, fühle, wie sehr es mich erregt.

Erst onanierte ich, dann eilte ich nach oben, setzte mich an den Computer und berichtete ihm per Mail: «Ich bin sehr unerfahren mit dem Verteilen von Punkten auf der Schmerzskala und mir auch unsicher, ob ich es wirklich gut gemacht habe. Ich muss vergleichen, wie du es machst. Wenn du mich in die Brustwarzen kneifst, empfinde ich einen sehr starken Schmerz, den ich nicht lange aushalten kann, also zehn Punkte. Beim Befestigen der Klammern vielleicht vier, nach zehn Minuten fünf, beim Abziehen sieben, ich habe viel zu wenig Vergleichswerte (es könnte auch jeder Wert eins kleiner sein). Fünf Minuten nach dem Abziehen haben sich die Stellen so angefühlt, dass sie mich richtig geil gemacht haben. Die Abdrücke sind am Verblassen, doch noch immer als rote Stellen zu erkennen. Ich werde heute Abend und morgen früh noch einmal nachsehen. Herzliche Grüße E.»

Kaum hatte meine Mail seinen Briefkasten erreicht, rief er an und trug mir auf, 20 Wäscheklammern mitzubringen. Ich war enttäuscht, dass er nicht nachfragte, ob ich mich berührt hatte.

Glücklicherweise hatte ich seit einigen Tagen Urlaub. Ich war froh, keine Verpflichtungen zu haben, sondern in Ruhe meinen Gedanken nachhängen zu können. Ich war sogar froh, dass meine Kinder noch unterwegs waren. Freunde, die anriefen, um etwas mit mir zu unternehmen, vertröstete ich auf später. Ich wollte allein sein und mich innerlich sortieren. Das Wochenende stand in drei Tagen bevor. Meine steigende Anspannung kam meinem Haus zugute, denn ich versuchte sie abzubauen, indem ich wie wild putzte und räumte. Ich machte sogar die Kinderzimmer sauber, die es gar nicht nötig hatten. Karl war längst selbst dafür verantwortlich, und die Zimmer der Mädchen waren nur in den Ferien bewohnt.

Abends raste ich mit meinem Mountainbike durch die Hügel.

Das Verlangen ist stärker als die Angst

Als es endlich so weit war, stieg ich um sechs Uhr morgens in den Zug. Schnell fand ich ein leeres Abteil und ließ mich in den Sitz fallen, froh darüber, allein sein zu können.

Ich fuhr in seine Stadt. Er wollte es so, weil es zum Spiel gehörte, dass wir in seinem Wagen anreisten. Die Bedeutung wurde mir jedoch erst später klar: Nach außen war es ein Zeichen dafür, dass ich zu ihm gehörte, nach innen bedeutete es, ich gehörte ihm.

Meinen Eindruck, dass M. zudem die Vorstellung unangenehm sein könnte, wie ich mit meinem alten Bus vor dem Hotel vorfuhr, wurde ich nicht ganz los.

Während der Zugfahrt versuchte ich ein Buch zu lesen, doch es gelang mir nicht. Immer wieder wanderten meine Gedanken zu den Wäscheklammern, die ich in einem kleinen roten Leinensäckchen in meinem Koffer dabeihatte. Nie war ich in meinen Phantasien auf Klammern gekommen, weder auf Wäscheklammern noch auf metallene. Was wird mich bei M. noch alles erwarten?, fragte ich mich.

Unvermittelt stieg Angst in mir hoch. Sie nahm zu, je mehr sich der Zug meinem Ziel näherte. Konnte ich mir bei M. wirklich sicher sein? Ich hatte keine Garantie, dass er gewisse Grenzen nicht überschreiten würde. Heute weiß ich, dass sich Frauen, die sich in eine solche Situation begeben, coachen lassen: Sie hinterlegen bei einer Person ihres Vertrauens Namen und Adresse des Mannes sowie des Treffpunktes in einem verschlossenen Umschlag. Dieser soll erst dann geöffnet werden, wenn bis zu einem festgelegten Zeitpunkt kein Lebenszeichen erfolgt. Ich hatte mich nicht abgesichert. Doch wieder waren die Neugierde und das Verlangen stärker als die Angst.

M. erwartete mich am Bahnhof. Vom Fenster, aus dem ich aufgeregt spähte, konnte ich ihn schon von ferne sehen. Auf den ersten Blick hob er sich von der wartenden Menschenmenge ab. Er stand etwas abseits, wohl um alles überblicken zu können. Unter einem maßgeschneiderten dunklen Anzug trug er ein weißes Hemd, und ich war froh, mich für mein dunkelblaues Nadelstreifenkostüm entschieden zu haben. Es war tailliert geschnitten und brachte durch den kurzen Rock meine Beine zur Geltung.

Ich spürte seinen anerkennenden Blick, als ich ausstieg, und genoss seine Art, mir zu zeigen, dass ich ihm gefiel. Sofort war er bei mir, zog mir zur Begrüßung den Kopf an den Haaren nach hinten, brachte sein Gesicht dicht vor meins, sah mir in die Augen und küsste mich, indem er meinen Kopf so fest hielt, dass ich ihn nicht bewegen konnte. Dann nahm er meinen Koffer in die eine Hand, mich an die andere und führte mich zu seinem schwarzen Bentley. Ich überreichte ihm ein kleines Geschenk und ein paar Zeilen, in denen ich mich für die Einladung bedankte. Es war mir wichtig, dies gleich zu Beginn unseres Wochenendes zu tun. Da ich nicht abschätzen konnte, wie es verlaufen würde, wollte ich frei bleiben.

Öffne die Beine! Weiter! Die linke Hand am Steuer, greift er mir mit der rechten zwischen die Beine, umfasst die Schamlippen und zieht daran, fest, noch fester, bis ich stöhne und mein Becken sich bewegt. Ich lasse die Beine bis zu unserem Ziel leicht geöffnet, damit er jederzeit zugreifen kann, wenn ihm danach ist. Mich so bereitzuhalten, erregt mich sehr.

Erst an der Autobahnausfahrt tauchte die Außenwelt wieder auf. Ich konzentrierte mich auf die Straßen und hielt gemeinsam mit M. nach dem Hotel Ausschau. Es war ein großes, prachtvolles Gebäude, eingebettet in eine märchenhaft anmutende Parkanlage.

M. hatte es ausgesucht. Da er hohe Ansprüche an das Ambiente für unsere Wochenenden hatte, kam für ihn nur ein First-Class-Hotel in Frage. Mir war die Wahl des Hauses nicht so wichtig, mich beschäftigte mehr, was auf unserem Zimmer passieren würde.

Ich beobachtete, wie M. sicher und routiniert unsere Ankunft regelte und den Wagen und das Gepäck versorgen ließ. Als berufstätige und alleinerziehende Mutter ist Organisation eine meiner ständigen Aufgaben. Erstaunt stellte ich fest, wie angenehm ich es fand, mich um nichts kümmern zu müssen. Ich genoss es sehr, M. vollkommen die Führung zu überlassen. Während er mich zum Fahrstuhl geleitete, nahm ich die Atmosphäre des Hotels in mir auf.

Im Zimmer angekommen, sahen wir uns erst einmal um. Mich beeindruckte die stil- und geschmackvolle Einrichtung, meine finanzielle Situation hatte dergleichen bisher nicht zugelassen. M.

dagegen hielt gezielt prüfend nach möglichen kleinsten Mängeln Ausschau: Er öffnete und schloss die Fenster, kontrollierte die Klimaanlage, fuhr mit dem Finger über die Gardinenstange und den Türrahmen, warf sogar einen Blick unter das Bett und das Sofa.

Erstaunt beobachtete ich ihn. Verriet sein Verhalten nur eine große Hotelerfahrung oder auch etwas über ihn? Ich war zu aufgeregt, um darüber nachzudenken. Er schenkte mir Mineralwasser ein, sagte: «Du schläfst auf der linken Seite», und packte seinen Koffer aus. Was würde er als Nächstes tun? Würde er gleich beginnen oder erst nach dem Abendessen?

Angespannt räumte ich meine Kleidung in den Schrank. Sein Blick, den ich plötzlich auf mir spürte, riss mich aus meinen Gedanken. Er sah mir zu, jeden Handgriff genau verfolgend. Wortlos. Was meine Anspannung nur vergrößerte. Als ich die Bücher auf den Nachttisch legte, kam sein erster Befehl.

Zieh dich aus! Nackt! Vor meinen Augen! Behalte nur die schwarzen Stöckelschuhe an! Präsentiere dich vor mir! Er lässt mich vor seinen Augen auf und ab gehen, mich nach seinen Anweisungen bewegen. Meine anfängliche Scham wird allmählich schwächer und weicht schließlich der Lust, seine Blicke auf meinem Körper zu spüren. Es gefällt ihm, wie ich mich bewege, und es gefällt mir, dass es ihm gefällt. Ich bewege mich zunehmend freier, verspüre den Wunsch, er möge mich in meinen Bewegungen mit Klapsen überraschen und demütigen, bin erstaunt, sehr erstaunt über dieses Verlangen, bewege mich weiter. Halt! Seine Stimme holt mich zurück. Ich möchte dich gleich auf dem Boden sehen! Überlege dir vorher genau, wie du mir alles, was du hast, gleichzeitig zeigen kannst! Die Scham kommt zurück. Mein Stolz will nicht auf den Boden, er will aufrecht schreiten, will Bewunderung, verhindert in mir jeden Gedanken daran, wie ich ihm alles gleichzeitig zeigen könne. Ich warte nicht länger! Runter auf den Boden! Ich gehorche, doch ohne zu wissen, wie ich es machen soll, lege mich auf den Rücken, spreize die Beine, höre sein «Ich sehe nicht alles», gehe auf die Knie, recke ihm meinen Hintern entgegen, strecke ihn in die Höhe, spreize die Beine breiter.

Er geht um mich herum, berührt mich, streicht mir über den Hintern, die Brüste, das Schambein, die Schamlippen, lässt mich schaudern vor Scham, Angst, Erregung. Ich nackt auf dem Boden, er angezogen und aufrecht über mir. Ich bewegungslos hinnehmend, er überlegen handelnd. Ich schaudere – vor Lust. Steh auf! Bring die Klammern! Komm her! Stell dich vor mich! Der Anblick des Seils, das er plötzlich in den Händen hält, irritiert mich, sekundenschnelle Gedanken schwirren mir durch den Kopf, fesseln, heute schon, zu früh, nein, ich spüre, ich kann ihm vertrauen, doch wie wird er es machen? Ich liege nicht, wie in meinen Phantasien, sondern stehe, es gibt nichts zum Festbinden. Seine Stimme reißt mich aus meinen Gedanken. Nimm die Hände hinter den Kopf! Die Ellenbogen höher! Weiter nach hinten! Er bindet mir mit dem Seil die Hände zusammen, verknotet ein anderes um meinen Bauch, befestigt daran ein drittes, führt es zwischen meinen Beinen hindurch und über den Rücken zu den Handfesseln, zieht es stramm, noch strammer, so dass es zwischen meinen Schamlippen einschneidet. Wo willst du sie haben? Die Frage überrascht mich, verwirrt mich, erregt mich, erregt mich so sehr, dass ich nur antworten kann, ich wisse es nicht. Er soll sie befestigen, er soll wählen, ich will erfahren, wie er es macht. Stell die Beine weiter auseinander! Er beginnt an der Innenseite der Oberschenkel, nimmt sich dann die Innen- und Außenseiten meiner Brüste vor. Das Befestigen jeder einzelnen Klammer schmerzt besonders, aktiviert das Spüren auch der anderen, durchzieht den ganzen Körper. Er verschont auch die Brustwarzen nicht und verwendet die letzten sechs für meine Schamlippen. Ich stehe vor ihm, er sitzt auf dem Sofa, mustert mich. Das Stehen fällt mir schwer, lässt den Schmerz schwerer aushalten, doch ich verharre reglos, spüre den Schmerz stärker werden, gebe mich dem Schmerz hin, den Klammern, den Fesseln, dem Stehen, seinen Blicken, schließe die Augen. Er erhebt sich immer wieder, kommt auf mich zu, bewegt die Klammern, um den Schmerz zu verstärken, demütigt mich, weil er nur die Klammern berührt, nicht mich, nicht meinen Körper. Stolz halte ich die Schmerzen aus, ich werde nicht um Gnade bitten. Stehe, bis er die Klammern abnimmt, das Seil zwischen meinen Beinen löst, mich aufs Bett wirft, in mich eindringt, mit seinen Hoden gegen meine schmerzenden Schamlippen stößt, mich kommen lässt, um dann selbst zu kommen. Er löst die Fesseln, hält mich in den Armen, hält und streichelt mich so lange, bis ich ruhig werde.

Die Sensibilität, mit der er mich auffing, ließ mich für diesen Moment in seinen Armen glücklich sein. Als ich wieder regelmäßig atmen konnte, fragte M.: «Hast du Hunger?»

«Ja!» Ich war völlig erschöpft.

«Was bevorzugst du? Japanisch? Griechisch?»

«Heute am liebsten nur eine Kleinigkeit im Hotelrestaurant.»

M. war einverstanden. Nachdem ich mich angekleidet hatte, hielt er mir die Zimmertür auf, nahm mich zärtlich an der Hand, führte mich zum Fahrstuhl und ließ mich eintreten. Kaum hatte sich die Tür geschlossen, kniff er mir in die Brustwarzen, so fest, dass ich aufschrie. Vor Schmerz! Und vor Überraschung! Mir wurde leicht schwindelig, und ich ließ mich von ihm auffangen. Die Tür öffnete sich, und er nahm wieder meine Hand. Im Restaurant rückte er mir galant den Stuhl zurecht, las mir die Speisekarte vor und bestellte.

Nach einer Weile sah er mich an. «Du hast eine tolle Figur! Wie ein junges Mädchen.»

Ich lächelte. Seine Worte schmeichelten mir.

Am nächsten Morgen führte mich M. in das Ritual ein, mit dem er den Tag zu beginnen liebte und das wir fortan nach dem Aufwachen vollzogen. Der Sex, wie er ihn mochte, war ungewohnt für mich, besonders weil er eine ganz langsame Massage seines Schwanzes bevorzugte.

Er befiehlt, leck mir die Füße, ich lecke ihm die Füße, lecke weiter, so wie er anweist, die Innenseiten der Beine, zart gleite ich mit der Zunge an seinem Körper entlang nach oben, lecke ihn lange und ausgiebig unter den Achseln, diese Stelle schätzt er besonders, lecke und beiße die Brustwarzen, lecke seinen Schwanz, bis er mich anweist, mich auf ihn zu set-

zen. Ich lerne, mein Becken langsam hinauf bis zur Spitze zu heben und kurz vor dem Hinausgleiten mit zusammengepressten Pobacken wieder nach unten zu führen, ich lerne, die Bewegung sehr, sehr langsam zu vollziehen, obwohl ich zu schnellen und heftigen Bewegungen neige. Ich lerne es, um ihm den Schwanz so zu massieren, wie er es liebt. Ihm Lust zu bereiten, macht mir große Lust, so sehr, dass ich unerwartet komme, ohne mich schnell zu bewegen. Ich lerne, ihn unter den Achseln zu lecken, ihm die Brustwarzen mit den Fingerspitzen zu drücken und mich gleichzeitig langsam auf ihm zu bewegen, bis er kommt. Das er so in mir kommt, erfüllt mich mit Glück.

Im Restaurant erwartete uns ein reichhaltiges Frühstücksbuffet. Amüsiert beobachtete M., wie ich von jeder verführerisch angerichteten Speise nur ganz wenig nahm, um möglichst viel probieren zu können. Als der Kellner nach unseren Getränkewünschen fragte, bestellte M. Kaffee und vier Zeitungen und schlug eine davon sofort auf. Leicht ungläubig sah ich ihn an.

«Ich pflege beim Frühstück Zeitung zu lesen.»

«Ich auch, aber nur wenn ich allein frühstücke.»

«Zeitunglesen ist für mich beruflich unabdingbar.» Bevor ich etwas antworten konnte, fragte er: «Mit welcher möchtest du beginnen?»

Also saßen wir beim Frühstück, und jeder schaute in seine Zeitung. Er las, und ich tat so, als würde ich lesen. Nicht nur das war unfassbar für mich.

Nach einer Stunde sah er auf. «Jetzt würde ich gerne mit dir im Wellnessbereich entspannen. Gehst du auch gerne in die Sauna?»

«Sauna mag ich nicht! Doch ich schwimme sehr gerne.»

«Dann sollten wir uns jetzt umziehen.»

Wir gingen ins Zimmer. Ich schlüpfte in meinen knappen roten Bikini. Bevor M. mir in den weißen Hotelbademantel half, ließ er den Blick langsam über meinen Körper gleiten. Sofort begann ich feucht zu werden. Doch er berührte mich nicht. Er ging zu seinem Nachttisch und nahm ein kleines Päckchen heraus.

«Ich habe dir etwas mitgebracht», sagte er.

«Danke!» Völlig überrascht riss ich das Papier auf. Es war ein Buch.

«Mut zur Demut», las ich laut vor.

«Sina Geißler ist Masochistin. Ich dachte, ihre Gedanken könnten dich interessieren», erklärte er.

«Ja! Ja sehr!», stammelte ich beeindruckt. «Vielen Dank!»

Für dieses Buch war ich ihm fast noch dankbarer als für die Erfahrungen, die er mir schenkte.

Erfreut über meine Freude, nahm M. ebenfalls ein Buch mit ins Hotelschwimmbad, und wir machten es uns auf den Liegestühlen bequem. Er las ein wenig und ging dann in die Sauna. Während er in der Sauna schwitzte, schwitzte ich beim Verschlingen der Seiten. Ich wollte mich selbst begreifen. Ich wollte diese Neigung zum Masochismus in mir begreifen, dachte nach, las immer weiter und musste doch hinnehmen, dass sich die Eindrücke zunehmend verdichteten und sich zu einem undurchschaubaren Knäuel verwickelten. Die Zeit zum Lesen war zu kurz, M. kam zurück und wollte mit mir in die Stadt.

Beim Stadtbummel war ich dann mehr mit dem beschäftigt, was in meinem Inneren vor sich ging, als mit dem, was es zu sehen und zu essen gab. Ich sagte nur das Nötigste. Zu sehr wirkten noch die Klammern in mir nach. Die roten Male, die sie an meinem Körper hinterlassen hatten, waren verschwunden, die in meiner Seele nicht.

Ich konnte es nicht fassen, dass ich solche Lust empfand, mich demütigen zu lassen. Das Empfinden von Lustschmerz konnte ich schon eher nachvollziehen, eher akzeptieren, doch diese Sehnsucht nach Demütigung beschäftigte mich sehr.

Ich hatte bisher ein klarstrukturiertes Leben geführt, ich hatte immer gewusst, was ich wollte, und meine Ziele mit Ehrgeiz, Umsicht und Disziplin verfolgt. Ich hatte meine Kinder ins Leben begleitet und war zugleich im Berufsleben erfolgreich. Es erfüllte mich, neue Konzepte zu entwerfen, diese in Fachbüchern zu veröffentlichen oder sie als Referentin anderen zu vermitteln. Meine Arbeit machte mir große Freude. Auch wenn stets inhaltliche Fragen im Vordergrund für mich standen, war es mir auch wichtig, eine gewisse Position und mit ihr Einfluss auf Entscheidungen zu haben. Diese Sehnsucht nach Demütigung brachte mich völlig aus der Fassung!

Ich begriff nur so viel, dass ich bisher einen Teil von mir ins Reich der Phantasie verdammt hatte und dieser Teil jetzt unaufhaltsam in meine Persönlichkeit, in mein Leben drängte – und nach einer Neuordnung verlangte.

Ich wollte M. an meinen Gedanken teilhaben lassen, doch er realisierte nicht, wie sehr es in mir arbeitete. Er redete mit mir über Kirchen und Geschichte, während ich über die Prozesse sprechen wollte, die sich in mir vollzogen.

«Wie findest du diese Figuren?» Wir standen vor einer Kirche, und er deutete mit dem Finger auf die Schnitzereien im Portal.

«Sie sind bestimmt interessant», sagte ich. «Doch im Moment kann ich mich gar nicht darauf konzentrieren.»

«Schade! Du verpasst etwas!» Er sah mich leicht ratlos an, dann wieder die Kirche.

«Wollen wir in ein Café gehen?», fragte ich.

M. führte mich ins beste Café der Stadt und verwöhnte mich mit Kakao und Kuchen. Seine Fürsorge tat ungemein gut.

«Wenn ich mich doch nur verstehen könnte. Warum erregt es mich, wenn du mir Befehle gibst, wenn du mich demütigst?», sagte ich und rührte gedankenversunken im Kakao.

«Du solltest nicht so viel nachdenken. Lass uns lieber noch das historische Rathaus besichtigen. Ich habe mich so darauf gefreut, dir die Stadt zu zeigen.»

Ich wollte ihn nicht enttäuschen, daher versteckte ich meine eigene Enttäuschung und versuchte mich auf seine geschichtlichen Vorträge einzulassen. So verhinderte die ständige Gegenwart von M. die Auseinandersetzung mit mir selbst. Jetzt allein sein und durch die Natur laufen wäre gut, dachte ich und konnte mich dennoch nicht lösen. Das Kind in mir ließ sich von ihm an der Hand durch die Stadt geleiten.

Obwohl ich noch völlig mit den Auswirkungen der Klammern beschäftigt war, führte mich M. in neue Formen der Demütigung ein, sobald wir das Hotelzimmer betraten.

Schmerzen machen nicht wirklich demütig! Geh auf alle viere! Überrascht, fast als könne es nicht sein, seltsam bewegt, langsam, noch überlegend, begebe ich mich auf Knie und Hände. Beweg dich wie ein Hund! Kriech zum Schrank! Im Koffer findest du die Tüte und die Klatsche! Bring beides! Apportiere es! Kurz denke ich, mich verhört zu haben, er will allen Ernstes, dass ich die Sachen im Mund trage, auf allen vieren, dann lasse ich mich darauf ein, krieche wie befohlen zu ihm, zögerlich, unsicher, immer noch, als könne es nicht wahr sein. Braves Hündchen! Er streichelt mich wie einen Hund! Es widerstrebt mir, erstarrt halte ich still. Leck mir die Füße, jeden Zeh einzeln! Ich lecke, beginne mit dem kleinen Zeh des linken Fußes, lecke, lecke hingebungsvoll, Zeh für Zeh, lecke zwischen den Zehen, strecke dabei den Hintern hoch, beginne Lust zu empfinden, lecke selbstvergessen, genieße die Selbstvergessenheit, beginne mit dem anderen Fuß. Er entzieht ihn mir abrupt. Du hast Lust dabei! Antworte! Stumm nicke ich. Leg dich auf den Rücken! Leck jetzt! Er stellt mir einen Fuß aufs Gesicht, fest, so dass ich kaum lecken kann. Das will ich nicht, das nicht, und will es doch wissen, wie es ist, strenge mich an zu lecken, sehe ihn dabei hoch über mir stehen, fühle mich ohnmächtig, lecke, empfinde Lust an der Ohnmacht. Auf alle viere! Kriech zum Tisch! Bring mir jedes Teil einzeln! Im Mund! Ich apportiere die Klatsche, apportiere den Analstöpsel, apportiere die Kondome, apportiere den Vibrator, bringe alles zu ihm hin. Er sitzt auf dem Sofa und nimmt jedes Teil aus meinem Mund entgegen, lässt mich vor ihm warten, greift nach der Klatsche, gibt mir ein paar kurze Schläge auf die hängenden Brüste, heißt mich umdrehen, zielt auf meinen After, lässt mich wieder drehen, streichelt mir den Kopf. Als er mich heißt, die Kondome mit dem Mund über den Vibrator zu ziehen, schüttele ich heftig den Kopf. Er verlangt eine Erklärung, akzeptiert die Tatsache, dass ich bei Gummi erbrechen muss, als Verweigerungsgrund, lässt es mich mit den Händen tun, befiehlt mir, zum Stuhl zu kriechen, mich davor auf den Bauch zu legen, die Unterschenkel nach oben, fesselt mich mit den Beinen an den Stuhl, bindet mir die Hände über dem Kopf zusammen. Ich werde deine Zugänglichkeit um eine Öffnung erweitern! Ich bin eng, schreie vor Schmerz auf, als er den Analstöpsel einführt, halte ihn nur kurz aus, kann nicht anders, dieses Wort, ich will es nicht sagen, kann nicht anders, bitte um Gnade, er erlöst mich sofort. Ich möchte diese Zugänglichkeit. Wie viele Jahre hatte ich mir gewünscht, ein Mann würde diesen Eingang benutzen wollen? Dass ich den Schmerz nicht ausgehalten habe, demütigt mich mehr als alles andere. Ich bitte ihn, nicht aufzugeben, es öfter zu versuchen, er verspricht es mir. Er schlägt mich mit der Klatsche auf den After, führt den Vibrator in meine Scheide ein, befestigt ihn mit einem Seil, lässt mich so liegen, lang, will mich kommen sehen. Stolz ignoriere ich die Vibrationen, einer Maschine füge ich mich nicht, blende die Reize aus, komme nicht, er hilft mit Schlägen auf meinen Hintern, meinen After nach, bis ich mich ergebe und komme. Schließlich bindet er mich los, setzt sich aufs Sofa, lässt mich zu ihm kriechen, danke sagen. Ich möchte seine Arme um mich spüren, möchte gehalten werden, bin völlig erschöpft und folge dennoch seinem Befehl, erst aufzuräumen, auf allen vieren, genau so, wie ich alles geholt habe. Endlich darf ich zu ihm kriechen, aufs Sofa klettern, mich nackt in seine Arme schmiegen.

Anschließend wollte ich gar nicht mehr aufhören zu duschen. Mit dem Wasser, das mir über die Haut floss, spürte ich, wie sich in mir etwas veränderte. Ich war angekommen! Das, was ich bisher verdrängt hatte, war jetzt in meinem Leben!

Die Sklavin in mir

Wie lange brauchst du denn noch?», rief M. ungeduldig durch die geschlossene Badtür. «Ich habe großen Hunger!»

«Ich bin gleich fertig», erwiderte ich. Erst jetzt beeilte ich mich. Von meinen Gefühlen unter der Dusche völlig eingenommen, hatte ich mir Zeit gelassen. Vielleicht auch, weil mir die Minuten allein im Bad gut taten.

Im Hotelrestaurant studierte M. ausgiebig die Weinkarte. «Der Wein, den ich jetzt bestelle, muss ein ganz besonders guter sein. Des Anlasses würdig, auf den wir anzustoßen haben!»

«Wovon sprichst du?», fragte ich mit einer leisen Ahnung.

«Du weißt es! Und ich möchte, dass du es jetzt aussprichst!»

Die Tatsache, dass er es spürte, beeindruckte mich. Mehr noch, in diesem Moment fühlte ich mich von ihm zutiefst verstanden. «Ich bin bei einem bisher vor mir selbst versteckten Teil angekommen.» Die Aufmerksamkeit, mit der er meine Worte verfolgte, ließ mich bekennend hinzufügen: «Er ist in mir und hat endlich seinen Raum!»

M. nickte zufrieden. «Ich möchte es anders ausdrücken.» Er reichte mir mein Glas, hob das seine und beugte sich vor, um nur für mich hörbar den Toast auszusprechen. «Wir stoßen auf die Sklavin E. und ihren Gebieter M. an!»

Das Wort Sklavin allein ließ schon wieder eine Erregung in mir aufsteigen, die ich kaum verbergen konnte. Mein Becken bewegte sich wie von selbst auf dem Stuhl, und die Schenkel pressten sich zusammen. Er hatte diesem Teil in mir einen Namen gegeben, den ich vor mir selbst nicht gewagt hätte zu finden. Doch ich musste mir sofort eingestehen, dass er genau der richtige war.

«Ja! Darauf stoßen wir an!»

«Auf die Sklavin E. und ihren Gebieter M.», wiederholte ich, tief berührt von dem Gefühl, das diese Worte hervorriefen.

«Ich habe dir dafür zu danken!» Ich sah ihm in die Augen und empfand eine enge Verbundenheit zwischen ihm und mir. Das Gefühl und die Erregung verwirrten mich so sehr, dass ich aufstand, um zum Buffet zu gehen, mich abzulenken und die Empfindungen zu unterdrücken.

«In mir gibt es so viele Fragen, so wenig kann ich erst verstehen», öffnete ich mich.

«Die Zeit wird dir die Antworten bringen», erwiderte er und verhinderte so, dass ich mich weiter öffnete.

«Heute sollten wir nur feiern!» Er goss mir Wein nach.

«Ja, feiern wir», sagte ich und trank, glücklich über mein Ankommen, mein Glas leer.

«Heute Nacht habe ich nicht bloß geschlafen», erzählte ich M., als wir in der Morgensonne auf der Terrasse saßen. Wir hatten ausgiebig gefrühstückt, und er war fertig mit Zeitunglesen.

«Das Wort Sklavin hat mich sehr beschäftigt. Ich weiß jetzt, dass ich mich mein ganzes Leben danach gesehnt habe, dass mich ein Mann unterwirft, mich dazu bringt, dass ich mich ihm ganz hingebe, mit allem, was in mir ist, bis ich nur noch ihn fühle.»

«Da bist du bei mir richtig», antwortete er. «Ich werde die passende Anzahl Schläge finden!»

«Ich glaube, es ist mehr dahinter verborgen. Woher kommt diese Sehnsucht?», fragte ich. Ich wollte tiefer ins Thema einsteigen. «Du hattest bereits eine SM-Beziehung. Bitte erzähl mir davon.»

«Da gibt es nicht viel zu erzählen, sie ist vorbei», wehrte er ab.

«Woran ist sie gescheitert?»

«Das ist nicht mehr von Bedeutung!»

«Jede Beziehung hat Auswirkung auf uns, ich finde es wichtig, darüber zu sprechen», versuchte ich zu erklären.

«Ich habe nicht die geringste Lust, darüber zu reden!» Er sprach mit einer Entschiedenheit, die mich verstummen ließ. Wieder einmal hatte er sich entzogen!

Nach dem Frühstück meldete M. uns zu einer Stadtführung an. Ich verschwieg ihm, dass mir gar nicht danach zumute war. Er beteiligte sich begeistert mit eigenen Beiträgen und interessierten Fragen, während meine Gedanken immer wieder zu den lustvoll angenommenen Demütigungen wanderten.

«Ich hätte dir mehr Phantasie und Wissen zugetraut», holte er mich in die Wirklichkeit zurück. Wir standen vor einem Brunnen, vor dem die Stadtführerin offensichtlich ein kleines Ratespiel veranstaltet hatte.

«Du kannst dir doch denken, womit ich beschäftigt war», flüsterte ich ihm zu.

Die Schärfe seiner Bemerkung überraschte mich. Und sie hinterließ ein unangenehmes Gefühl. Ich war froh, als die Führung zu Ende war und wir in ein Restaurant einkehrten. Ihm war wichtig, mir ein sehr nobles Ambiente zu bieten. Mir war es wichtiger, über ihn und mich zu sprechen. Doch er wich allen Fragen aus, die auf sein bisheriges Leben, auf Gefühle und sein Innenleben zielten. Als M. stattdessen darauf zu sprechen kam, was ihn an dieser Stadt so beeindruckte, wurde die Frau in mir sehr schweigsam. Die Sklavin in mir schaute ihren Gebieter dagegen bewundernd an und war stolz auf ihn.

Später im Hotelschwimmbad fanden wir wieder zusammen, als M. entdeckte, dass ich es vermied, mit dem Kopf unter Wasser zu tauchen. Ich wollte meine Haare vor dem Chlorwasser schützen. Mein lautes Quietschen, mit dem ich seinen Versuchen, mich unterzutauchen, entkommen wollte, reizte ihn in hohem Maße. Ausgelassen tobten wir durch das Becken, ohne uns an den Blicken der anderen Gäste zu stören. Plötzlich hielt er mich fest. Mit dem rechten Arm drückte er meinen Körper dicht an seinen, um mit der linken Hand zwischen meine Beine zu gleiten.

«Komm! Es ist Zeit, nach oben zu gehen!», sagte er, während seine Finger den Weg in mein Bikinihöschen fanden und mich aufstöhnen ließen. In unserem Zimmer ließ mich M. im erotischen Spiel eine Steigerung erfahren.

Zieh dich aus! Vor mir! Geh auf die Knie und die Hände! Du warst gestern ein so folgsames Hündchen! Kriech zum Schrank! Hol die Tüte! Du weißt, wie du sie zu tragen hast! Ich krieche zu ihm zum Sofa, warte, dass er mir die Tüte aus dem Mund nimmt, bleibe entsprechend seinem Befehl in der Hundestellung, sehe zu, wie er genüsslich Pralinen und Obststückchen zu sich nimmt. Unvorhersehbar stellt er den Teller vor mich auf den Boden. Iss! Iss, ohne die Hände zu benutzen! Ungläubig schaue ich ihn an. Iss wie ein Hund! Es widerstrebt mir und reizt mich zugleich. Ich beuge den Oberkörper nach unten, die Hände auf dem Boden, schnappe mit den Zähnen zu, esse, schiebe mit der Zunge die Stückchen zurecht, nehme Stück für Stück mit den Lippen auf, schlucke, entwickle schließlich sogar eine gewisse Geschicklichkeit – und Lust. Lust an der Entblößung, die das Essen in dieser Stellung mit sich bringt. Lust an der Gehorsamkeit, trotz der Absurdität des Befehls. Lust, die ich verberge. Vor ihm. Iss auf! Brav! Ich werde dir einen Napf kaufen, du trinkst doch so gerne Wasser! Kriech jetzt zum Bad! Lass die Tür offen! Ich will dich sehen! Mach ein Handtuch nass! Bleib dabei auf den Knien! Wring es aus! Apportiere es! Er fährt mir mit dem Handtuch über den Rücken, schlägt fest zu, mehrmals, macht zart weiter, heißt mich, das Handtuch zu küssen. Ein Handtuch hinterlässt keine Spuren! Heute erfährst du die Lust an Schmerzen! Zieh die roten Schuhe an! Kriech zur Badtür! Steh auf! Stell dich mit dem Gesicht zur Tür! Spreiz die Beine! Heb die Arme hoch! Weit auseinander! Er befestigt ein Seil an jedem Handgelenk und bindet die Hände an der Tür fest. Schlägt mich mit dem Handtuch überallhin, erst leicht zur Probe, dann fest, sehr fest, auf den Rücken, auf die Beine, auf den Hintern, zwischen die Beine, dort besonders oft, lässt mich stehen, betrachtet mich, stellt sich hinter mich, dicht, legt mir seine Hand zwischen die Beine, berührt meine schmerzende Mitte – bis ich komme. Bedanke dich! Er nimmt mir die Fesseln ab und hält mich im Arm, bis mein Beben nachlässt. Ich sage nicht nur danke, ich bin tatsächlich dankbar.

Mein Beben wollte nicht schwächer werden. M. musste mich lange in seinen Armen halten. Ich hatte viele Schläge bekommen, und sie hatten mir sehr gefallen.

Doch es waren nicht die Schläge, die mich so beben ließen, sondern die Hundestellung. M. hatte diese Stellung wieder gewählt, um mich zu demütigen. Wie kam er dazu? Ahnte er etwas von der Steppenwölfin in mir, die danach winselte, an die Kette gelegt zu werden? Fühlte er, dass die Steppenwölfin noch die Nackenhaare aufstellte und sich dabei umso mehr danach sehnte, gezähmt zu werden?

Mit Beginn meiner Pubertät hatte sich in mir etwas entwickelt, was ich bei meinen Mitschülerinnen nicht wahrnehmen konnte: Es fühlte sich wild an, animalisch, ließ mich nachts bei Vollmond heimlich durch den Wald laufen, ließ mich die bürgerliche Welt in Frage stellen, trieb mich auf der Suche nach dem Sinn des Lebens in politische Aktivitäten und zur Beschäftigung mit fernöstlichen Religionen. Als mir das Buch *Der Steppenwolf* von Hermann Hesse in die Hände fiel, gab ich diesem Teil in mir den Namen «Steppenwölfin». Mit den Jahren, besonders als Mutter, ließ die Wildheit nach, doch nie verschwand sie ganz. In diesem Moment spürte ich sie so stark wie schon lange nicht mehr und wünschte mir, M. könnte sie bändigen.

«Darf ich dich was fragen?» Ich kuschelte mich tiefer in seine Arme.

«Ja.»

«Warum sollte ich dein Hündchen sein?»

«Weil es eine wundervolle Form der Demütigung ist.»

«Aber wie bist du darauf gekommen, mich so zu demütigen?»

«Ich lasse mich von Zeitschriften und Büchern inspirieren.»

«Wo findest du sie?»

«In einschlägigen Sexshops oder ich bestelle sie im Internet. Hat es dir gefallen?» Ich nickte. «Du warst ein sehr süßes Hündchen», sagte er befriedigt und drückte mich fest an sich.

Enttäuscht, dass die Hundestellung nur eine von vielen möglichen Spielformen darstellte, erzählte ich M. nichts von der Steppenwölfin und meinen Sehnsüchten. Er hatte mich nicht erkannt, sondern nur eine zufällige Auswahl getroffen.

«Komm! Zieh dich schick an und mach dich schön! Ich möchte dich für deine Folgsamkeit belohnen.» Irritiert sah ich ihn an. «Wir werden erst gut essen. Und dann werde ich dich ins Casino führen. Du sollst alles haben, was diese Stadt bietet.»

M. verwöhnte mich, und ich genoss es, verwöhnt zu werden. Ich konnte es einfach annehmen, was ich mit Erstaunen registrierte, denn bisher hatte ich immer auf finanzielle Ausgewogenheit geachtet. Ich genoss auch den Wein, den er mir aufmerksam eingoss, sobald mein Glas leer war. Ich trank mehr als gewohnt, wohl auch, weil so meine nächtliche innere Stimme die Stunde der Wahrheit verschlief.

Mit jeder Stunde hatte die Ambivalenz in mir zugenommen. Je mehr ich mich körperlich hingab, umso schweigsamer wurde ich. Am nächsten Morgen blieb ich ganz versunken und still. M. führte mich ins Museum für moderne Kunst und wollte mit mir über Pop-Art und die Faszination des Trivialen diskutieren. Doch ich sagte kaum etwas. Je mehr ich spürte, wie unzufrieden und enttäuscht er darüber war, desto beharrlicher schwieg ich. Ich tat es nicht vorsätzlich, ich konnte nicht anders.

Gleichzeitig wunderte ich mich über meine Schweigsamkeit, da ich mich bisher nur als Frau kannte, die sich gerne austauscht. In jeder anderen Situation hätte ich nicht geruht, bis ich eine zufriedenstellende Erklärung für mich gefunden hätte. Es gehört zu mir, Unklarheiten sofort auf den Grund zu gehen, sobald sie sich zeigen.

Diesmal verhielt ich mich anders. Ich wollte nicht nachdenken, ich wollte weitere Erfahrungen. Meine Neigung zum Masochismus saugte die behutsame Heranführung an die SM-Praktiken auf wie ein trockener Schwamm das Wasser. Die Sklavin wollte ihren Gebieter nicht verlieren. Die Sklavin war stärker als die Frau. Die Sklavin war heiß auf seine nächsten Befehle. Doch sie musste sich gedulden. Nach dem Museum wollte M. erst noch ins Schwimmbad.

Bist du bereit? Da ich gerade meinen nassen Bikini ausgezogen habe, bin ich nackt. Ich kann nur stumm nicken, so sehr erregt mich die Frage. Die Erregung geht von meinen Brustwarzen aus, die noch immer vom Druck seiner Finger schmerzen. M. hatte es sich zur Gewohnheit gemacht, mich im Hotelschwimmbad zu berühren, für andere unbemerkbar, für mich schmerz- und lustvoll. Verlangen steigt aus meiner Mitte hoch. Der Wunsch, er könne mich heute an meine Grenzen führen, meine Tränen zum Fließen bringen, bemächtigt sich meiner. Erschreckt mich. Um mich vor meinem Verlangen zu schützen, bedecke ich meine Nacktheit. Lass den Bademantel aus! Mach ein Handtuch nass! Komm auf allen vieren mit dem Handtuch im Mund aus dem Bad! Ich gehorche. Geh und hol die Tüte! In dem Bestreben, alles richtig zu machen, frage ich nach, ob ich aufstehen solle. Ich schätze deine Aufmerksamkeit! Krieche! Zieh die roten Schuhe an! Bring auch die Klatsche! Wir brauchen sie nicht, doch sie steht dir so gut! Lust erfasst mich in der Hundestellung. Ich gebe mich ihr hin, achte auf meine Bewegungen, vergesse über die Erregung die Klatsche. Du hast nicht gut zugehört! Du musst bestraft werden! Das Wort Strafe erregt mich unbegreiflich stark. Leg dich auf den Rücken! Leck! Er stellt mir einen Fuß aufs Gesicht, dann den anderen. Heißt mich, weiterzulecken. Setzt sich auf mein Gesicht. Leck mir den After! Ich lecke, strenge mich an, sein Gewicht drückt. Steck mir die Zunge ins Loch! Weiter rein! Ich gehorche, strecke meine Zunge so weit in seine Öffnung, wie ich nur kann. Spüre Erniedrigung, spüre den Druck seines Gewichtes auf mir, spüre Unterdrückung – und Lust. Als er aufsteht, habe ich seinen Geschmack im Mund, nehme ihn auf. Komm! Willig krieche ich zum Sofa. Spreize die Beine! Heb den Kopf! Sieh mich an! Gestern war der Rücken dran, heute Brüste und Scheide! Während er spricht, schlägt er mich mit dem Handtuch auf genau diese Körperteile, lässt mich dann das Handtuch küssen. Steh auf! Stell dich an die Tür! Das Gesicht zum Raum! Spreize die Beine! Arme hoch auseinander! Er legt mir Fesseln um Hand- und Fußgelenke und bindet mich an die Tür. Stramm, damit sich mein Körper spannt. Scham, weil ich in den Raum schaue, als würde ich seinen Blicken so mehr ausgesetzt sein. Angst vor dem Schmerz. Höre die Androhung: Zum Schluss gebe ich dir 20 Schläge zwischen die Schenkel, und du kommst dabei. Das kann ich nicht, will ich nicht. Ich will herausfinden, wo es dich wie schmerzt! Er schlägt mich auf die Arme, die Beine, den Bauch, die Seiten. Du bekommst jetzt zehn Schläge! Du darfst wählen, wohin! Wählen, selbst bestimmen und dann den Schlag zu erwarten ist schwer. Brüste, Scheide, Innenseiten der Schenkel, Brüste ... er schlägt jedes Mal fest zu. M. legt mir ein T-Shirt über den Kopf, lässt mich warten, lange, ich sehe nichts, spüre seine Blicke auf mir, empfinde den Schmerz der Schläge, bin erregt. Er kommt zu mir, küsst mich, streichelt mich, ich gebe mich seinen Berührungen hin. Unvermittelt beginnt er mit den Schlägen zwischen meine Schenkel, kneift mir dabei in die Brustwarzen. Stolz, ich bin zu stolz, komme nicht. Nach 20 Schlägen hört er auf, betrachtet mich. Wie sehr hätte ich mir gewünscht, dass er so lange weiterschlägt, bis mein Widerstand bricht. Die Vorstellung lässt mich beben, zittern, an den Fesseln zerren, den Unterleib bewegen. M. ist plötzlich vor mir, streichelt mich am ganzen Körper, greift grob in meine Schamlippen, kneift mich heftig in die Klitoris, bis ich komme. Erschöpft möchte ich mich hinlegen, doch er lässt mich stehen, wieder mit einem T-Shirt über dem Kopf. Endlich bindet er mich los, doch heißt er mich erst noch aufräumen, in Hundestellung, apportieren. Danach versinke ich in seinen Armen.

Ich wollte gar nicht mehr losgelassen werden. Er hätte mich ewig halten sollen, die Eindrücke waren zu stark gewesen, ich wollte nur noch gehalten werden.

Doch M. dauerte es irgendwann zu lang, so lange, wie ich es gebraucht hätte, konnte er mich nicht halten. Ihn zog es in die Außenwelt, er wollte mit mir ins Kino.

«Ich kann nicht», suchte ich sein Verstehen zu erlangen. «In mich passt nicht mehr ein einziger Eindruck hinein! In mir verlangt es nach Ausdruck!»

«Es ist so ein guter Film», wollte M. mich überreden.

«Und wenn du allein gehst und mich später abholst?», schlug ich vor.

Mein Leben wollte neu beleuchtet werden. Wie gerne hätte ich M. daran beteiligt. Ich konnte ihm jedoch nicht mein Inneres offenbaren, ohne dass auch er die Begegnung mit mir suchte.

Unwillig zog er seine Jacke an. «Ich hätte von dir mehr kulturelles Interesse erwartet.»

Er ging verärgert. Ohne ein Wort des Abschieds schlug er die Tür hinter sich zu. Ungläubig saß ich da und starrte auf die Tür. Hoffte, er würde zurückkommen, mich in den Arm nehmen. Sein Unverständnis schmerzte. Ich hatte allein sein wollen, doch jetzt fühlte ich mich alleingelassen. Anfangs verhinderte dieses Gefühl, dass ich nachdenken konnte. Kurz war ich versucht, ihm nachzulaufen und mit ihm ins Kino zu gehen, damit er mir wieder gut war. Doch ich blieb sitzen.

In meinem Inneren tobte ein Sturm. Die Sehnsucht nach Unterwerfung war so heftig, dass sie mir den Atem raubte. Ich träumte davon, so fest und lange geschlagen, so lange gedemütigt zu werden, bis meine Tränen flossen. Ich wollte gezwungen werden, mich seinem Willen zu beugen. Mit den Tränen würde ich ihm gehören, meinem Gebieter, und zwar mit Haut und Haar. So viele Jahre brannte diese Sehnsucht schon in mir, dass sie nicht mehr warten wollte. Mir schien, als habe dieser Teil in mir, der jetzt den Namen Sklavin trug, an Macht gewonnen, indem ich ihn benannt hatte. Wie entfesselt überfiel er mich mit seinem Verlangen. Dennoch fühlte ich mich weit davon entfernt. Ich hatte gehorcht und mich demütigen lassen, doch ich war zugleich auch stolz und willensstark geblieben.

Wieso? Was geschah da in mir? Ich ging unruhig im Zimmer auf und ab, sah aus dem Fenster. Wünschte mir, M. käme zurück, und wünschte gleichzeitig, er bliebe noch weg. Las in dem Buch von Sina Geißler und fand darin keine Antwort. Nur neue Fragen! Morgen war Abreisetag, was würde danach sein? Wie würde es weitergehen, mit M. und mir? Morgen fuhr ich wieder nach Hause zu meinen Kindern, wie würde ich weiterleben mit diesem starken Verlangen in mir?

Die Zeit, bis M. wiederkam, um mich zum Essen abzuholen, war zu kurz, der Sturm in meinem Inneren hatte sich noch nicht gelegt.

M. bemerkte nicht, in welchem Zustand ich mich befand. Als wir beim Chinesen saßen, erzählte er mir von dem Film und erwartete, dass ich dazu Stellung bezog. Obwohl ich sonst gerne diskutiere, war ich unfähig, einen Standpunkt zu vertreten. Ich konnte nicht, weil ich nicht stand, mir war schwindelig, weil mein Leben um mich und mit mir tanzte. Ich sah ihn nur mit großen Augen an, ohne mich erklären zu können.

An diesem Abend konnten wir uns beide nicht mehr dem Eindruck entziehen, dass etwas zwischen uns stand. Wir waren betroffen – ohne es auszusprechen.

Als wir vom Essen zurückkamen, wurde mein Bedürfnis, die Beziehung zwischen M. und mir außerhalb von SM zu klären, immer stärker. Während sich die SM-Beziehung wie von selbst entwickelte, waren in der anderen die Anzahl der Fragezeichen gewachsen, ohne dass nur eins davon angesprochen worden wäre. M. zog sich hinter ein Buch zurück. Er setzte sich einfach aufs Sofa und schlug sein Buch auf, als sei ich nicht im Raum. Ich hatte so viel Wein getrunken, dass ich mich darauf konzentrieren musste, das Bett zu finden.

Meine innere Stimme ließ sich vom Alkohol diesmal jedoch nicht mehr zum Schweigen bringen. Zu nächtlicher Stunde sagte sie unüberhörbar: «M. versteht nicht!»

Beim Aufwachen verbot die Sklavin der Stimme sofort den Mund und dem Gedächtnis die deutliche Erinnerung. Daher blieben nur ein ungutes Gefühl und der Traum, den ich nicht vergessen konnte:

M. und ich geben uns unseren Sexspielen hin, die Erregung

nimmt alles ein, wir vollziehen den Sex im luftleeren Raum, im Nichts. Das Nichts kommt näher, macht mir Angst, die Erregung kann es nicht fernhalten. Ich sehe mich um, sehe eine Tür und weiß, dass sich dahinter ein schönes großes Gebäude befindet, das wir betreten könnten. Ich gehe zu der Tür, doch sie hat keine Klinke, die ich drücken könnte, um sie zu öffnen. Und M. hat keinen Schlüssel. Die Tür bleibt verschlossen.

Die Sklavin wollte sich an M. schmiegen und das Morgenritual vollziehen, doch ihm war nach Kaffee.

Am Frühstückstisch bestellte er keine Zeitungen, sondern bemerkte: «Du hast heute Nacht laut ‹Nein› gerufen!»

«Ich habe schlecht geträumt!» Die Sklavin verhinderte, dass ich mehr sagte.

Es war M., der versuchte, unsere Beziehung zu klären. «Ich hatte erwartet, dass wir uns besser unterhalten können. Wir haben in den vier Tagen nicht ein Thema gefunden, an dem wir uns reiben konnten.»

«Ich wollte mich nicht reiben, ich wollte mich mit dir verstehen.»

«Kompetente Gespräche hätten mir deine Hingabe noch wertvoller gemacht.»

«Aber ich war viel zu sehr mit mir beschäftigt!» Ich sprach, ohne das Wesentliche beim Namen zu nennen und damit ohne mich verständlich machen zu können.

M. hörte zu, ohne verstehen zu können oder zu wollen, vielleicht stand auch bei ihm der Gebieter einer ehrlichen Aussprache im Weg. Ich war jedenfalls zu diesem Zeitpunkt immer noch zu fassungslos, um die Zusammenhänge zu erkennen.

Trotz der aufgetretenen Unstimmigkeiten fanden bei den Abreisevorbereitungen im Zimmer Sklavin und Gebieter noch einmal wie selbstverständlich zueinander, als ich ihm die Tüte und die Klatsche aus dem Schrank zum Einpacken reichte.

Stell dich vor mich! Mach die Beine auseinander! Hände hinter den Kopf! Ellenbogen nach hinten! Die unvorhersehbaren, mich völlig überraschenden Befehle widerstreben mir, reizen mich zum Widersetzen, und doch folge ich den Anweisungen mit umso größerer Erregung. Erwarte die Schläge, fürchte sie, sehne mich geradezu nach ihnen! Sie treffen mich heftiger als erwartet. Ich antworte, dass ich nicht weiß, wo ich die Schläge fühlen möchte, da ich nicht preisgeben kann, dass ich sie an den Stellen wünsche, an denen sie mich am meisten schmerzen. Er schlägt fest und gezielt, auf die Brüste, zwischen die Beine. Diesmal lässt er mich nicht nach den Schlägen ruhen, sondern heißt mich erst noch niederknien und schlucken, wonach es mich, seit er mein Gebieter wurde, verlangte: seinen Samen. Sein Glied, das weit vorstößt, würgt mich, noch mehr würgt es mich, als sein Samen durch meine Kehle rinnt. Mit dem Rinnen spüre ich die Demütigung, gleichzeitig das Glücksgefühl. Tränen treten mir in die Augen.

M. hielt mich fest, meine Tränen irritierten ihn. Er konnte sie nicht einordnen. Ich dagegen konnte es! Es waren nicht die ersehnten Tränen, nicht das Zeichen der Unterwerfung. Die Sklavin weinte wegen der Unstimmigkeiten beim Frühstück, sie weinte, weil sie befürchtete, M. nicht wiederzusehen.

In seinem Wagen wünschte sich die Sklavin, er möge ihr zwischen die Beine greifen, doch er tat es nicht. Anders als auf der Hinfahrt war die Stimmung gedämpft. M. brachte mich zum Bahnhof. Als wir auf die Einfahrt meines Zuges warteten, bedankte ich mich bei ihm für das Wochenende. Wir verabredeten, miteinander zu telefonieren, und umarmten uns zum Abschied. Die Sklavin wäre am liebsten in der Umarmung verharrt.

Erst im Zug verlor die Sklavin mit der nicht mehr vorhandenen Gegenwart von M. an Stärke, und mein Verstand begann wieder zu arbeiten.

Und wenn es Jahre dauert

Es war ein seltsames Gefühl, als ich die Haustür öffnete. Die Nachbarin stand am Gartenzaun und grüßte freundlich. Würde sie es auch dann noch tun, wenn sie wüsste, wie ich mein Wochenende verbracht hatte?

Noch am selben Abend trafen meine Kinder ein. Mit dem lauten Knallen des Garagentors, als sie die Fahrräder einstellten, füllte sich das Haus mit Leben. Stürmisches Klingeln und inniges Umarmen, Lachen, Ausleeren der Satteltaschen, Erzählen, Sortieren verschmutzter Wäsche.

Nachdem ich anhand der Landkarte ihre Tour nacherlebt hatte, bereiteten wir zusammen das Essen zu. Am Tisch kam dann die Frage von Lucia: «Und, wie war deine erste Urlaubswoche?»

Ich hatte damit gerechnet. Wir redeten immer über alles. Meinen Mädchen war ich nicht nur Mutter. Mit zunehmendem Alter, besonders jedoch, seit sie in anderen Städten studierten und lebten, nahmen wir auch wie gute Freundinnen aneinander Anteil. Ich war ihre Ansprechpartnerin bei Verliebtheit, bei Beziehungsfragen, bei Liebeskummer, bei privaten und beruflichen Entscheidungen. Für mich war es selbstverständlich, ihnen von der Kontaktanzeige zu erzählen. Nur der Inhalt musste mein Geheimnis bleiben.

«Ja, sie war sehr ereignisreich!», deutete ich an.

«Erzähl!», sagte Johanna und beugte sich gespannt vor.

«Es gibt offenbar Neuigkeiten.» Karl verstand sofort.

Alle drei sahen mich aufmerksam an.

«Ich habe mich entschlossen, eine Kontaktanzeige aufzugeben!»

«Das ist gut, du bist viel zu jung, um allein zu bleiben», war der umgehende Kommentar von Johanna.

Lucia ergänzte: «Wir freuen uns, dass du wieder ins Leben gehst.»

Zwei Jahre nach der Scheidung hatte ich, gerade 43 geworden, einen Mann kennengelernt. Dieser Mann, den ich sehr liebte, war vor 20 Monaten an Krebs gestorben. Sein Tod hatte mich schwer getroffen. Meine Kinder hatten meine Trauer verstanden und doch auch mit etwas Sorge beobachtet, dass ich mich danach sehr zurückgezogen hatte.

«Sie ist bereits erschienen, und ich habe viele Zuschriften bekommen», informierte ich die drei. «Mit einem Mann, der mir gleich beim ersten Treffen gefallen hat, habe ich vergangenes Wochenende einen Kurzurlaub verbracht, um ihn näher kennenzulernen.»

«Seid ihr jetzt ein Paar?», wollte mein Sohn wissen.

«Ich glaube, wir passen nicht zusammen», antwortete ich, froh, dass meine Kinder weder nach dem Text der Anzeige fragten noch danach, ob wir ein Einzel- oder Doppelzimmer gebucht hatten.

«Du findest sicher wieder einen Mann», sagte Johanna. «So, wie du bist, interessieren sich die Männer doch bestimmt alle für dich.»

«Es ist nicht so einfach», erklärte ich, «weil ich hohe Ansprüche habe. Ich hoffe, ihr kommt damit zurecht, dass sich eure Mutter in der nächsten Zeit mit einigen Männern treffen wird.»

«Wie sollst du denn sonst jemand kennenlernen? Du gehst doch kaum aus!»

«Das ist doch besser, als wenn du immer nur am Schreibtisch sitzt», waren die Reaktionen der Mädchen.

«Wir leben doch nicht mehr im 19. Jahrhundert», lautete der Kommentar meines Sohnes. «Hast du es Oma und Opa schon erzählt?»

Meine Eltern wohnten wenige Straßen entfernt. Karl besuchte sie regelmäßig, und einmal die Woche trafen wir uns alle zu einem gemeinsamen Essen. Sie hatten mir viel geholfen, als die Kinder noch klein waren, und jetzt unterstützte ich sie, wenn es nötig war. In unserer Familie gab es einen engen Zusammenhalt.

«Das hat sich noch nicht ergeben, mache ich aber noch», antwortete ich, und wir wechselten das Thema.

Nach dem gemeinsamen Frühstück am nächsten Morgen, bei dem meine Kinder meine volle Aufmerksamkeit forderten, stürzte Karl zu seinen Freunden, die er eine Woche nicht gesehen hatte, und die Mädchen ließen sich von mir zum Bahnhof fahren, um in ihre Studienorte zurückzukehren.

Kaum allein, setzte ich mich mit meiner Beziehung zu M. und mit der Frage auseinander, wie es weitergehen könnte. Mit den Auswirkungen der Erfahrungen auf mein Leben beschäftigte ich mich erst Tage später, als die Frau sich gegen die Sklavin durchgesetzt hatte.

Ich konnte die Stimme meines Instinktes nicht mehr verdrängen: «M. versteht nicht!»

Zwischen M. und mir war es nur beim Sex gut gelaufen. Ansonsten hatten wir uns sehr schwer miteinander getan. Die doch sehr verschiedenen Lebensumstände und unsere bisherigen Lebenswege waren jedoch nicht der Grund. Wir hatten einfach zu keinem Austausch gefunden. M. wollte oder konnte nicht über sich reden. Er verstand es, brillant mit Sprache umzugehen, aber er blieb bei den Gesprächsthemen Kunst und Geschichte. Ich dagegen hätte es so sehr gebraucht, mit ihm über mein Innenleben sprechen zu können. Und auch über seines! Erst jetzt wurde mir bewusst, wie sehr! Das hatte M. überhaupt nicht erfassen können, ganz im Gegenteil!

Plötzlich verstand ich mein Schweigen. Es war die Angst vor Verletzung, die mit jeder spitzen Bemerkung, mit jedem Hinweis auf fehlende Empathiefähigkeit größer geworden war. Menschen, denen die Fähigkeit abgeht, einen anderen Menschen in seiner Subjektivität und mit all seinen Eigenschaften wahrzunehmen, verletzen ihr Gegenüber immer. Sie tun es, ohne es zu wollen und ohne es zu merken. Sie tun es, ohne dass die zugefügte Verletzung auf sie selbst zurückstrahlt. Sie verletzen, weil sie den Schmerz, den sie verursachen, nicht spüren, und wenn man sie darauf hinweist, können sie ihn nicht ermessen, sich nicht einfühlen. Ich hatte Angst davor, mit Worten verletzt zu werden, und ich hätte es von einem Mann, dem ich erlaubt hatte, mich zu demütigen, mich zu schlagen, mir körperlichen Schmerz zuzufügen, nicht ertragen. So blieb nur mein Schweigen als Schutz.

Auf keinen Fall konnte ich darüber hinweggehen: Ich brauchte einen Mann, bei dem ich mich angenommen fühlte und mit dem ich reden konnte. Meine Hingabe verlangte nach gegenseitiger Öffnung.

Die Frau in mir fühlte sich bei M. unwohl, sie wollte die Beziehung nicht fortsetzen. Entschlossen rief ich ihn am selben Abend an, um es ihm zu sagen. Obwohl mich die Sklavin fast daran gehindert hätte. Die Sklavin wollte noch nicht loslassen, sie wollte ihn, sie fühlte sich bei ihm gut aufgehoben, für sie fand er die richtigen Worte.

M. ging es ähnlich. Auch er war mit der Entwicklung unserer Beziehung, abgesehen von SM, nicht zufrieden, doch der Gebieter wollte den Abschied nicht zulassen. Er sagte: «Lass uns noch ein wenig nachdenken.»

Wir telefonierten in den folgenden Tagen miteinander und überlegten hin und her. Ohne uns über die Gründe auszutauschen, sahen wir beide keine Perspektive für die Beziehung. Wir konnten allerdings auch nicht voneinander lassen. Nach weiteren Telefongesprächen und zahlreichen inneren Dialogen siegten noch einmal Sklavin und Gebieter. Wir verabredeten, unsere Beziehung auf SM zu beschränken. So kann ich meine Lust mit ihm ausleben, ohne mich der Gefahr auszusetzen, verletzt zu werden, dachte ich mir. Er lud mich ein, und ich besuchte ihn in seiner Wohnung.

Es entging ihm nicht, dass ich zwei Minuten zu früh auf den Klingelknopf drückte. Die Art, wie er mich in der weitgeöffneten Tür erwartete, löste ein leichtes Beben aus, das meinen Körper von oben bis unten durchzog. Der Druck seiner Hände, als ich ihn umarmte, und die Angst, er könne die Sklavin nicht mehr wollen, verstärkten es noch. Die Angst verschwand, als er mich auf seine Weise begrüßte und mich schlug.

Erleichtert empfange ich die festen Schläge, das Kneifen in meine Brustwarzen. Er wird vorerst mein Gebieter bleiben. Willig folge ich seinem Befehl, meine Blase zu leeren und mir die Unterwäsche auszuziehen. Präsentiere mich mit gespreizten Beinen in der Küche, damit er mich für einen Stadtbummel vorbereiten kann. Er bindet mir ein Seil um den Bauch, befestigt daran ein zweites, führt es zwischen meinen Beinen durch, zieht es stramm, so stramm, dass es auf beiden Seiten meiner Scham einschneidet, und verknotet es mit dem Seil um meinen Bauch. Lässt mich spüren, wie es noch mehr einschneidet, wenn ich mich hinsetze. Auf der Straße fällt es mir schwer, etwas anderes wahrzunehmen als die Stricke zwischen meinen Beinen und die Lust, die sie mir bereiten, zu unterdrücken. Im Sexshop, in den er mich führt, um ein dünnes Seil zu kaufen, das mir tiefer in die Schamlippen einschneiden kann, wird mein Blick von den Peitschen magisch angezogen. Unbändiges, jahrelang gezügeltes Verlangen durchzuckt mich. Nicht nur danach, die Lederriemen auf meiner Haut zu spüren, sondern auch den Griff der Peitsche zwischen den Schenkeln. Im Fahrstuhl zu seiner Wohnung schlägt er mich ein wenig, wie um mich einzustimmen in die Welt des Schmerzes und der Erniedrigung, in die er mich gleich führen wird. Zieh dich aus und begib dich auf alle viere auf den runden Teppich! Warte so, ohne dich zu bewegen! Ich spüre, wie er mich zu erniedrigen versucht mit dieser Hundestellung, hebe stolz den Kopf, spüre mein Zittern, schiebe meine Phantasien weg, die sich nähern, je länger ich warte. Als er endlich auf mich zukommt, ist es wie eine Erlösung. Schnell und sanft fährt er mit den Händen über die Innen- und Außenseiten meiner Arme und danach meiner Beine, über den Bauch, die Brüste, den Hintern, den Rücken, den Kopf, zieht ihn nach hinten, küsst mich. In Erwartung der Schläge zerfließe ich unter der Sanftheit seiner Berührungen. Empfinde sie in dieser Haltung als die stärkere Demütigung. Stärker als den Schmerz, der mich mit jeder der acht Wäscheklammern durchzieht, die er an meinen Brustwarzen und meinen äußeren Schamlippen befestigt. Er befiehlt mir, auf allen vieren durch die Wohnung zu kriechen und mir seine Bilder anzusehen. Ich hatte mich gefreut auf diese Bilder, wollte jedes einzelne in Ruhe anschauen, ihre Verbindung zum Besitzer erfühlen. Mit nichts anderem hätte er mich so treffen können. Statt der Bilder spüre ich die Wäscheklammern, die an mir baumeln, sehe meine Hundestellung. Kriech schneller! Schau genau hin! Ich gehorche, ohne die Bilder wirklich wahrnehmen zu können. Endlich setzt er sich in seinen Sessel. Jedoch nur, um mich erneut zu demütigen. Er heißt mich zu ihm kriechen, ihm die verschwitzten Achselhöhlen zu lecken. Fährt mit der Hand zwischen die Klammern, reibt meine Klitoris zwischen den schmerzenden Schamlippen, bis ich mich ergebe und komme. Zieht die Klammern ab, berührt die Druckstellen, presst mich gegen sich, greift erneut in meinen Schoß, um mich zu einem weiteren schmerzhaften Orgasmus zu bringen. Ich wehre mich, füge mich, ergebe mich, komme. Komme, ohne es zu wollen.

Er hielt mich, und ich war dankbar dafür. Erschöpft versank ich in seinen Armen. Langsam und behutsam löste er die Seile und gönnte mir eine Pause. Während ich zu seinen Füßen saß, zeigte er mir Ausschnitte aus einem Videofilm, der von einer masochistischen Frau handelte. Im Verlauf des Films entwickelte sich in mir der Wunsch zu erfahren, welche Aspekte für ihn eine besondere Bedeutung hatten. Ich ahnte, dass es sie gab, und stellte ihm meine Frage, erhielt aber keine Antwort. Er konnte nicht preisgeben, was ihn bewegte. Stattdessen führte er mich zu einem großen, niedrigen Hocker.

Er legt mich mit dem Rücken darüber, sodass meine Arme und der Kopf nach unten hängen. Ich wünschte, er würde in mich eindringen. Doch er lässt mich eine neue Form der Erniedrigung erleben. Er fasst meinen Kopf, befiehlt mir, den Mund weit zu öffnen, und spuckt. Spuckt mir in den Mund. Beginnt mich zu schlagen, ohne dass mir die Zeit bleibt zu erfassen, wie sehr er mich damit gedemütigt hat. Schlägt mich mit der Hand auf die noch schmerzenden Stellen, lange, doch nicht lange genug, um mich das Wort Gnade aussprechen zu lassen. Er dreht mich um. Fesselt mir die Arme aneinander und die Beine an die Arme, sodass ich mich nicht vom Hocker erheben kann. Streichelt mich, schlägt mich mit der Klatsche auf den After. Ich will das nicht, zerre an den Fesseln. Er schlägt weiter, schlägt, bis ich mit geringer Stimulation seiner anderen Hand an meiner Klitoris komme, schmerzlich unterworfen. Danach bindet er mich los, um mich auf den Teppich zu legen. Dringt erst in meinen Mund, dann in meine Scheide, um sich endlich in mir zu ergießen.

Er begleitete mich noch in einen Biergarten, um mich, wie ich ihn gebeten hatte, anschließend allein zu lassen. Wir umarmten uns, und er ging. Ich sah ihm nach, doch er drehte sich nicht mehr um.

Als ich mich von meinem Platz erhob, spürte ich den Schmerz. In meinen Schamlippen, um meinen After, in meinem Schambein, an meinen Brustwarzen. Bei jedem Schritt nahm der Schmerz zu. Doch anders als auf dem Rückweg von unserem zweiten Treffen am See empfand ich diesmal keine Verbundenheit mit M. Der Schmerz suchte. Er fand nicht, wurde nicht aufgefangen. Er lief ins Leere, kam schließlich zurück und machte mich leer. Meine innere Stimme begann zu sprechen. Ich wollte nicht hören, was sie mir zu sagen hatte, ging schneller, noch schneller, als könnte ich ihr entkommen. Doch ich wusste, dass sie nicht schweigen würde.

In der Nacht schmerzten die geschlagenen Stellen und meine Glieder von den Fesseln, der Schmerz hielt noch mehrere Tage an, immer schwächer zwar, aber noch spürbar. Ich genoss ihn, schickte ihn auf die Reise, wusste, dass er nicht aufhören würde zu suchen, bis er finden würde. Und wenn es Jahre in Anspruch nähme.

Was suche ich?

Der Schmerz wurde schwächer, die innere Leere blieb. Gleichzeitig schrie die Bedürftigkeit der Sklavin nach Erfüllung. Ich fühlte mich zerrissen. Was genau suchte ich?

Wenn ich doch bloß mit jemandem hätte sprechen können! Aber alles schien mir so ungeheuerlich, dass ich mich niemandem anzuvertrauen wagte, selbst David nicht. Mit meinem schwulen Freund verbanden mich nicht nur mehrere extreme Reisen in der Studienzeit, sondern auch zahlreiche innige Gespräche in 30 Jahren Freundschaft. Auch meiner Freundin Sieglinde, die seit 29 Jahren Anteil an meinem Leben nahm, konnte ich mich zu diesem Zeitpunkt nicht offenbaren.

In der Nacht setzte ich mich an den Schreibtisch und begann zu schreiben. Die Worte flossen nur so aus mir heraus. Ich brachte meine Geschichte zu Papier, atemlos, weil ich wieder zu Atem kommen wollte. Ich wollte endlich Klarheit! Für mich, in mir! Um zu Klarheit zu finden, musste ich die Erfahrungen mit M. festhalten. Der Urlaub ging zu Ende, und ich musste mich wieder den beruflichen Anforderungen stellen, aber ich machte in meiner Freizeit weiter, ich schrieb, statt zu joggen, statt Rad zu fahren, statt zu lesen, statt zu schlafen. Ich schrieb und onanierte. Das Erlebte erregte mich in einer ganz anderen Weise, als es meine Phantasien je getan hatten. Es war außerhalb, war real, hatte tatsächlich stattgefunden!

Ich schrieb mich frei, frei von Zweifeln und Ängsten in mir selbst, frei von M., hin zu mir. Auf einmal verstand ich Martin Walser, der in einem Interview gesagt hatte: «Ein Buch schreibt man, um im Umgang mit den eigenen Gefühlen zu wissen, was läuft da. Es ist ein einsames Ringen um das Entblößen und Verstecken von Gefühlen und Gedanken.»

Mir wurde immer klarer, was ich wollte und was ich nicht wollte.

Ich möchte mich hingeben, dem Schmerz, der Lust, und zwar bis zur Ekstase, bis zur Auflösung meiner selbst. Ich möchte mich unterwerfen, freiwillig, mich in die Hände eines Mannes begeben, Befehle empfangen, gehorchen, mich seinem Willen beugen, ihm dienen, ihm alles geben, wonach es ihn verlangt, ihm größte Lust schenken, ihm gehören. Nur so kann ich Erfüllung finden. Ich möchte betrachtet, gestreichelt, geschlagen, gefesselt, bestraft, gezüchtigt, vergewaltigt werden. Ich möchte mich mitnehmen lassen auf seine erotischen Reisen, ihm blind vertrauend, ohne zu wissen, wohin sie gehen. Ich möchte meine Grenzen erfahren, an meine Grenzen geführt werden. Ich möchte zum Weinen gebracht und dazu gezwungen werden, das Wort Gnade auszusprechen. Es ist nicht der körperliche Schmerz selbst, der mir Lust bereitet, es ist vielmehr die mit der absoluten Hingabe meines Körpers verbundene Selbstaufgabe.

Die Erfüllung liegt nicht allein darin, einen guten Gebieter zu haben. Die Erfüllung liegt darin, einen guten Gebieter zu haben, dem ich mich ganz öffnen kann. Mehr noch, ich suche nicht nur einen Gebieter, sondern auch einen Partner. Einen Mann, der mich als Frau achtet und liebt.

Ja! Das war das Entscheidende.

Mein Gebieter muss auch mein Partner sein. Ich suche in der Hingabe vor allem Nähe, Bindung, Verbindlichkeit. Ohne Bindung führt die Hingabe zur Leere. Eine wirkliche Unterwerfung kann nicht stattfinden. Es wäre wie ein Film, den man betritt, um darin eine Rolle zu spielen, den man anschließend verlässt und nach dem man wieder allein ist. Alles wäre nur ein Spiel ohne Aussicht auf Erfüllung. Für mich muss das erotische Spiel in eine alle Lebensbereiche umfassende Beziehung eingebunden sein.

Die Ausführungen der Autorin Annelie Keil zum Thema Beziehung als Gestaltung drängten sich in mein Gedächtnis. Sie beschäftigten mich seit zehn Jahren immer wieder, seit ich ihr Buch *Gezeiten* gelesen hatte. Darin sprach sie von einem Beziehungsgebäude, «das durch fortwährende Gestaltungsarbeit für die Liebe bewohnbar wird und bleibt». Jetzt erkannte ich für mich: Das erotische Spiel stellt für mich das Fundament für dieses Beziehungsgebäude dar. Ich suche einen Mann, der mit mir ein Gebäude gestaltet, in dem sich Spiel und Liebe wechselseitig entwickeln und in immer neue Tiefen gelangen können.

Nachdem ich meine Wünsche so klar niedergeschrieben hatte, verschwand die Leere. Auf einmal fühlte ich mich bei mir selbst angekommen!

Ich fühlte mich gut. Sehr gut! So konnte ich meine Neigung annehmen. Ich nahm sie an und ich veränderte mich.

«Mama, ich wusste gar nicht, dass Frauen in den Wechseljahren auch ihren Fahrstil ändern», sagte Karl.

Wir waren unterwegs zu Ikea. Mein Sohn wollte sich für sein Zimmer einen Sitzsack und ein kleines Sofa kaufen.

«Was?» Ich war mehr als erstaunt über seine Feststellung.

«Du bist gerade zu schnell gefahren!»

«Oh, ich habe die Geschwindigkeitsbegrenzung gar nicht gesehen.»

«Du fährst aber auch so anders. Viel zügiger, entschlossener.»

«Ja?»

«Ja, und du wirkst auch irgendwie verändert.»

«Wie denn?»

«Ich weiß nicht genau, anders eben. Vielleicht zufriedener. Obwohl du mehr arbeitest als sonst.» Karl war aufgefallen, dass ich so oft am Schreibtisch saß. Er war überhaupt ein guter Beobachter.

«Ich schreibe wieder ein Buch. Und das tut mir sehr gut.» Ich wollte ihm eine Erklärung geben, die mit der Wahrheit zu tun hatte und doch nichts verriet.

Mein Sohn dachte natürlich, ich spräche von einem Fachbuch.

«Wenn du etwas mit mir unternehmen willst, richte ich es mir selbstverständlich ein. Wir können gerne an einem Wochenende mal wieder eine kleine Radtour planen.»

«Mama, ich kann doch mit sechzehn keine Radtour mehr mit meiner Mutter machen! Das musst du einfach verstehen!»

«Das verstehe ich sogar gut. Ich will nur, dass du weißt, dass ich immer für dich da bin.»

Es fiel mir unerwartet leicht, meine Rolle als Mutter und meine berufliche Stellung mit der Annahme meiner Neigung zu vereinbaren. Nach außen hin machte es keinen Unterschied, ob ich meinen Masochismus in der Phantasie oder in der Wirklichkeit lebte, für mich selbst war es jedoch von großer Bedeutung. Denn je mehr ich den Teil von mir, den ich bisher ins Reich der Phantasie verdammt hatte, durch das Schreiben in mein Leben ließ, um so besser fühlte ich mich.

Das ständige Verbannen hatte, obwohl es keine bewusste Handlung war, Energien gebunden. Ich hatte unbewusst Kraft darauf verwendet, meine Neigung nicht zu sehen. Indem ich sie nun annahm, setzte ich diese Energie frei. Die bisherige Unruhe nahm ab, ich hatte entdeckt, was mich, als es noch unerkannt war, immer wieder ziellos umhergetrieben und es meinen Männern so schwer gemacht hatte, mich zu halten.

Gelassenheit erfüllte mich. Meine Bekenntnis zur Demut, zur Unterwerfung erfüllte mich mit Stolz und gab mir eine neue Art von Stärke. Ich wurde noch fraulicher und selbstbewusster, ließ Aktfotos von mir machen, hielt mich aufrechter und kleidete mich eleganter. Um ein Zeichen zu setzen, das allerdings nur für mich zu erkennen war, legte ich täglich Schmuck an, bevorzugt goldene Ketten um Hals, Arm- und Fußgelenk. Ich strahlte mein Glück aus, unübersehbar auch für die Menschen in meiner Umgebung.

«Hast du dich verliebt?», fragte mich eine Kollegin eines Morgens, als ich ihr auf dem Gang begegnete.

Ich war nicht nur angekommen, sondern ich hatte auch den Schlüssel gefunden, mich selbst zu verstehen, mich, nicht die Neigung. Das Phänomen einer masochistischen Veranlagung konnte ich nach wie vor nicht begreifen, und ich versuchte es auch nicht mehr. Ich gab mein ursprüngliches Vorhaben auf, mir weitere Literatur zum Thema zu besorgen. Ich benötigte keine Bücher, keine Ausführungen von Psychologen oder anderen Experten, sämtliche Erklärungsmodelle zum Masochismus waren mir gleichgültig. Egal, was andere analysierten oder theoretisierten: Ich hatte gefunden!

Blick zurück

Gefühle und Bilder tauchten auf, so intensiv, als lägen sie nur Tage und nicht Jahre zurück. Erst kamen sie nur bei der Hausarbeit, dann jedoch auch, wenn ich mich an den Schreibtisch setzte, um zu arbeiten. Sie wollten ins Gedächtnis gerufen und vor dem Hintergrund meiner Neigung neu betrachtet werden.

«Ich wollte ja nichts als das zu leben versuchen, was von selber aus mir herauswollte, warum war das so schwer?» Hermann Hesse hatte mich durch mein bisheriges Leben begleitet. In seinen Werken hatte ich Zuflucht und Verständnis gesucht, in meinen verzweifelten Stunden, wenn ich mein Anderssein, das keinen Namen hatte, deutlich fühlte, wenn ich heimatlos war, nicht dazugehörig, ruhelos, suchend, allein, einsam – mitten im Kreis von Familie und Freunden.

Jetzt, da ich es gefunden hatte, warf ich, bevor ich weiterging, einen Blick zurück – und verstand auf einmal mein Leben.

Meine Sehnsucht, einem Mann zu gehören, und sein Bedürfnis, eine Frau zu besitzen, haben uns zusammengeführt – meinen geschiedenen Mann und mich.

Die Tatsache, dass er mir bis ans andere Ende der Welt nachgereist ist, um mich zu holen und zu seiner Frau zu machen, hat gereicht, ihn zu heiraten. Obwohl ich ihn erst wenige Wochen kannte. Wir waren in einem Workcamp für Studenten in Frankreich zusammengetroffen, ich war 24 Jahre, er ein Jahr älter. Gleich am ersten Tag fiel er mir auf. Er hatte schulterlange blonde Haare und trug zerschlissene Jeans. Sein unkonventionelles Aussehen wurde von einer Kette um seinen Hals noch betont. Doch vor allem fühlte ich mich von dem entschiedenen Zug angezogen, der sich um seinen Mund legte, wenn er redete.

Von diesem Mund wollte ich geküsst werden, und es kam tatsächlich so. Kurz danach machte ich mein Examen und reiste wie geplant für mehrere Monate nach Asien. So lange mochte er mich nicht entbehren. Es war sein fester Wille, mich zu gewinnen, er war so stark, dass ich nicht wiederstehen konnte. Ich brach meinen Asienaufenthalt ab und kehrte mit ihm nach Deutschland zurück. Zwei Monate später fand unsere Hochzeit statt.

Ich bekam genau das Gegenteil dessen, was ich suchte, ohne damals zu wissen, wonach genau ich mich so sehr sehnte. Das, was er mir gab, war es mit Sicherheit nicht, und das merkte ich ziemlich schnell, aber noch schneller war ich schwanger.

Im Bett war er sehr zärtlich, streichelte mich lange, bevor er in mich drang, und brachte mich auch zum Orgasmus – dennoch blieb ich unbefriedigt. Wir sprachen nicht über unsere Phantasien, weder über meine Wünsche noch über seine. Im Leben wollte er mich für sich allein, war eifersüchtig. Nicht auf andere Männer, denn die gab es nicht für mich, denn ich liebte ihn – das dachte ich jedenfalls. Er war eifersüchtig auf meine beruflichen Aktivitäten, meinen Erfolg, der sich einstellte, obwohl ich wegen der Kinder nur halbtags arbeitete, auf jeden Menschen, der mich mochte, mich bewunderte oder einfach nur ein Gespräch mit mir suchte. Er war sogar eifersüchtig auf unsere Kinder, im Grunde auf jede Minute, die ich nicht mit ihm verbrachte.

Er wollte mich bevormunden, mir sagen, was ich gut finden sollte, konnte nicht ertragen, wenn ich anderer Ansicht war. Er begann mich zu verletzen – mit Worten, rastete aus, wenn etwas entgegen seinen Vorstellungen verlief. Er begann mich vor Freunden bloßzustellen, indem er mit scharfer Zunge auf meine Schwächen hinwies oder mich zurechtwies, als sei ich ein kleines Kind. Seine Attacken kamen stets unerwartet, und ich war ihnen hilflos ausgeliefert. Zu sehr wichen sie von meinen Vorstellungen ab, wie Mann und Frau miteinander umgehen sollten. Ich träumte von Verständigung, wollte nicht kämpfen, ich träumte von einem Mann, der mich so annahm und liebte, wie ich war. Sein Verhalten machte mich unglücklich und vernichtete nach und nach meine Zuneigung. Ich flüchtete in die Außenwelt und zog mich zugleich in mich zurück.

Nach außen verkörperte ich das Bild einer voll im Leben stehenden Frau, die entsprechend dem Alter ihrer Kinder erst im Kindergarten, dann im Elternbeirat der Schulen aktiv mitwirkte, für unzählige Feste in Turnverein, Fußballverein, Musikschule, Musikverein Kuchen backte, Standdienste übernahm und ihr Haus zum beliebten Treffpunkt der Kinder der Straße werden ließ. Meine Kinder waren alles für mich, ich bastelte mit ihnen, las ihnen vor, spielte mit ihnen, sah ihre Hausaufgaben durch, hörte ihnen zu, freute mich an ihnen. Politisch engagierte ich mich erst bei den Grünen, später in der SPD und nach Tschernobyl leitete ich eine Elterninitiative gegen Atomkraft.

Im Inneren nahmen meine Wachträume zunehmend größeren Raum ein. So wie in der Kindheit entwickelte ich wieder eine Vorliebe, früh zu Bett zu gehen, um ihnen zu begegnen, den Männern, die immer wieder eine andere Gestalt annahmen und andere Namen trugen. Eines hatten sie jedoch gemeinsam: Sie fesselten mich, sie peitschten mich, sie liebten mich. Mit den Jahren kamen sie auch am Tag, zunächst nur, wenn ich alleine war und Hausarbeiten erledigte, dann auch, wenn meine Familie zugegen war, auf Zug- und Autofahrten oder am Strand.

Nur weil meine Phantasien so lebendig in mir waren, hatte ich genügend Kraft für das Leben, das ich führte.

Natürlich gab es in meiner Ehe auch viele schöne Momente,

besonders auf Radtouren und Wanderungen fühlten mein Mann und ich uns miteinander verbunden. Doch die gemeinsamen Interessen, das Haus, Spieleabende mit den Kindern und Familienurlaube konnten nicht verhindern, dass der Abstand zwischen meinem Mann und mir immer größer wurde. Auch die Tatsache, dass wir einander treu blieben, vermochte es nicht. Mein Eheversprechen band mich, nicht jedoch meine Phantasien. Als die Kinder ein gewisses Alter erreicht hatten, kam es zum endgültigen Bruch. Vorher wäre es für uns beide undenkbar gewesen. Nach vielen inneren Kämpfen, denn Familie und Ehe stellten einen hohen Wert für uns dar, entschieden wir uns nach 17 Ehejahren für die Scheidung.

Heute weiß ich, dass mein Bedürfnis, einem Mann zu gehören, im erotischen Bereich ausgelebt werden will und nicht als beziehungszermürbender Machtkampf im Alltag. Ein Mann muss mir die Freiheit lassen können, die ich brauche, weil er weiß, dass er mich besitzt, und er sich dessen immer wieder auf lustschaffende Weise vergewissern kann.

Er begegnete mir in den Bergen.

Ich war, zwei Jahre nach der Scheidung, allein unterwegs, nicht weil es keine geeignete Reisebegleitung für mich gegeben hätte, sondern weil ich es so wollte, weil ich es so brauchte. Damals glaubte ich, nur einen Ausgleich für die hohe Alltagsbelastung zu suchen. Um meinen Kindern bei der Scheidung die gewohnte Umgebung zu erhalten, hatte ich das Haus nicht aufgegeben, sondern einen Kredit aufgenommen und meinen Mann ausgezahlt. Eine Haushaltshilfe konnte ich mir nicht leisten. So musste ich jede Minute genau durchplanen, um Arbeit, Familie, Haus und Garten unter einen Hut zu bringen. Für mich selbst oder für meine Sportwünsche blieb nicht ausreichend Zeit. Daher wollte ich die Tage, als meine Kinder mit ihrem Vater im Urlaub waren, zum Wandern und Alleinsein nutzen.

Mich faszinierte sein dickes Seil, dass er bei sich trug. Ich nahm seine Hilfe bei den Klettersteigen an, obwohl ich sie nicht benötigte, ich wollte von ihm gehalten werden. Mir imponierten seine Kraft, seine Geschicklichkeit, seine Ausdauer.

«Dich muss ein Mann anbinden!» Mit diesem Satz, den er einfach so aussprach, mitten in den Bergen, zwei Stunden nach unserem Zusammentreffen, erregte er mein Interesse. Nein, mehr, erregte er mich, entfesselte er wilde Phantasien, band er mich an sich. Wir wanderten zusammen weiter, von Hütte zu Hütte, ich ließ mich von ihm berühren.

Er war der fünfte Mann in meinem Leben, vor meiner Ehe hatte ich drei Beziehungen. Er war anders, bisher hatte mein Sexleben ausschließlich abends im Bett stattgefunden. Er jedoch nahm mich am Rande der Alm, am Gletschersee, hinter Felsen, beim Sonnenaufgang, in der Abenddämmerung, auf dem Gipfel, im Nebel. Es erregte mich sehr, nicht vorherzusehen, wann und wo er mich wollte, doch noch mehr erregte mich die Vorstellung, er könne eines Tages auch sein Seil verwenden. Er achtete stets auf mich, auf meine Trittsicherheit, meine Kondition, er verzichtete sogar auf eine vorgesehene Klettertour, weil sie mich überfordert hätte. Er suchte das Gespräch mit mir, er scherzte mit mir, er nahm mich ernst, er umsorgte mich, er warb um mich, er erwarb mein Vertrauen.

Er tat es erst, als er spürte, dass ich ihm vertraute. Es war an unserem letzten Tag. Wir waren schon vom Berg abgestiegen und befanden uns in einem kleinen Städtchen im Lechtal. Zwar verwendete er nicht sein Seil, dafür aber mehrere Seidenschals. Er war sehr vorsichtig, wollte mich nicht überfordern, denn er konnte nicht wissen, wie sehr es mich nach dem Seil verlangte. Umsichtig wählte er das Hotelzimmer aus, sorgfältig bereitete er es vor, stellte Kerzen auf, verband mir die Augen, entkleidete mich, legte mich aufs Bett, band mir die Tücher um Hand- und Fußgelenke und fesselte mich mit gespreizten Beinen und Armen.

Er ließ mich warten. Ich fühlte seine Blicke auf meiner nackten Haut, spürte, wie sie meinen Körper entlangwanderten, meine Erregung wachsen ließen, mich feucht machten, schon bevor seine Hand mich berührte. Zart ließ er die Finger über meinen Körper gleiten, von den Händen über die Arme und die Achselhöhlen zu den Brüsten, die er aussparte, nur umkreiste, mich heißmachte, mein Verlangen weckte, er möge sie anfassen, zufassen, was er nicht tat, was mein Becken in Bewegung versetzte, weiterglitt, über meinen Bauch, um den Bauchnabel, entlang der Lenden, über die Außenseiten der Schenkel, die Waden, die Füße, die Knöchel, die Innenseite der Unterschenkel, die Knie, die Innenseiten der Oberschenkel, langsam, Millimeter für Millimeter, hoch, immer höher, meiner Scham entgegen, die darauf brannte, berührt zu werden, von diesen Fingern, die, weil sie es nicht taten, mein Feuer entfachten, mich in Bewegung versetzten, woraufhin ich mich, da ich mich wegen der Fesseln kaum regen konnte, bewegte wie nie zuvor, versuchte, meine Brüste, deren Warzen hart waren wie Stein, vor Begehren nach seinen Händen, ihm entgegenzustrecken, ihm meine Scham zu öffnen, damit er verstand, ich sei bereit, doch er nahm sich Zeit, unendlich viel Zeit, berührte mich weiter nur leicht, was mich verrückt machte, mich zerfließen ließ, mich zerren ließ an meinen Fesseln, bis sie zu zerreißen drohten, er jedoch weiterhin wartete, bis ich zu betteln begann, nimm mich, bitte nimm mich, in Trance geriet, nichts mehr existierte als mein Begehren, mich zu bewegen versuchte, zerrte, lauter bettelte, nimm mich, schrie, nimm mich, ich spürte, wie sein harter Schwanz meine Scham rieb, von oben nach unten, immer wieder, mir die Kontrolle nahm, eindrang, mich explodieren ließ.

Schweißgebadet und erschöpft schliefen wir Arm in Arm ein.

In all den Jahren davor hatte kein Mann einen solchen Orgasmus in mir auslösen können, und in seinem Leben hatte noch keine Frau so auf ihn reagiert wie ich. Er hatte Familie, und ich wollte die Beziehung nicht gefährden, daher blieb nur ein Abschied. Dennoch fühlte ich mich wie befreit und voller Lebenskraft, er hatte mich zu einem Teil meiner selbst geführt.

Zwei Tage nach dieser Begegnung gab ich, mittlerweile 43, eine Kontaktanzeige auf. Der Mann in den Bergen hatte mir meine unterdrückte Sinnlichkeit bewusst gemacht, und ich schrieb unter anderem: «... für phantasievolle Erotik.»

Obwohl meine Kinder für eine Kontaktanzeige Verständnis hatten, gab ich sie nicht ohne Gewissenskonflikte auf. Es war nicht die Tatsache selbst, sondern dieser Satz, den ich allen anderen verschwieg und daher vor mir rechtfertigen musste. Solange die Kinder klein waren, hatte ich mich für die Familie zurückgenommen. Ich hatte meine sexuellen Bedürfnisse, auch als mein Mann und ich körperlich kaum noch zusammenfanden, stets zurückgestellt, um die Familie nicht zu gefährden. Das Angebot einer Führungsposition hatte ich zweimal abgelehnt, ich wäre zu lange außer Haus gewesen. Die Erziehung meiner Kinder war mir wichtiger als Geld. Jetzt wollte ich endlich an mich selbst denken.

Diese Kontaktanzeige, die ich in einer lokalen Zeitung aufgab, ließ die Liebe in mein Leben treten.

Die überwältigende Anzahl von Zuschriften konnte ich nur mit Erstaunen zur Kenntnis nehmen, offenbar hatte ich in ein schwirrendes Bedürfniswespennest getroffen. Er war der letzte einer Reihe von Männern, die ich an fünf aufeinanderfolgenden Abenden traf. Schon sein Brief hatte sich deutlich von den anderen abgehoben. Als er den Raum betrat, füllte dieser sich sofort – mit seiner Sinnlichkeit. Sie war so stark, das mein Körper mit einem Zittern reagierte, einem Zittern, das ihn erregte, einem Zittern, das ihn veranlasste, mich zu berühren, am ersten Abend, einem Zittern, das sich unter seinen Berührungen in ein Beben verwandelte und uns zusammenführte. Er berührte nicht nur meinen Körper, er suchte auch meine Seele. Er wollte mich als Geliebte, und er wollte mich als Frau an seiner Seite, er setzte seine ganze Sensibilität und Kraft ein, mich zu gewinnen.

Ob er die Existenz der Sklavin erahnte oder etwas in ihm selbst ihn dazu veranlasste, habe ich nie herausgefunden. Jedenfalls verstand er es, mich auf besondere Weise an sich zu binden: In den

Nächten, die wir zusammen verbrachten, hielt er meine Hand, die ganze Nacht hindurch. Selbst im Schlaf ließ er sie nicht los. Wenn ich mich umzudrehen versuchte, fasste er noch fester zu und presste meinen Körper dicht an seinen. Sein Griff raubte mir stundenweise den Schlaf. Wach lag ich neben ihm, spürte seine Hand und war tief in meinem Inneren glücklich, es war eine Art von Glück, die ich vorher noch nie erfahren hatte.

Er hielt meine Hand beim Autofahren, er hielt sie während der Mahlzeiten, bei Spaziergängen, bei Gesprächen, in Gesellschaft. Er hielt meine Hand, wann immer es möglich war – und ich konnte nicht genug davon bekommen, so gehalten zu werden. Bereits in den ersten Wochen wurde ich feucht, sobald er den Raum betrat, später bereits, wenn ich nur an ihn dachte. Er veränderte mein Haus, indem er mich nahm, wann immer die Kinder unterwegs waren. Er nahm mich auf meinem Schreibtisch, auf dem Küchentisch, auf der Treppe, auf dem Wohnzimmerteppich, im Bad, an der Wintergartentür. In der Nacht drang er in mich, wenn meine Haut seinen Schwanz reizte, oder am Morgen, ehe das Leben im Haus erwachte. Seine Art, sich in mir zu bewegen, prägte mich, machte mich verrückt nach ihm. Manchmal gab er mir leichte Klapse auf die Brüste und den Po, die meine Erregung auch für ihn spürbar steigerten. Sie reizte ihn sehr, diese Erregung, doch nie wurden sie fester, seine Klapse, sosehr ich es mir auch wünschte. Er wollte und konnte mir nicht wehtun.

Nach zwei Jahren, in denen wir uns immer näherkamen, gab er seine Wohnung auf und zog zu mir. Mit seiner sensiblen Art hatte er nicht nur mein Herz, sondern auch die Herzen meiner Kinder erobert, sodass dieser Schritt möglich war. Er konnte gut zuhören und hatte Verständnis dafür, dass Kinder nicht immer Engel sind, sondern auch streiten und toben. Obwohl er als Arzt beruflich sehr eingespannt war, fühlte er sich durch die drei nie gestört, im Gegenteil, es bereitete ihm große Freude, mit ihnen zusammen zu sein. Wir lachten viel.

Wenn er lachte, fielen ihm seine langen schwarzen Locken in

die Stirn, er hatte mit seinen 56 Jahren noch volles Haar, sah gut aus und war stets elegant gekleidet. Wenn er am Tisch saß, musste ich ihn einfach betrachten, und ich lernte ein neues Gefühl kennen: die Liebe zwischen Mann und Frau. Er zeigte mir, wie es sich anfühlt, von einem Mann geliebt zu werden, und ich lernte, wie es sich anfühlt, selbst zu lieben.

Ich empfand diese Liebe als tiefes Glück – und dennoch hatte ich nicht das Gefühl, angekommen zu sein. Heute weiß ich, dass mich meine damals noch unentdeckte Bedürftigkeit nicht zur Ruhe kommen ließ. Seinerzeit spürte ich nur, dass etwas in mir eine Art Stärke suchte, die er mir nicht geben konnte. Je mehr ich ihn liebte, umso größer wurde meine Sehnsucht, er, gerade er möge mich fesseln, nicht nur mit der Hand, sondern mit einem Seil, an unser Bett, mich peitschen. Ich schaffte es nicht, ihm von diesen geheimen Wünschen zu erzählen, weil sie mir selbst ungeheuerlich schienen, ich verschwieg sie aus Angst, ihn zu entsetzen.

Nach fünf Jahren erkrankte er an Krebs. Nachdem die Diagnose gestellt war, nahmen die Krankheit, die Angst, diesen Mann zu verlieren, und der Kampf ums Überleben allen Raum ein. Neben der Traurigkeit blieben die Momente des tiefen Glücks, wenn er meine Hand hielt, bei der Chemotherapie, im Aufwachraum nach der OP und auf der Intensivstation. Er ließ meine Hand erst los, als der Tod ihn holte.

Meine Trauer war unendlich groß. Intensiv lebte ich sie aus, weinte und verabschiedete mich von seinen Dingen. Die Spur, die er in meinem Herzen hinterlassen hatte, blieb, die Erfahrung der Liebe konnte mir der Tod nicht nehmen. Auch nicht die Erinnerung. Jede Nacht spürte ich seine Bewegungen in mir, bis er Monate nach seinem Tod mein Zimmer betrat, sich wie früher, wenn er von einer Dienstreise heimkehrte, neben mich legte, mich umfasste und in mich drang, immer und immer wieder, die ganze Nacht hindurch, um mich am frühen Morgen endgültig freizugeben. Bewusst vollzog ich diesen Abschied.

Die Sterbebegleitung hatte mich grau werden lassen. Mit seinem Tod blieb meine Regel aus, umgehend überfielen mich Hitzewallungen. Mit ihnen vergrößerte sich meine innere Unruhe. Keine Nacht schlief ich mehr durch. Manchmal reichte es nicht, aufzustehen und durchs Haus zu geistern, manchmal trieb es mich in den Wald, mitten in der Nacht, während mein Sohn schlief. Es war eine schwere Zeit. Meine Kinder kümmerten sich rührend um mich, jedes auf seine Weise. Doch sie konnten mich nicht vor den starken Stimmungsschwankungen bewahren. Erst recht nicht die gutgemeinten Einladungen von Freunden und Kollegen, die ich alle mit der Bitte um Verständnis ablehnte. Ich zog mich zurück, ich wollte allein sein. Auf meiner Arbeitsstelle fehlte ich jedoch nicht einen einzigen Tag, mein Beruf gab mir Kraft.

Mein Frauenarzt riet mir zu Hormonen, doch gesundheitsbewusst, wie ich bisher gelebt hatte, gehörten die Körperveränderungen für mich zum Leben einer Frau. Ich spürte, ich brauchte keine Hormone, sondern nach dem großen Verlust eine neue Lebensperspektive. Erst hatte Johanna, dann Lucia das Haus verlassen. Ich musste als Mutter akzeptieren, dass meine Mädchen inzwischen erwachsen waren und ihr eigenes Leben führten, auch wenn es wehtat. Karl befand sich in der Pubertät und wollte zunehmend losgelassen werden.

Früher hatte ich immer davon geträumt, mehr Zeit für mich selbst zu haben. Jetzt hatte ich sie, und sie wollte genutzt werden. Um mich aus dem Tief zu befreien, fing ich an, ein weiteres Fachbuch zu schreiben, und besann mich auf einen alten Traum: eine Wanderung durch Patagonien. Mit zunehmender Energie entwickelte sich eine neue Perspektive. Ich überlegte mir, ins Ausland zu gehen, sobald Karl seinen Weg gefunden hat.

Während ich auf diese Ziele hinarbeitete, indem ich nach der Arbeit schrieb und meinen Körper mit Joggen und Radfahren trainierte, drängten sich die Phantasien in mein Leben. Es reichte ihnen nicht, dass ich mit ihnen onanierte, da mir der Partner fehlte. Sie wollten beachtet werden, und zwar auf andere Weise. Sie wurden immer mächtiger, sie sagten: «Wenn du es jemals erfahren willst, dann jetzt.» Sie beruhigten mich, indem sie mir zuflüsterten: «Vielleicht sind wir ja nicht real.» Sie sagten: «Finde es heraus, jetzt ist deine Chance.»

Wer hat die Macht?

Es war eine späte Entdeckung, zu der mich meine Anzeige geführt hatte. Allerdings verspürte ich darüber kein Bedauern, ganz im Gegenteil, ich wusste meine durchs Alter bedingte Lebenserfahrung sehr wohl zu schätzen. Sie verlieh mir die Fähigkeit, meine Entdeckung bewusst in mein Leben zu integrieren. Meine Ansprüche an das Leben, an mich selbst, an eine Partnerschaft, an einen Partner und dessen menschliche Qualitäten standen mir klar vor Augen. Ich konnte mich in Ruhe und mit Souveränität auf die Suche nach einem Gebieter machen, der sich auch als Partner eignete. Einem Mann, der wie meine große Liebe einfühlsam wäre. Ich war bedürftig, und ich war bereit.

Ich rief M. an, um die Beziehung zu ihm zu beenden. In den fünf Wochen, die seit unserem letzten Treffen vergangen waren, hatte ich nicht zuletzt durch das Schreiben ausreichend Abstand von ihm gewonnen.

«Die Beschränkung auf SM gibt mir nicht, was ich brauche», erklärte ich ihm.

Er empfand es für sich genauso, dennoch wollte er mit mir in Kontakt bleiben. «Mich interessiert, wie es mit dir weitergeht», sagte er. «Wenn du willst, würde ich deine Suche gerne begleiten.»

«Wie stellst du dir das vor?»

«Du schreibst mir per Mail, wie deine Treffen verlaufen. Und falls du irgendwelche Fragen zu SM hast, kannst du auch gerne anrufen.»

Dieses Angebot konnte ich nicht ablehnen. Ich hatte ja sonst keinen Ansprechpartner für dieses Thema. Abgesehen davon gab seine Begleitung mir Sicherheit.

«Es wird aber noch ein wenig dauern, bis ich mich wieder verabrede.»

«Warum?»

«Ich bin dabei, die Erlebnisse mit dir aufzuschreiben, und möchte das erst beenden.»

«Du schreibst?» Er war sehr erstaunt.

«Um die Eindrücke zu verarbeiten.»

Er hielt kurz die Luft an, dann sagte er: «Ich möchte deine Aufzeichnungen gerne lesen. Es wäre eine einmalige Chance zu erfahren, wie ich auf eine Frau wirke.»

Nach einer kurzen Pause stimmte ich zu. Auch aus Dankbarkeit. Ich wusste die Begegnung mit ihm wertzuschätzen. Die Art, wie unsere Bedürftigkeiten sich erkannt und gefunden hatten, war nicht selbstverständlich und sicher nicht so leicht wiederzufinden. Er hatte mir viel geschenkt. Bevor wir uns verabschiedeten, war es mir wichtig, ihm dies zu sagen.

«M. Ich möchte mich bei dir nochmal bedanken. Dafür, wie behutsam du mir meine ersten Erfahrungen als Masochistin ermöglicht hast. Du hast mir so die Annahme meiner Neigung sehr erleichtert.»

So schnell und leicht wie die Frau konnte die Sklavin den Abschied nicht vollziehen. Denn so wie eine Frau zu dem ersten Mann, dem sie sich hingibt, eine besondere Beziehung entwickelt und er einen besonderen Stellenwert in ihrem Leben erhält, so empfand jetzt die Sklavin für ihren ersten Gebieter. Der Kleinmädchentraum, der Erste solle auch der Einzige bleiben, wollte sie nicht loslassen. Außerdem konnte sie nicht vergessen, dass er ihr ihren Namen gegeben hatte.

Zudem belebte das Niederschreiben meiner Zeit mit M. nicht nur den bedürftigen Teil in mir, sondern auch das Bewusstsein, dass er diesem Teil gerecht wurde. Denn durch das Schreiben begab ich mich wieder ganz in die Situation. Hin und wieder wählte ich M.s Nummer zu Zeiten, in denen er sicher nicht anwesend war, damit die Sklavin seine Stimme auf dem Anrufbeantworter hören konnte. Jedes Mal, wenn ich masturbierte, was täglich vorkam, war geprägt von der Erinnerung, voll gegenwärtig nicht nur in Bildern, sondern vor allem als Fühlen, so dass ich mich vor Erregung kaum berühren musste, um zu kommen.

Ich schickte M. meine Aufzeichnungen, immer gleich nachdem sie entstanden waren. Ihm ging es beim Lesen nicht anders als mir beim Schreiben, auch ihn erfasste dabei Erregung. Hier und da passierte es, dass sich in unseren Briefwechsel Sätze einschlichen wie: «Viele Grüße und, durch die Erinnerung und vor allem durch das Lesen ausgelöst, einige heftige Schläge auf deine Mitte» – «Danke für die Hiebe» – «Deine Mail verlangt nach weiteren verbalen Bestrafungen und Erniedrigungen.»

Der Sklavin gefiel das sehr, und sie brachte die Frau dazu, ihre Suche noch ein wenig hinauszuschieben. Als sie in einer Mail die Worte fand: «Nimm bitte die bekannte Position ein: Hände in den Nacken, Ellenbogen nach hinten, Beine geöffnet, und stelle dir viele präzise und heftige Schläge mit der Klatsche vor. Wohin willst du sie? Wie viele brauchst du? Du solltest auf jeden Fall kommen, auch wenn du es nicht willst, ich will es. M.», wollte sie bereitwillig die Arme heben und die Beine spreizen. Doch die Frau hielt sie zurück, entzog sie dem Sog der Worte.

Sie setzte sich an den Computer und antwortete: «Ich habe nicht getan, was du verlangt hast, ich habe dir den Gehorsam verweigert, und es hat mich unendlich erregt, genau das Folgende zu tun. Ich nahm nicht die Stellung ein, ich stellte mir nicht die Anzahl der Schläge vor, ich kam nicht – weil du es wolltest! Die einzige Wirkung deiner Mail war, dass sie mich durch meine Verweigerung in einen Zustand der Erregung versetzt hat. Gruß E.»

Mit meiner Verweigerung stand auf einmal der Machtaspekt im Raum. Ich begann zu ahnen, dass er vielfältiger war und mehr beinhaltete als «die Macht des Gebieters über die Sklavin, die Lust des Gebieters an der Macht, die Lust der Sklavin an der Unterwerfung, die Macht der Sklavin über den Gebieter», und ich musste in Erfahrung bringen, worin seine Bedeutung für mich lag.

M. rief an, um mit mir über meine Aufzeichnungen zu sprechen. Ich hatte bei der Beschreibung eines erotischen Spiels einige Details vergessen, die ihm ergänzungswürdig erschienen. Die Erinnerung, seine Stimme, die Art, wie er die Worte wählte – mein Becken begann sich auf meinem Schreibtischstuhl wie von selbst zu bewegen, während ich seine Ergänzungen notierte. Irgendwie kamen wir überein, dass es einfacher wäre, die Aufzeichnungen bei einem Treffen durchzugehen. Zufällig gab ich am nächsten Wochenende ausgerechnet in seiner Stadt ein Seminar. So verabredeten wir, dass ich bei ihm vorbeikam.

Mir war es neben den Aufzeichnungen ein Bedürfnis, mit ihm die Frage der Macht zu erörtern, seine Meinung interessierte mich – dachte ich zumindest, doch es war mehr. Ich wollte etwas herausfinden. Ich wollte herausfinden, ob ich mich seiner Macht entziehen konnte.

Die 80 Teilnehmer verabschiedeten mich mit Standing Ovations. Obwohl ich zwei Tage lang souverän durch das Seminar geführt hatte, überfiel mich sofort eine große Aufregung, als ich die Materialien in meinem Bus verstaute. Gleich sollte ich ihn wiedersehen.

«Guten Tag, M.», begrüßte ich ihn mit weitausgestreckter Hand, wohl darauf bedacht, Abstand zu wahren.

«Ich freue mich, dich zu sehen!», erwiderte er.

Wir gingen ins Wohnzimmer. Er bot mir einen Platz am großen, nüchtern aussehenden Esstisch an, auf dem zwei Wassergläser standen.

«Lass uns gleich einsteigen!» Ich holte meine Aufzeichnungen aus dem schwarzen Aktenkoffer, legte sie auf die schwarze Fläche, schob sie etwas zur Seite und sah ihn an. «Ich möchte jedoch sehr gerne als Erstes mit dir über eine Frage sprechen, die mich beschäftigt!»

«Einverstanden», sagte er und nickte mit einem strengen Blick, der bis in meine Zehen drang.

«Wer bestimmt das Spiel?», fragte ich ihn, während er den Blick nicht von mir ließ, sondern noch intensivierte.

Meine Organe begannen sich zu bewegen, Magen, Leber und Milz wollten den Platz tauschen, um seinem Blick zu entkommen. Schnell trank ich einen Schluck Wasser, das Zittern meiner Hand entging ihm nicht.

«Hat nur der Gebieter die Macht? Oder beherrscht die Sklavin den Gebieter vielleicht auch durch ihre Unterwerfung? Begibt sich der Gebieter ebenfalls in Abhängigkeit? Besteht seine Abhängigkeit etwa darin, dass er die Sklavin immer wieder zu unterwerfen sucht, um sich seiner Macht über sie zu vergewissern? Beherrscht die Sklavin den Gebieter, indem sie ihn reizt, sie sich gefügig zu machen? Bestimmt sie so in subtiler Weise das Spiel?», überhäufte ich ihn mit meinen Gedanken. Dabei konnte ich mich seinem Blick kaum noch entziehen.

Ruhig stand er auf und ging zu dem Bücherregal hinüber, das eine ganze Wand einnahm. Gerne wäre ich ebenfalls aufgestanden, um die Titel der vielen Bücher zu lesen, doch ich traute mich nicht. Mit bedächtigen Bewegungen griff er einen Ordner und entnahm ihm gezielt eine Karikatur von Marunde. Sie zeigte ein Schwein, das auf einem liegenden Pferd saß. Das Schwein hielt die Zügel in der Hand. «Ich sagte: ‹Hü!›» Das Pferd hatte einen unbeeindruckten Gesichtsausdruck: «Und ich sagte: ‹Nö!›» Während er sie wortlos vor mich legte, umfasste er mich wieder mit seinem Blick.

«Sag du es mir», bat ich ihn, als er weiter schwieg.

«Die Sklavin bestimmt das Spiel, einfach dadurch, dass sie entscheidet, ob sie einsteigt oder nicht. Der Gebieter hat nur die

Macht, solange die Sklavin ihm sie gibt», interpretierte er die Zeichnung.

Unvermittelt zwang mich die Sklavin, mich vorzubeugen, um ihn zu küssen. Er schloss die Lippen, wies mich zurück. «Du kannst mich nicht ablenken!» Er wollte entscheiden, was passiert. Der Klang seiner Stimme, seine Stärke ließen mich feucht werden. Erwartungsvoll sah ich ihn an, schlug ergeben die Augen nieder.

Er zieht mich an sich, zwingt mich vor seinem Stuhl in die Knie, zwischen seine Beine. Zieht mir den Kopf an den Haaren nach hinten, küsst mich, dringt mit der Zunge in all meine Winkel, saugt meine Lippen ein, beißt mich in die Innenseiten, stößt zwischen die Zähne, hält mich fest, gibt meinem Kopf keine Bewegungsfreiheit. Die Sklavin genießt, die Frau wehrt sich. Gereizt durch den Widerstand, hält M. meinen Kopf noch fester, umfasst meinen Leib mit den Knien, um ein Entwinden zu verhindern. Bearbeitet meinen Mund noch heftiger mit Lippen, Zunge und Zähnen. Dreht meinen Kopf, stößt mit der Zunge in meine Ohren, wechselt zwischen Mund und Ohren, begegnet meinem Widerstand mit stärkerem Pressen der Schenkel. Meine Erregung nimmt zu, mein Becken bewegt sich. Seine Hand greift in meine Schamlippen, obwohl ich bekleidet bin, ich ergebe mich seinen festen Schlägen auf meinen Hintern, werde immer feuchter.

Die Frau befahl plötzlich: «Lass mich los!» So bestimmt, dass er es tat. Rasch setzte ich mich wieder auf meinen Stuhl und nahm meine Aufzeichnungen in die Hand. Ich las sie vor, und er diktierte mir seine Ergänzungen. Die Frau hielt die Sklavin zurück, die Frau erzeugte eine Distanz, die M. akzeptierte.

Kurz darauf bekam M. Hunger und lud mich zum Chinesen ein. Beim Verlassen der Wohnung zeigte er mir den Rohrstock. «Eigentlich habe ich den für dich gekauft. Und ihn heute Morgen ins Wasser gestellt, damit er geschmeidig ist.»

Ich schüttelte den Kopf.

Während wir aßen, setzte mein Schweigen wieder ein, die Traurigkeit der Sklavin erfüllte mich ganz, ihre ungeweinten Tränen erstickten mich. Dauernd hatte die Sklavin den Rohrstock vor Augen, den die Frau abgelehnt hatte. Als M. mich zu meinem Hotel begleitete, brach auf dem Weg dorthin, im Park, die Bedürftigkeit der Sklavin noch einmal kurz hervor.

M. zieht meine Brustwarzen, presst sie fest zusammen, der Schmerz lässt mich aufschreien. Er hebt meine Arme über den Kopf, hält die Handgelenke fest, schlägt mich auf den Hintern, zwischen die Beine. Schmerz, starker Schmerz, doch keine Lust. Ich will den Schmerz nicht länger, sage Gnade.

Die Schmerzempfindlichkeit kam von der Abwehr, M. konnte die Sklavin nur noch teilweise erreichen, das Wort Gnade kam nicht aus dem Mund der Sklavin, es war kein echtes Gnade, kein Zeichen der Ergebenheit, sondern entstand aus dem Bedürfnis der Frau, das Spiel mit M. als Gebieter zu beenden.

Am nächsten Tag blätterte ich in einer Buchhandlung in einigen erotischen Werken. Im Vorwort des Buches *Das Bild* von Jean de Berg fand ich die Position von M. bestätigt: «Er ist zwar der Herr, aber er ist es nur dann wirklich, wenn seine Gefährtin es will! Noch nie hat das Verhältnis zwischen Herr und Sklave so gut die auf dieser Dialektik beruhenden Beziehungen verdeutlicht. Niemals ist das geheime Einverständnis zwischen Opfer und Peiniger so notwendig gewesen. Sogar gefesselt, auf Knien, demütig bittend ist sie letzten Endes diejenige, die befiehlt. Und sie weiß es wohl. Ihre Macht wächst im Verhältnis zu ihrer scheinbaren Erniedrigung.»

Mir reichte diese Erklärung nicht, irgendetwas fehlte! Für mich war ein anderer Teil des Machtaspektes bedeutend: die Macht der Frau über die Sklavin.

Nicht die Sklavin bestimmt das Spiel. Die Sklavin hat keine Macht, die Sklavin will Unterwerfung. Sie ist dem Sog der Befehle hilflos ausgeliefert, sie kann nur folgen, weil genau darin ihre Lust besteht. Sie ist unterwürfig, weil es ihr Wesen ausmacht. Hat die Sklavin ihren Gebieter anerkannt, kann sie letzten Endes nicht mehr die Befehlende sein. Sie gerät in eine Abhängigkeit, die sie nicht mehr zu steuern vermag. Würde die Sklavin das Spiel bestimmen können, wäre das ein Widerspruch in sich. Es ist vielmehr die Frau, die das Spiel bestimmt, nicht die Sklavin. Nur die Frau kann sich die Freiheit, die Freiwilligkeit der Unterwerfung bewahren, nur sie kann sich jedes Mal aufs Neue bewusst dafür oder dagegen entscheiden.

Die Frau in mir muss die Sklavin beherrschen, sie muss stärker sein. Sie muss der Sklavin die Unterwerfung immer wieder erlauben oder auch verbieten können. Die Frau muss der Sklavin die Grenzen aufzeigen. Sie muss sich ihrer Macht über die Sklavin ganz sicher sein, denn sie möchte ihre Hingabefähigkeit nur einem Mann schenken, der es wert ist, der sie achtet und liebt, von dem sie sich verstanden fühlt. Nur dann wird sie der Sklavin erlauben, ihm zu dienen. Das Spiel wird nicht auf der Ebene Gebieter-Sklavin entschieden, sondern zwischen Frau und Sklavin.

Als ich nach Hause kam, nahm ich die Zuschrift von H. aus meiner Schreibtischschublade und las sie noch einmal. Jetzt erst begriff ich den Satz, der mich von Anfang an so fasziniert hatte: «Die Frau, die stolz darauf ist, so stark zu sein, dass sie sich zu ihrer Demut bekennen kann.»

Auf einmal verstand ich, welche Prozesse sich in mir vollzogen und noch zu vollziehen sein würden. Ich war eine starke Frau, doch ich war auch mit einer sehr starken Sklavin konfrontiert, und das Ausmaß ihres Bedürfnisses nach Unterwürfigkeit machte mir Angst. Dieses Mal war es mir gelungen, mich M. zu verweigern. Doch würde ich es in jedem Fall schaffen, stärker als die Sklavin zu sein?

Mir wurde klar: Die Frau musste ihre Sklavin erst kennenlernen, Erfahrungen mit ihr sammeln, an ihr wachsen, sie in den Griff bekommen, die Gewissheit erlangen, dass sie die Stärkere war. Die Frau musste mit der Sklavin eins werden und dennoch die Gebieterin bleiben. Erst im Verlauf der Suche sollte ich erfahren, dass ich auch diesen Weg nur Schritt für Schritt gehen konnte.

Ich war bedürftig, doch ich war innerlich noch nicht bereit!

Umwege

Noch bevor M.s Wirkung als Gebieter ganz verschwunden war, nahm ich die Suche wieder auf und sortierte die Flut von Zuschriften neu. Ungebundenheit und Niveau blieben wichtigste Voraussetzungen.

Beim Versuch, zwischen den Zeilen zu lesen, konnte ich nicht ausschließen, dass mich die noch nicht überwundene Ambivalenz beeinflusste. Die Frau achtete auf Anzeichen von Tiefgang, die Sklavin suchte nach Anzeichen von Dominanz und träumte noch immer von M. Dass sich diese Ambivalenz auswirkte, sollten die folgenden Begegnungen zeigen. Offensichtlich entschied mal die Frau und mal die Sklavin, welche Zuschrift ich in einen Stapel einsortierte, den ich mit dem Vermerk «Kontaktaufnahme» beschriftete. Den Brief von H. hielt ich lange in der Hand. Sollte ich, oder sollte ich nicht? Obwohl er mich, wie schon beim ersten Lesen, extrem anzog, legte ich ihn zur Seite. Die Frau fühlte sich H. noch immer nicht gewachsen.

Vier von acht Telefonaten führten schließlich zu einer Verabredung. Ich legte die Termine in wöchentlichen Abständen auf die Sonntage. Mich bedrückte, dass ich durch die langen Fahrtzeiten von morgens bis abends weg sein würde. Mein Sohn würde ohne Sonntagsessen sein.

Selbstverständlich sprach ich meine Pläne mit Karl ab.

«Es ist okay, wenn du nicht da bist, ich unternehme doch ohnehin etwas mit meinen Freunden», sagte er, als ich ihn eines Morgens beim Frühstück darauf ansprach.

Seine Zusicherung konnte mein Muttergewissen nicht ganz besänftigen. Genauso wenig wie die Unterstützung meiner Eltern, die sehr erleichtert über das Ende meiner Trauerzeit waren und sofort anboten, Karl könne jederzeit bei ihnen essen, wenn ich unterwegs sei.

All das konnte mich jedoch nicht wirklich von meinem Vorhaben abbringen, denn meine Bedürftigkeit ließ mich nicht ruhen, ich wollte endlich finden. Einer Gefahr setzte ich mich allerdings bewusst nicht aus: Alle Treffen fanden vorsichtshalber in der Öffentlichkeit statt.

Der erste Kandidat, A., ein Professor im geisteswissenschaftlichen Bereich, sprühte vor Esprit. Seine Augen blitzten, sein Geist fand den meinen umgehend, ich fing seine Gedankenbälle auf und warf sie mit Leichtigkeit zurück. In kürzester Zeit steckten wir mitten in einem reizvollen Spiel und entwickelten immer mehr Freude am Wechsel zwischen Fangen und Werfen sowie an der Perfektion, mit der es uns gelang.

Der Mann erregte mein Interesse, doch er erregte mich nicht, sein Berührungsversuch war zu zaghaft, zu sanft, zu respektvoll, seine Stimme zu hell und zu wenig akzentuiert, seiner Ausstrahlung fehlte jeglicher Hauch von Dominanz.

Bei B., Professor im betriebswirtschaftlichen Bereich, brauchte ich keine halbe Stunde, um festzustellen, dass er es nicht sein konnte. Weder die Beschreibung seiner Fesselungskünste noch seine vielfältigen Bondage-Erfahrungen oder seine berufliche Stellung konnten über seine Unsicherheit hinwegtäuschen.

Mein Selbstbewusstsein erforderte einen ebenso selbstsicheren Mann.

Bald schon lebte ich nur noch auf die Wochenenden hin. Während ich nach außen perfekt funktionierte, meine Aufgaben mit großer Tatkraft erfüllte, redete, zuhörte, scherzte, telefonierte, als wäre nichts anders, schien mir all das verlorene Zeit. Mit jedem Mann, der es nicht war, wurde dieses Gefühl stärker, ersehnte ich das nächste Treffen um so mehr.

C., Unternehmer, zögerte nicht lange. Erst musterte er mich unverhohlen von Kopf bis Fuß, dann nickte er zufrieden und führte mich zu seinem Auto. Meinen Vorschlag, ein Café aufzusuchen, missachtete er und fuhr mit mir einfach zum nächsten Park. Offensichtlich war er daran gewöhnt, nicht nach den Interessen seines Gegenübers zu fragen. Er schien es auch für überflüssig zu halten, um mich zu werben, sein gutes Aussehen und der Hinweis auf sein Vermögen schienen ihm offenbar ausreichend, mich zu gewinnen. Ich war zu neugierig, vielleicht auch zu bedürftig, um mich gleich zu verabschieden. Und ich wollte Erfahrungen, ich wollte wissen, wie dieser Mann vorging, und vor allem wollte ich wissen, wie ich darauf reagiere.

Es sollte nur ein Ausprobieren sein, das ich jederzeit beenden konnte, die Tatsache, dass ihn an mir nichts als meine Figur interessierte, ließ mich dessen sicher sein.

C. lehnte mich grob an einen Baum. Wir befanden uns an einer versteckten Stelle, doch nicht allzu weit weg von anderen Menschen. Er trat zurück, befahl mir, den Rock hochzuziehen, ihm meinen Hintern zu zeigen, mich zu drehen und die Beine zu spreizen. Seine barsche Stimme, die jegliches Einfühlungsvermögen entbehrte, ließ mich erstarren.

Von diesem Mann wollte die Frau nicht berührt werden, diesem Mann wollte die Sklavin nicht gehorchen. In seinen Händen könnte sie sich niemals behütet fühlen. Ich beendete seine Inszenierung, bevor sie begann.

In den Tagen nach dieser Begegnung spekulierte die Frau auf das nächste Date, die Sklavin sehnte sich nach M.

Bei D., Privatier, konnte ich bereits in der ersten Minute den dominanten Teil in ihm wahrnehmen, doch ich sah auch die Weichheit in seinen Augen und hörte das fröhliche, ausgelassene Lachen des kleinen Jungen.

Sofort keimte in mir die Hoffnung auf, er könne Sklavin und Frau Nahrung geben. Aber sie zerfiel, als er gestand, er sei gebunden. Seine Frau könne seine sexuellen Bedürfnisse nicht befriedigen, daher wünsche er sich eine innige, doch auf Hotels beschränkte SM-Beziehung. Auch wenn er mir noch so gut gefiel, dies war für mich ausgeschlossen.

Meine Rastlosigkeit ließ mich nicht lange bei meiner Enttäuschung verweilen. Kaum vom letzten Treffen heimgekommen, nahm ich schon wieder den Hörer in die Hand, um weitere Männer zu kontaktieren. Zwei von vier Telefonaten verliefen sehr vielversprechend.

Mit E., Unternehmensberater, entwickelte sich bereits am Telefon ein intensives Gespräch über unsere Lebenseinstellungen. Wir entdeckten eine gemeinsame Wanderleidenschaft, und als E. vorschlug, die weite Fahrt durch eine Wanderung auszugleichen, sagte ich spontan zu, obwohl dies eine Übernachtung bedeutete.

F., Unternehmer, erregte vor allem die Sklavin sehr, er sprach als Ausländer nicht nur englisch mit ihr, sondern auch von englischer Erziehung. Obwohl ich den Begriff vorher noch nie gehört hatte, verstand meine Sklavin ihn sofort.

Die anstehende Übernachtung beim nächsten Treffen plagte mein schlechtes Gewissen als Mutter. Wie sollte ich meinem Sohn erklären, dass ich gleich zwei Tage mit einem unbekannten Mann verbringen wollte? Sollte ich es nicht lieber verschweigen und ein Seminar vortäuschen? Obwohl so etwas all meinen Erziehungsprinzipien widersprach? So oder so fühlte ich mich unbehaglich. Ehrlichkeit, Offenheit und Absprachen waren in unserer Familie eine Selbstverständlichkeit. Wir wussten immer, wo sich der andere gerade befand und warum. Bei unvorhergesehen Vorhaben war es üblich, einander einen Zettel auf den Küchentisch zu legen.

Der Zufall kam mir zu Hilfe und baute mir eine Brücke. Am nächsten Tag lag in meinem Briefkasten ein Brief meiner Freundin Sieglinde, ich erkannte ihn gleich an dem farbigen Umschlag, der sich so wohltuend von den Rechnungen abhob. Ihre Zeilen «Wir haben uns so lange nicht gesehen! Ich habe ein großes Bedürfnis, mit dir zu sprechen!» freuten mich diesmal besonders. Sie lebte nämlich in der Nähe des Ortes, in dem ich mich verabredet hatte. Sofort rief ich sie an.

«Ich würde dich gerne am Samstag besuchen, falls du so kurzfristig Zeit findest.»

«Ich habe noch nichts vor und freue mich sehr.»

«Außerdem möchte ich Karl gerne sagen, ich fahre zu dir. Auch aus diesem Grunde besuche ich dich.»

Wir kannten uns lange genug, dass Sieglinde nur anmerkte: «Da bin ich aber mal gespannt, was du zu erzählen hast!»

«Am Samstag bin ich zu einem Fest bei Johannes eingeladen», teilte mir Karl beim Abendessen mit. «Ich werde dann bei ihm übernachten.»

«Das trifft sich gut, mich hat Sieglinde eingeladen. Ich fahre am Samstag nach dem Mittagessen los und komme Sonntagnachmittag zurück, okay?»

Ich war erleichtert. Zwar hatte ich nicht die ganze Wahrheit gesagt, doch ich hatte auch nicht gelogen, es schien mir in diesem Fall die beste Lösung.

Am darauffolgenden Wochenende fuhr ich also erst zu Sieglinde. Sie hatte einen Nusskuchen gebacken, und wir machten es uns auf ihrem Balkon gemütlich. Es entwickelte sich ein Gespräch über uns, unsere Entwicklung und die Wechseljahre.

«Ich stehe vor mir selbst dazu, dass ich meine Sinnlichkeit auslebe, ich habe es lange genug mit Rücksicht auf die Familie nicht getan», sagte ich. «Problematisch ist für mich nur die Frage: Was lebe ich meinem Sohn vor, was vermittle ich? Was denkt er, wenn ich mit einem fremden Mann übernachte? Wie wirkt mein Verhalten sich auf seine Entwicklung aus?»

«Du hast ein Recht auf deine Privatsphäre», meinte Sieglinde. Sie war geschieden und Mutter zweier Söhne. «Auch wenn wir über vieles mit unseren Kindern sprechen, unsere Sexualität ist unsere Sache. Wie du die Nacht verbringst, geht Karl nichts an.»

«Für dieses Mal bin ich froh, er denkt, ich sei bei dir. Doch das Problem ist damit nicht erledigt, ich werde noch einige Verabredungen haben.»

«Ich beneide dich», gestand Sieglinde. Von der Kontaktanzeige wusste sie nur, dass sie die Formulierung «erotische Beziehung» enthielt. Über meine Veranlagung konnte oder wollte ich nicht sprechen, ohne genau zu wissen, was mich abhielt. Ich spürte, es war zu früh. Irgendwann würde ich es sicher tun.

Nach vier Stunden, in denen wir ausgiebig geredet hatten, umarmte Sieglinde mich zum Abschied. «Ich wünsche dir eine interessante Begegnung!»

Als ich die modern eingerichtete Hotelhalle betrat, deren Atmosphäre auf mich ein wenig kühl wirkte, kam E. schnellen Schrittes auf mich zu. Er strahlte eine Sinnlichkeit aus, die mich sofort erfasste und zu ihm hinzog. Sein Blick in meine Augen streifte meine Schamlippen, noch bevor er mir die Hand reichte.

«Anhand Ihres Kostüms habe ich Sie sofort erkannt. Doch auch ohne Beschreibung wären Sie mir ins Auge gefallen, solche Beine übersieht kein Mann», begrüßte er mich mit einem herzlichen Lachen. Die Falten, die seine Augen und seinen Mund dabei umspielten, machten ihn nur noch sympathischer.

«Erlauben Sie?» Er nahm mir den Koffer aus der Hand und geleitete mich in mein Zimmer, das gleich neben seinem lag. Er führte mich zum Fenster.

«Schauen Sie, ist das nicht ein phantastischer Blick?»

«Was ich sehe, gefällt mir sehr», antwortete ich mit flirtender Stimme und betrachtete erst ihn von oben nach unten und dann die Aussicht. Er war groß und schlank. Sein eleganter Anzug stand ihm gut. «Die Landschaft verleitet dazu, noch vor dem Essen ein paar Schritte zu gehen», sagte ich dann und sah ihn an, gespannt auf seine Reaktion.

«Sehr gerne», erwiderte er ohne Zögern. «Ich verspüre schon die ganze Zeit einen Loslaufimpuls.»

Seine Wortschöpfung ließ mich viele Gemeinsamkeiten ahnen.

Der Weg, der direkt hinter dem Hotelparkplatz begann und in die von der Abendsonne beschienenen Weinberge lockte, war nicht geteert. Sein Blick wanderte fragend von seinen Lackschuhen auf meine hohen Absätze.

«Wenn ich etwas möchte, lasse ich mich nicht von Unwegsamkeiten abhalten», sagte ich und steuerte meinen Bus an. «In einer Minute bin ich bereit.» Unkompliziert streifte ich meinen Rock ab und zog die bereitliegende Wanderhose samt Wanderschuhen an.

«Da mach ich mit!»

Er entnahm dem Kofferraum seines roten Jaguar ein Paar braune Wanderschuhe. «Ich liebe Gegensätze», erwiderte er lachend, als er kurz darauf in Anzug und Wanderschuhen vor mir stand.

In fröhlicher Stimmung, wobei wir die momentane Leichtigkeit des Seins sehr genossen, gelangten wir auf den Hügel und unterhielten uns angeregt.

Als wir am Abend zum Essen gingen, berührte er meine Seele, die sich ihm, von den Treffen mit M. ausgehungert, willig weiter öffnete. Mit jedem Wort machte er mich auch körperlich immer bereiter, obwohl ich die ganze Zeit über vergeblich nach Anzeichen von Dominanz in diesem Mann suchte.

Während er lediglich vorsichtig meine Hände berührt, bemächtigt sich die Ausstattung des Restaurants meiner Phantasie. Die mit roten Tüchern abgedeckten Stühle, die massiven, nur mit schweren, rote Kerzen tragenden Leuchtern versehenen Tische, die Balken an der Decke … er redet, während ich mir wünsche, er würde mich, jetzt, hier, mitten in diesem Restaurant, auf einen Tisch legen, fesseln, peitschen und nehmen. Er begehrt mich, ich spüre es, er begehrt mich sogar sehr. Meine

Sinnlichkeit steigert sich durch sein Begehren, ich will ihn, auch wenn er vielleicht nicht mein Gebieter sein kann. Er sagt, ich will dich, ich frage nach dem Aidstest, den er dabeihat, folge ihm ins Hotel. Die Frau bekommt Zärtlichkeiten, unendlich viele schöne Zärtlichkeiten, spürt, sie kann vertrauen, lässt sich fallen, in diese Zärtlichkeiten, in seine Hände, die keinen Millimeter meiner Haut auslassen, genießt, genießt sehr – die Sklavin hungert.

Eine lange Wanderung in wundervoller Morgenstimmung brachte tags darauf die schon am Vorabend absehbare Klarheit.

«Wieso hast du auf meine Anzeige geschrieben?», fragte ich ihn direkt.

«Ich habe dahinter eine sehr sinnliche und zugleich gebildete Frau vermutet, die nun auch tatsächlich vor mir steht. Außerdem hat deine Anzeige meine Phantasie angeregt, schon immer habe ich mir gewünscht, eine Frau zu fesseln, sie gefesselt zu nehmen.»

«Ich sehne mich aber nach mehr, ich möchte nicht nur gefesselt, sondern auch gepeitscht, gezüchtigt und gedemütigt werden», stand ich zu meinen geheimen Wünschen.

Mit großen, erstaunten Augen stammelte er: «Das ist für mich unvorstellbar.»

Einen Moment lang hielten wir inne, blieben stehen, sahen uns an. Es war ein Moment, in dem ich es bedauerte, Masochistin zu sein, weil ich diesen Mann gehen lassen musste – aber auch ein Moment, in dem es nicht eine Sekunde außer Frage stand, dass ich ihn gehen lassen wollte. Ein Moment, in dem mir klarwurde, dass es für mich kein Zurück gab – aber auch ein Moment, der mir vor Augen führte, wie sehr ich ebenso seelischen Austausch und Zärtlichkeit brauchte. Ein Moment, in dem ich das erste Mal den Satz «Ich bin eine Masochistin» aussprach, noch dazu vor einem anderen Menschen. Ein Moment, in dem ich meiner selbst sicher war und sogar mit ein wenig Stolz dazu stand.

«Ja, ich bin eine Masochistin», wiederholte ich, als ich seinen

Blick bemerkte, dem anzusehen war, dass er es nicht wahrhaben wollte.

«Erklär es mir», bat er mich, und ich erzählte ihm von meiner späten Entdeckung, dem bisherigen Verlauf meiner Suche, meinen Ansprüchen, meinen Phantasien, meinen Bedürfnissen, meiner Sehnsucht nach Erfüllung. Es tat mir sehr gut, mit einem Menschen über meine Veranlagung sprechen zu können, doch ich spürte zugleich, wie schwer er sich tat, mich zu begreifen.

«Was machen wir jetzt?», fragte er. «Ich hatte das Gefühl, wir würden gut zueinanderpassen.»

«Ich kann nicht bei dir bleiben, meine masochistische Bedürftigkeit würde immer zwischen uns stehen. Sie lässt sich nicht mehr zurückdrängen, ich muss weitersuchen», erklärte ich ihm. Ich sah ihn an, und mir wurde bewusst, mit welch hohem Anspruch ich suchte. Es würde nicht leicht sein, einen Mann zu finden, der meinen vielfältigen Wünschen entsprach.

E. schlug mir vor, meine Bedürfnisse nach Nähe und Zärtlichkeit so lange zu erfüllen, bis ich meinen Gebieter gefunden hätte. Ich bedankte mich für das schöne Wochenende, seine Wertschätzung und sein großherziges Angebot, das ich jedoch ablehnte. Ich musste es ablehnen, obwohl es etwas Verlockendes hatte, da es die Gefahr beinhaltete, die Frau durch eine womöglich entstehende Bindung bei der weiteren Suche zu blockieren.

Beim Abschied bat er mich, ihn anzurufen, falls ich nicht fündig würde. Als ich ihm versicherte, in diesem Falle würde ich mich melden, spürte ich, dass es niemals so weit käme. Lieber würde ich allein bleiben, als den endlich entdeckten Teil von mir wieder ins Reich der Phantasie zu verdammen.

Schon als ich klein war

So weit ich mich zurück erinnern kann, lebten die Phantasien in mir.

Ich wuchs sehr behütet auf. Mein Vater arbeitete in einer Fabrik, meine Mutter war Hausfrau. Sie hatte ihren Beruf als Sekretärin aufgegeben, um sich besser um meine beiden älteren Brüder und mich kümmern zu können. Meinen Eltern war unsere Schulbildung sehr wichtig, wir sollten es später einmal besser haben als sie. Meine Mutter sah täglich unsere Hausaufgaben nach und sorgte dafür, dass wir ein Gymnasium besuchen konnten, obwohl die Schulbücher teuer waren und das Geld eher knapp war. Wir konnten jahrelang nicht in Urlaub fahren, doch wir durften immer alle unsere Freunde mit nach Hause bringen. Bei uns war immer etwas los. Mein Vater baute uns eine Schaukel, eine Turnstange, ein Tischfußballspiel, eine Tischtennisplatte – es gab nichts, was er nicht konnte. Ich hatte eine schöne Kindheit. Für meine Eltern war ich ein liebes und fleißiges Mädchen. Von meinen Phantasien ahnten sie nichts.

Jeden Abend wartete ich auf meine Entführung. Bevor ich in der Schule lesen lernte, gab es nichts Schöneres als die Schlammhöhle. Als ich fünf wurde, holten sie mich das erste Mal.

Behaarte, mit Erde verschmierte Hände und Arme ergriffen mich, umfassten mich fest an Hand- und Fußgelenken, trugen mich weg. Wild strampelte und schlug ich um mich. Je mehr ich mich wehrte, umso stärker hielten sie mich. Hilflos war ich ihnen ausgeliefert. Sie trugen mich in eine dunkle, kalte Höhle. Wasser tropfte von der Decke. Ich konnte es nur hören, es war zu dunkel, um etwas zu sehen. Die Hände ließen mich nieder, stellten mich hin, zwangen mich in die Knie, unter denen ich den Schlamm fühlte, kalt und glitschig. Sie hielten weiter meine Arm- und Fußgelenke, während andere Hände meinen Körper mit Schlamm einrieben.

Es waren unglaublich viele Hände, ich konnte sie nicht zählen, nur fühlen, wie sie den Schlamm verteilten, keine Stelle meines Körpers ausließen. Ich wurde hochgehoben, von Armen umschlungen, an schlammige Körper gedrückt, weitergereicht. Danach stellten sie mich in ein kleines Wasserbecken, reinigten mich sorgfältig von dem Schlamm. Zurück trug mich nur einer, der mich behutsam in mein Bett legte und mich zudeckte.

Sie holten mich jeden Abend. Anders als andere Kinder versuchte ich zur Freude meiner Eltern nicht die Schlafenszeit hinauszuzögern. Ich konnte es kaum erwarten, bis ich ins Bett durfte. Ich ersehnte diese seltsame Gefühlsmischung aus Aufregung, Spannung, Angst vor der Dunkelheit und der Kälte in der Höhle, Ekel vor dem Glitschigen, Erregung durch das Ausgeliefertsein, Lust am Schlamm auf meiner Haut, dazu Ungewissheit, was sie wohl diesmal mit mir machten. Damals hatte ich meine Geschlechtsteile noch nicht entdeckt, berührte sie noch nicht, doch es erfasste mich jedes Mal ein heftiges Beben im ganzen Körper, wenn sie mich am Abend holten.

In der Grundschule arbeitete ich im Unterricht eifrig mit. Gegen Ende der zweiten Stunde wanderten meine Gedanken jedoch schon in die Pause, nicht ohne dass sich ein lustvolles Zittern einstellte.

In der Pause würden wir es wieder spielen: «Die Jungen fangen die Mädchen». Wir spielten es fast ein ganzes Schuljahr lang. Es begann mit dem Klingelzeichen. Wir Mädchen liefen sofort los, denn wir wussten, wenn sie uns erwischten, wurden wir gefangen und ins Verlies gesperrt. Dort gab es so gut wie kein Entkommen, die Gefangenen mussten ausharren, bis das Ende der Pause sie erlöste.

Ich wollte so gerne gefangen werden und lief dennoch, so schnell ich konnte. Mein Häscher sollte schneller sein als ich, er sollte stärker sein als ich. Ich beneidete die anderen Mädchen, die so oft abgeführt wurden. Die Versuchung, langsamer zu werden, wuchs mit jedem Mal, doch ich gab ihr nicht nach, denn der Wunsch, besiegt zu werden, ließ mich rennen.

Bis er mich aussuchte. Er war ein großer Junge und schon etwas älter. Außerdem war er Sitzenbleiber und ein wenig verachtet – und er war anders. Als er mich für sich entdeckte, verfolgte er mich Pause für Pause. Atemlos lief ich vor ihm her, er trieb mich ans Ende meiner Kräfte und verringerte das Tempo, sobald ich erschöpft nachließ. Im Laufen erzählte er von sich und von seinem Leben im Wohnwagen. Er war Zigeuner. Sein Selbstbewusstsein reizte mich, jeden Tag hoffte ich, er würde endlich zugreifen.

Als er mich einholte, erstarrte ich, fühlte, wie er mir die Arme auf den Rücken drehte, sie verschränkte, meine Handgelenke nur mit einer seiner großen, starken Hände umfasste und mich so abführte. Willenlos und glücklich ließ ich mich ins Verlies bringen. Wortlos schob er mich vor sich her. Ich wünschte, der Weg würde nicht enden, zu sehr gefiel mir meine Wehrlosigkeit.

Das Verlies befand sich in der hintersten Ecke des Schulhofes, wo eine Mauer einen kleinen Platz von drei Seiten einfasste. Die Jungen bewachten die freie Seite, indem sie eine Kette bildeten, durch die die Mädchen hin und wieder einen meist vergeblichen Ausbruchversuch unternahmen. Wir konnten uns in dem kleinen Raum frei bewegen, bis auf die persönlichen Gefangenen. Fing ein Junge immer wieder dasselbe Mädchen, war sie fortan seine persönliche Gefangene, und er bewachte sie besonders, indem er sie an die Mauer stellte. Die Jungen konnten zwischen der Rolle der Jäger und der Wächter wechseln, ganz nach Belieben.

Er lieferte mich im Verlies ab. Kaum hatte er meine Hände losgelassen, um sich wieder auf die Jagd zu machen, durchbrach ich mit aller Energie die Wächterkette. Wild trat und schlug ich um mich, ich war nicht zu halten. Als ich wieder frei war, bemerkte ich, dass er mich beobachtet hatte. Sofort nahm er die Verfolgung auf, ich lief los, in dem Bewusstsein, dass er schneller war, spürte meine Sehnsucht, er möge wieder meine Hände mit seiner Kraft fesseln.

Diesmal übernahm er die Bewachung selbst. Er führte mich zur

Mauer, lehnte mich mit dem Rücken daran, stellte sich vor mich, umspannte mich mit beiden Armen, indem er, ohne mich zu berühren, die Hände an die Mauer legte. Sein Blick in meine Augen reichte, um mich bewegungsunfähig und wehrlos zu machen. Er verfolgte mich jede Pause, er fing mich jede Pause, er bewachte mich jede Pause. Er ergriff mich immer an der Stelle, die am weitesten vom Verlies entfernt war, so konnte ich es besonders lange genießen, wie er mich abführte.

Als er die Schule wechselte, fehlte er mir sehr.

Kaum konnte ich richtig lesen, verschlang ich die Karl-May-Bücher meiner Brüder, jedoch nur diejenigen, die mich in den Wilden Westen mitnahmen.

Ich stellte mir den Wecker bereits um 6.00 Uhr, nur um vor der Schule noch wenigstens 15 Minuten durch das Land der Indianer reiten zu können. Abends nahm ich Winnetou mit ins Bett und las, nachdem meine Mutter das Licht gelöscht hatte, unter der Bettdecke verborgen mit der Taschenlampe weiter. Mit ihm war ich sicher, auf seine Stärke, seinen Mut, seine Schnelligkeit, seine Gewandtheit, seinen Gerechtigkeitssinn konnte ich zählen. Er behielt in jeder Situation den Überblick. Nach dem Lesen trug mich immer die gleiche Phantasie in den Schlaf: Ich wurde gefangen, an den Marterpfahl gebunden, gefoltert, ertrug die Schmerzen ohne einen Klagelaut und gewann mit meinem Stolz und meiner Tapferkeit schließlich das Herz Winnetous.

Mit neun Jahren fiel ich beim Indianerspiel mit den Freunden meines älteren Bruders in die Hände eines feindlichen Stammes. Der Anführer war drei Jahre älter als ich, groß und stark. Er befahl mir, die Arme nach hinten zu strecken. Dann umfasste er meine Handgelenke, bog mir die Arme um den Baumstamm. Er fesselte mich mit Seilen an Hand- und Fußgelenken, zog sie stramm. «Sag mir, wenn es zu fest ist!» Die Seile schnitten mir in die Haut, doch ich schwieg. Stolz ertrug ich die Schmerzen. Bis zum Abend musste ich ausharren. Ich spürte die Fesseln immer stärker, aber ich genoss die Rolle der Gefangenen so sehr, dass ich weiter schwieg.

Als er mich losband, waren meine Hände taub geworden, das Seil hatte die Blutzufuhr unterbunden, stark zeichneten sich die Spuren an den Gelenken ab. Erschrocken strich er darüber, streichelte die Stellen. Er wunderte sich, dass ich mich nicht beschwerte, bewunderte mich auch ein wenig. Eine ganze Weile massierte er mir die Hände, um sie wieder zu durchbluten, während ich hoffte, das Blut bliebe lange fern, damit er nicht aufhöre zu massieren.

Die Fesselungsspuren waren noch mehrere Tage sichtbar. Ich trug sie mit großem Stolz. Noch lange danach wurden meine Knie weich, wenn mir der Junge begegnete.

Es begann als Verkleidungsspiel, als meine Freundin und ich auf dem Speicher eine Kiste, gefüllt mit Tüchern, Ketten und Stoffen, entdeckten. Wir waren beide elf Jahre alt.

Bevorzugt verwandelten wir uns in Sklavinnen. Vorsichtig ließen wir daraus mehr werden, behutsam tasteten wir uns vor, indem wir einander Regieanweisungen gaben.

«Du könntest darauf warten, gerufen zu werden, um dem Herrn zu dienen ... er würde wollen, dass du dich vor ihm entkleidest ... er würde wollen, dass du vor ihm auf und ab gehst ... er würde dir die Augen verbinden.»

Unsere Phantasien begegneten sich, bis es geboren war, das Spiel «Der Kaiser und seine Sklavin». Es erforderte einen Kaiser, denn ohne Herr konnte die Sklavin nicht existieren. Jede von uns wollte am liebsten die Sklavin sein, so wechselten wir in stillem Einvernehmen regelmäßig die Rollen. Wir entkleideten uns nicht wirklich, wir berührten uns nicht mit den Händen, wir vollzogen das Spiel mit Worten und erlebten es dennoch so, als geschähe das alles mit uns. Vom Konjunktiv trauten wir uns in die Gegenwart: «Er fesselt sie ... er peitscht sie ... sie schreit auf ... er verbindet ihr den Mund ... er berührt ihre Brüste ... sie unterdrückt ihr Luststöhnen ... er fasst ihr zwischen die Beine ... sie windet sich ... er zieht die Fesseln strammer … er befiehlt ihr, sich mit gespreizten Beinen auf eine bemooste Steinbank zu setzen … er berührt sie mit Brennnesseln … an den Armen, an den Beinen, zwischen den Beinen …» Wir erfanden wundervolle Folterungen füreinander.

Das Spiel verlief immer gleich: Obwohl der Kaiser seiner Sklavin diese Grausamkeiten antat, verliebte sie sich in ihn, wartete darauf, von ihm gerufen zu werden, war glücklich, wenn er sie auswählte. Das Spiel endete immer gleich: Angetan von ihrer besonderen Hingabe, erwiderte er ihre Liebe und nahm sie zur Frau.

Fast zwei Jahre lang trafen wir uns täglich, um nach den Hausaufgaben in die andere Welt einzutauchen. Wir hatten gerade aufs Gymnasium gewechselt, und in Anbetracht der guten Noten waren unsere Eltern von unserer Zusammenarbeit begeistert.

Als ich mich mit 13 heftig verliebte, zerbrach unsere Freundschaft.

Mit 19 Jahren lieferte ich mich das erste Mal vollständig aus – der Dunkelheit und der Landstraße.

Es begann in Irland auf der Heimfahrt zur Pension. Mein guter Freund David und ich waren mit alten, schweren Rädern unterwegs. Bei beiden fehlten die Lampen. Im Pub hatte uns die Dämmerung überrascht, im jugendlichen Übermut wagten wir die Fahrt auf der schmalen, unbefahrenen kurvigen Landstraße durch eine hügelige Landschaft und stiegen auch nicht vom Rad, als die Nacht uns rabenschwarz umhüllte. Ob es an dem Glas Whiskey lag, das ich getrunken hatte, oder an meinen Augen.

Ich sah nichts mehr als den vor mir herfahrenden Hinterreifen, sah weder, wie oder ob der Weg sich in eine Kurve bog, noch, ob wir bergab oder bergauf fuhren. Ohne Sicht verlor ich die Orientierung, veränderten sich alle meine Wahrnehmungen, und plötzlich hörte die Welt auf zu existieren, es gab nur noch dieses Gefühl: Nicht ich fuhr auf der Straße, sondern die Straße fuhr mich. Ich hielt mich an der Lenkstange fest, trat in die Pedale und ließ es geschehen. Ich fühlte, wie die Straße mich hob und senkte, unvorhersehbar, mich taumelnd machend, gab mich diesem Gefühl hin, fand Gefallen daran, empfand Lust an dieser Orientierungslosigkeit.

Am nächsten Abend trank ich ein Glas Whiskey mehr, nicht weil er mir schmeckte, sondern weil ich es noch steigern wollte, dieses Gefühl auf der Heimfahrt, nachdem etwas tief in mir verlangte.

Während meiner Studienzeit begab ich mich in den Semesterferien, allein oder mit David, immer auf Reisen. Um sie mir leisten zu können, war mir keine Arbeit zu schlecht, ich nahm jeden Job an, den ich neben meinem Studium bekommen konnte. Für Außenstehende waren es spontane Reisen in ferne Länder, für mich war es aber auch mehr. Keine Reise verging, ohne dass ich in eine Grenzsituation geriet. Da war der Sandsturm in der Wüste, der mir den Atem nahm, da war die unbändige Kraft der beginnenden Ebbe des Atlantik, die mich hinauszog und zu Boden drückte, da war die Hitze des Orients, der ich mich derart aussetzte, dass sie mich dehydrieren ließ.

Um erholt aus dem Urlaub zu kommen, musste ich mich körperlich absolut verausgabt haben. Nicht, dass ich es plante, es geschah einfach, und es geschah jedes Mal, sei es, weil ich ohne vorheriges Training in 5000 Meter Höhe stieg oder tagelang jeweils 30 Kilometer mit Gepäck zurücklegte. Erst wenn ich vor Erschöpfung so sehr zitterte, dass ich sogar nichts mehr essen konnte, war ich erfüllt.

Damals ahnte ich bereits, dass es mehr war als Zufall. In mir wirkten Energien, die auf diese Weise Nahrung für mich beschafften, die ich zum Leben benötigte.

Sofort nach dem Abschied von E. wurden diese Energien in mir wieder aktiv. Sie ließen mich zu meinem Bus eilen und mich auf das Handy stürzen, um nachzuhören, ob F. angerufen hätte. Er hatte! Seine Stimme und seine Wortwahl zogen die Sklavin in einen Bann, dem sie sich nicht entziehen konnte. Sie würde ihm am nächsten Wochenende gegenüberstehen. Allein bei diesem Gedanken zitterte sie bereits.

«Beim ersten Mal muss der Mann zur Frau fahren.» Diese Auffassung vertrat F. mit einer Bestimmtheit, der ich mich nur fügen konnte, und so kam er in meine Stadt.

Aufgrund der weiten Anfahrt hatte er zwei Nächte im besten Hotel der Stadt gebucht, und wir hatten uns im Vorfeld darüber verständigt, dass ich sie ihm zeigen würde, auch wenn wir nicht zusammenkommen sollten. Er erwartete mich zum Frühstück im Hotel.

Woher kam diesmal die Aufregung, die mich viel zu früh aufstehen und dreimal das Kostüm wechseln ließ?

F. empfing mich im Foyer des Hotels, das sehr gediegen und geschmackvoll eingerichtet war. Überall standen Vasen mit frischen Blumen, und auf dem Rezeptionstresen leuchtete mir ein besonders üppiger bunter Strauß entgegen. Doch ich hatte keinen Sinn dafür. Der Blick in die Augen, der Händedruck, die Küsse auf die Wangen. Der Mann weiß, was er will, er nimmt sich, was er will, das spürte ich sofort. Auch den Tisch im Frühstücksraum hatte er wohlüberlegt ausgewählt: mit Blick auf die Stadt, doch vor allem etwas separiert. Er las meine Gedanken. «Unsere Worte sind nicht für die Ohren anderer geeignet», sagte er, als wir uns setzten.

«Deine Vorstellungen gefallen mir sehr. Du schreibst wundervoll, und du bist eine schöne Frau», stieg er gezielt in das Gespräch ein.

Ich hatte ihm auf seinen Wunsch hin im Vorfeld unserer Telefonate nicht nur ein Foto zukommen lassen, sondern auch meine Vorstellungen von Erfüllung. Ich hatte einfach die im Zuge meiner Selbstfindung aufgeschriebenen Gedanken für ihn ausgedruckt und zu dem Foto in den Umschlag gesteckt.

Wir sprachen Englisch miteinander, ohne Verlegenheitspausen, manchmal zwar nach Worten suchend, doch ohne Stocken und ohne den Blick voneinander zu lassen.

«Jetzt möchte ich natürlich deine Wünsche hören», forderte ich ihn auf.

«Ich wünsche mir eine Frau, die sich innerhalb einer langjährigen, verbindlichen Liebesbeziehung einer konsequenten Hand ausliefern möchte. Die sich in ihrer Demut würdig erweist, so dass ich sie auf Händen trage, sie zu meiner Prinzessin mache!»

Die Art, wie er das Wort «Prinzessin» betonte, erregte mich, ohne dass ich es mir erklären konnte. Die Erregung verhinderte ein Aufhorchen, dabei wäre es bei diesem Wort, zumal in Verbindung mit einer Partnerschaft verwendet, von einer emanzipierten Frau angebracht gewesen.

Wir kamen im Gesprächsverlauf überein, dass vor allem ein Aspekt für uns beide von besonderer Bedeutung ist: sich verstanden fühlen.

«Ohne dass man sicher ist, verstanden zu werden, behält man Dinge für sich und fühlt sich allein», sprach er aus, was ich schon so oft in meinem Leben schmerzlich empfunden hatte.

Seine Sehnsucht nach Liebe, nach tiefem Miteinander deckte sich mit meiner. Wir nutzten das reichhaltige Buffet nicht, das Essen war nebensächlich. Die Gesprächsthemen Wünsche und Träume, beruflicher Erfolg und persönliche Niederlagen, deswegen saßen wir hier. Und redeten. Ich saugte alle seine Worte auf. Er war 55, nach 25 Jahren Ehe geschieden, sehr vermögend und hatte drei erwachsene Kinder. Die Suche nach seiner Traumfrau hatte ihn vergeblich um die ganze Welt reisen lassen. Wir saßen und redeten noch, als längst abgeräumt war.

«Ich möchte deine Hand!» Er sagte es so, dass ich sie ihm nur geben konnte, als wir den Fußweg in die Stadt nahmen. Sie fühlte sich gut an, seine Hand, wie sie meine fest umschloss. Er konzentrierte sich auf unser Gespräch, das wir bei dem Spaziergang fortsetzten.

Plötzlich blieb er vor einem Brunnen stehen, jedoch nicht um ihn zu betrachten, sondern um mir eine erotische Geschichte zu erzählen.

Er führt sie in ein Chateau, *in den warmen Räumen ist es ihr verboten, Unterwäsche zu tragen, auch bei den Diners im Salon. Am Tisch befiehlt er ihr, den langen Rock hochzustreifen, auf dem Stuhl nach vorne zu rutschen und die Beine weit zu öffnen, der verlegene Blick des Kellners auf ihre Blöße erregt ihn, lässt ihn ihre Muschi berühren, während er den Kellner anweist, Wein nachzugießen, um ihn am Tisch zu beschäftigen und seine Irritation zu genießen. Sie senkt schamerrötend die Lider, versucht ein Stöhnen zu unterdrücken, das die Bewegungen seiner Finger in ihrem Spalt erzeugen. Nach dem Mahl, das er für sie ausgesucht hat, weist er sie an, sich ins* chambre *zu begeben, sich völlig zu entkleiden und die vorgeschriebene Haltung einzunehmen, so hat sie zu verharren, auf Knien, mit weitgespreizten Schenkeln, kerzengerade, die Arme über den Kopf erhoben, die Ellenbogen nach hinten, bis er kommt, ihr Herr, der genüsslich seinen Wein austrinkt, sich Zeit lässt, wohl wissend, wie sehr sie ihn erwartet. Er verbindet ihr die Augen, streichelt sie, die ihre Pose nicht verändern darf, ihr Becken ruhig zu halten hat, was er ihr schwermacht, mit seinen Berührungen, den Angriffen seiner Finger auf ihre Öffnungen, so lange, bis es sich bewegt, das Becken, bis sie sich seinen Fingern ergibt, nicht mehr anders kann, in vollem Bewusstsein der Strafe, die sie erwartet. Er fesselt sie an die Balken vor dem Fenster, öffnet die Flügel, peitscht sie, lässt sich von ihren immer lauter werdenden Schreien nicht beeinflussen, die hörbar werden, für jeden, der im Park wandelt, der unter dem Fenster liegt, was seine Lust noch steigert. Er züchtigt sie, bis die Haut aufplatzt, ihre Lenden, ihre Schenkel mit roten Streifen gezeichnet sind, lässt vom Zimmerservice*

Champagner servieren, während er sie, obwohl sie von den Schlägen erschöpft ist, nicht von den Fesseln befreit, weil es ihn reizt, sie so zu präsentieren. Er steckt dem Kellner einige Scheine zu und trägt ihm auf, sie zu berühren, ihre Striemen nachzufahren, ihre Scham zu streicheln. Dann weist er den Kellner an, sie mit einer Kerze zu ficken, deren Dicke er bestimmt, und beobachtet, wie der Weg erzwungen wird, sie stöhnt unter den Stößen, bis sie kommt. Endlich löst er sie von den Balken, erlöst sie, indem er den Kellner entlässt, belohnt sie, indem er sie streichelt und zärtlich küsst.

Er beobachtete mich genau, an meiner Reaktion interessiert. Vermutlich wollte er herausfinden, ob ich wirklich devot bin, ob sie mich erregte, seine Geschichte. Hellhörig hätte ich werden müssen, verstehen hätte ich müssen, dass es mehr war als eine Geschichte, stattdessen lauschte ich nur, fasziniert von seiner Phantasie und seiner Ausdrucksfähigkeit.

Zurück am Hotel, öffnete er den Kofferraum seines Mercedes S 600, um mir den Inhalt darzubieten: Rohrstock und Peitsche.

Ich zitterte, als ich am Nachmittag nach Hause fuhr, um mich für das Treffen am Abend umzuziehen. Wir waren übereingekommen, uns eine Pause zu gönnen, damit sich die Eindrücke des Tages setzen konnten, bei ihm und bei mir. Elegant, wie er es liebte, kleidete ich mich, während ich vor Erregung die Eindrücke kaum ordnen konnte.

Statt mit meinem Auto fuhr ich mit dem Stadtbus ins Hotel, da F. mit mir einen Spitzenwein genießen wollte. Er führte mich in das Nobelrestaurant meiner Stadt, das ich bisher nur von außen gesehen hatte.

Wir redeten ohne Pause, sechs Gänge lang, immer wieder betonte er, wie sehr es ihn reizte, dass ich noch wenig Erfahrung hatte. «Es beflügelt meine Phantasie, dich nach meiner Weise einführen zu können.»

Ich fragte nicht nach. Zu später Stunde bestellte er ein Taxi. Unser Abschied stand bevor. Am nächsten Morgen würde er früh zurückfahren. F. hielt mir die Tür auf, stieg ein, setzte sich dicht neben mich und nannte dem Fahrer den Namen seines Hotels.

Er küsst mich, fordernd und anhaltend, während er mir die Bluse öffnet, meine Brüste freilegt, sie berührt, vor den Augen des Taxifahrers, der mehr in den Rückspiegel schaut als nach vorne, was seine Aufgabe wäre, der das Stöhnen hört, das meinem Mund entweicht, als F. die Brustwarzen kneift und zieht, meine Erregung steigert, indem er die Zunge weit vorstößt, er knabbert an meinen Lippen. Würde er befehlen, dass ich mich vollständig entkleiden solle, hier, ich würde es tun, in diesem Moment, mich ihm hingeben, vor dem Fahrer, von dem er mich nach Hause bringen lässt, nachdem er ausgestiegen ist, am Hotel.

Am nächsten Morgen rief mich F. an, um sich zu erkundigen, ob mich der Taxifahrer gut nach Hause gebracht habe. Ich spürte, wie ihn die Frage aufgeilte. Er wollte mich unbedingt wiedersehen und fragte, ob er bitte schon für das nächste Wochenende ein Hotel in Frankreich auswählen dürfe. Ich stimmte zu.

Die Sklavin fieberte diesem Wochenende entgegen. Bedürftig und voller Unruhe!

Sie hatte es im Verlauf der letzten drei Wochen endlich geschafft, sich von M. zu lösen. Es schien mir, als habe M. bis zu diesem Zeitpunkt den bedürftigen Teil in mir gehütet und damit die Frau gewissermaßen vor der Sklavin beschützt. Jetzt wurde die Frau voll mit der starken Sklavin konfrontiert. In mir wirkte etwas mit unkontrollierbarer Eigendynamik. Es war stärker als die Frau. Nur so konnte ich mir meine ungeheuerliche Reaktion im Taxi erklären. Ich hatte mich vor den Augen eines anderen Mannes berühren lassen! Nur so kann ich mir im Nachhinein erklären, dass ich weder F.s Verhalten noch seine Erregung bei dieser Frage reflektierte.

«Knie auseinander, Oberkörper aufrecht! Rücken gerade!»

Ich nahm die geforderte Haltung ein und bemühte mich dabei nicht nur um Korrektheit, sondern auch um Anmut.

«Den Kopf mit dem Ohr zur Schulter neigen!» Während ich wie die anderen Frauen in der Turnhalle den Übungsanweisungen der Gymnastiklehrerin folgte und den Kopf neigte, vollzogen sich in ihm ganz andere Prozesse: «Was wird F. mit mir machen, was wird er verlangen?» In Gedanken war ich bereits im Wochenende mit ihm.

«Den Kopf zur Schulter drehen, den Nacken dabei strecken!»

Die Musik des Buena Vista Social Club, die unsere Übungen begleitete, nahm ich nur am Rande wahr, ich befand mich auf meiner Bodenmatte und dennoch weit weg. Ich kniete vor ihm, die Hände auf dem Rücken zusammengebunden, und erwartete seine Befehle.

«Wer Probleme mit den Knien hat, kann die Übung auch im Sitzen machen!» Mir schmerzten die Knie, doch mit einer Lust, die mehr war als die Freude an der Bewegung, verharrte ich in meiner Haltung.

«Kopf zur Schulter abnicken!» Die Worte der Lehrerin holten mich zurück. Dies war die letzte Übung, gleich würde die Stunde zu Ende sein. Die Frau neben mir lächelte mich an, als wir unsere Matten einrollten. Freundlich lächelte ich zurück.

«Gehst du noch mit etwas trinken?»

Sie fragten mich jedes Mal, obwohl meine Antwort immer gleich lautete: «Dafür erfordert meine Arbeit morgen viel zu viel Konzentration.»

Wie oft hatte ich in den letzten Jahren diese Antwort gegeben. Es stimmte, hatte immer gestimmt, doch in dieser Minute wurde mir bewusst, dass es all die Jahre nur die halbe Wahrheit gewesen war. Es zog mich regelrecht nach Hause. Ich wollte allein sein, hatte es immer gewollt: um meinen Phantasien ungestört nachgehen zu können.

Im Laufe meines Lebens hatte ich an den vielfältigsten Gruppenaktivitäten teilgenommen: als Studentin an Aikido, als Mutter an Stillgruppe, Spielkreis und Mutter-Kind-Turnen, als älter werdende Frau an Folkloretanz, Qi Gong, Wanderungen des Alpenvereins, Radtouren des ADFC. Immer hatte für mich die Aktivität im Vordergrund gestanden und weniger der Gemeinschaftsaspekt, denn ich hatte in allen Gruppen die gleiche Erfahrung gemacht: Ich fühlte mich einsam, auch wenn die Menschen noch so nett zu mir waren und oft sogar das Zusammensein mit mir suchten.

Meine Empathiefähigkeit, die Art, wie ich zuhörte, meine Toleranz, die Tatsache, dass ich Abweichungen von der Norm nicht nur akzeptierte, sondern mich daran erfreute, zog die unterschiedlichsten Menschen an. Ich war schnell beliebt. Doch ich konnte immer nur kurz in Gruppen verweilen.

Am Ende dieser Gymnastikstunde erkannte ich, was mich von anderen Menschen trennte: Es war die Maske, die ich trug. Die Maske, die, unsichtbar für andere, immer dazwischen war, zwischen ihnen und mir. Es war die Maske, hinter der ich einen Teil von mir versteckte. Der Teil, der in der Gegenwart anderer nicht leben durfte, der meine Einsamkeit ausmachte.

Als ich ins Auto stieg, fieberte ich bereits wieder dem Wochenende entgegen. Ich begriff: Es war nicht allein die Hoffung auf Finden! Die Begegnungen mit den Männern, die auf meine Anzeige geschrieben hatten, waren für mich deswegen so bedeutungsvoll, weil ich bei ihnen meine Maske ablegen konnte. Ihnen durfte ich mich zeigen, wie ich bin, bei ihnen lebte ich in meiner Ganzheit.

Diese Stunden waren mir so wichtig, dass mich nichts und niemand von diesen Treffen hätte abhalten können, auch nicht die Befürchtung, mein Sohn fände es womöglich nicht gut. Ich würde zwei Nächte weg sein, und diesmal konnte ich es nicht verschleiern. Das Gespräch mit Karl stand noch aus. Ich würde fahren, auch wenn er mich nicht verstehen sollte.

Plötzlich kam mir ein Gedanke: Niemand wusste, was in mir vorging, während ich meine Übungen vollzog. In wie vielen Gymnastikgruppen dieser Welt turnte wohl eine Frau mit einer masochistischen Veranlagung, ohne dass ich von ihr wusste?

Karl und ich saßen beim Italiener. Einmal im Monat ging ich mit meinem Sohn aus, um unseren Gesprächen einen anderen Rahmen als die heimische Küche zu geben. Es tat uns beiden gut, uns nicht nur im Alltag zu begegnen. Karl ließ mich in dieser Atmosphäre eher mal in sein Inneres blicken. Diese Momente schätzte ich sehr, da er sich pubertätsbedingt in der letzen Zeit häufig zurückzog.

Als man uns die Pizza servierte, kam er auf das Thema Mädchen zu sprechen. Er verriet mir die Namen von zwei Mädchen, die «hinter ihm her» waren. Als ich nachfragte, erklärte er mir cool: «Es schmeichelt mir, das ist alles! Die sind beide viel zu zickig. Lieber habe ich noch keine Freundin als eine, die mir nicht absolut gefällt. Die Knutschpartys finde ich abstoßend. Ich werde nur ein Mädchen küssen, in das ich auch verliebt bin.»

Schweigend hörte ich zu. Diese Aussage, die seine Wertvorstellung spiegelte, machte es mir schwer, ihn über mein Wochenendvorhaben zu informieren. In seiner Entwicklungsphase würde er es nicht verstehen können.

Beim Nachtisch musste es dann sein. «Am Wochenende fahre ich ins Elsass.» Ich nahm meinen Mut zusammen und fügte hinzu: «Ich möchte den Mann, den ich letztes Wochenende getroffen habe, ein wenig näher kennenlernen. Wegen der Entfernung muss ich schon Freitag losfahren und komme erst am Sonntag zurück.»

Mein Sohn sah mich nur an und schwieg. Er fragte nicht nach. In seinen Augen las ich, dass er es nicht wissen wollte. So beschränkte ich mich auf das Organisatorische. «Oma sagt, du kannst bei ihr essen.»

«Samstag gerne, am Sonntag spiele ich Fußball.» In stillem Einverständnis wechselten wir das Thema.

«You're expected to arrive during the afternoon. The reservation has been made for two nights.»

Die Formulierung in F.s Mail erregte mich. Wie kann das sein?, fragte ich mich.

Die Erregung, die noch dazu anhielt, irritierte mich, ebenso wie die Tatsache, dass ich mir vor der Abfahrt noch schnell schwarze Seidenstrümpfe und Strapse kaufte, weil er am Telefon erwähnte – nur erwähnte, nicht befahl –, er möchte es so.

Gehorsam folgte ich seiner Wegbeschreibung, obwohl ich beim Studium der Karte bemerkte, dass sie einen kleinen Umweg bedeutete, so bedürftig war die Sklavin nach Anweisungen. Im Anhang seiner Mail hatte F. mir mehrere erotische Bilder gesendet. Eines davon, das eine Frau mit Strapsen und hohen Absätzen zeigt, die gezüchtigt wird, hatte ich die ganze Fahrt über sehnsüchtig vor meinen Augen.

F. begrüßte mich im Salon des Chateaus. «Wie gefällt dir das Ambiente, das dich erwarten wird, wenn du meine Prinzessin wirst?», fragte er.

Er hatte ein feudales Schlosshotel ausgewählt. Ich blickte mich um, ohne etwas zu sehen, weil die Sklavin nur Augen für ihn hatte.

«Der Mann ist wichtiger als das Ambiente», sagte ich.

«Ich stimme dir zu. Auch für mich ist die Frau wichtiger. Dennoch wäre es mir eine besondere Freude, eine schöne Frau wie dich noch schöner zu machen, dich in den besten Modehäusern dieser Welt einzukleiden, dir passenden Schmuck auszuwählen, dir alles zu kaufen, was dein Herz begehrt.»

Seine Worte hatten etwas Verlockendes, doch sie konnten mich nicht locken, sondern erforderten eine sofortige Klarstellung. «Mein Herz sehnt sich nach Liebe», erwiderte ich daher nur.

«Ich habe es gleich gespürt, dein Herz kann ein Mann nicht kaufen, er muss es erobern.» Er hatte offensichtlich begriffen. «Das gefällt mir! Das Glück kommt aus einer anderen Quelle, doch mein

Geld ermöglicht die eine oder andere angenehme Zugabe, nur so sollst du mich verstehen.»

Ich löffelte die Sahne von meinem Kakao, den er uns in den Salon bestellt hatte, bemerkte, wie er die Rundungen meiner Lippen verfolgte, und spürte, wie zugleich die Sehnsucht der Sklavin zunahm, seine Dominanz zu erfahren. Als er mir unvermittelt verbot, jemals in seiner Begleitung bezahlen zu wollen, akzeptierte ich, weil die plötzliche Strenge seiner Stimme mich erregte. Ich akzeptierte, weil er mir ein Verbot erteilte, akzeptierte um des Verbotes willen.

Der Spannungsbogen hielt sich vom Nachmittag bis in den Abend.

Im Zimmer setzte er sich in einen Sessel, um mir beim Entkleiden zuzusehen, legte mich dann aufs Bett, berührte mich, berührte mich lange, hielt mir die Hände fest, sah mir in die Augen und sagte: «Wenn du meine Sklavin bist, wirst du alles tun, was ich dir befehle.» Er erregte mich sehr mit diesen Worten, erregte auch sich mit diesen Worten und nahm mich von hinten.

Die Sklavin war bereit, ihn als Gebieter anzuerkennen.

Am nächsten Tag unterhielten wir uns sehr gut, sowohl während des Frühstücks als auch auf einem langen Spaziergang im Herbstwald. Und auch noch beim Abendessen.

F. wollte alles von mir wissen. Der Frau gefiel es, wie genau er zuhörte und nachfragte, wie sehr er sich für sie interessierte. Der Frau gefiel auch, dass er der Frage, die auf seine bisherigen Beziehungen zielte, nicht auswich. Von seiner Ehefrau hatte er sich nicht verstanden gefühlt, war jedoch wegen der Kinder bei ihr geblieben. Ein weiterer Beziehungsversuch war wegen seiner Veranlagung gescheitert. In den letzten zehn Jahren hatte er seine sexuelle Neigung über einschlägige Kontaktanzeigen innerhalb der Szene kurzfristig befriedigt.

Die Sklavin war zunehmend hungrig, konnte es kaum abwarten, ins Zimmer zu kommen. Endlich war es so weit. F. legte sich aufs Bett, sagte mir, ich solle mich entkleiden, mehr nicht. Als er mich berührte, hielt die Sklavin es nicht mehr aus, bat ihn, flehte ihn an, sie auf den Po zu hauen, doch er ließ mich nur einige leichte Klapse spüren, bevor er mich nahm.

Das Verlangen der Sklavin nach Befehlen, nach Schlägen, nach Unterwerfung blieb ungestillt.

Zum Abschied küsste er mich und sagte: «Ich rufe dich an. Überleg schon mal, wann wir uns wiedersehen können.»

Auf der Heimfahrt brannte die ungestillte Sehnsucht in mir, so sehr, dass es wehtat. Irgendetwas in F. zog mich stark an, doch er hatte mich im Ungewissen gelassen.

Als die Sklavin sich von M. verabschieden musste, hatte ich ihr versprochen, ihr wieder einen guten Gebieter zu suchen. Sie hatte darauf ebenso ein Recht wie die Frau auf einen Partner. An diesem Wochenende hatte ein Austausch zwischen Mann und Frau begonnen, ohne dass ich eine erste Ahnung davon bekommen hatte, ob auch Sklavin und Gebieter einander in ihren Bedürfnissen entsprachen. Worte können erregen, sie können die reale Erfahrung jedoch nicht ersetzen, nur die Erfahrung gibt Gewissheit. F. hatte sie mir verweigert, obwohl meine Signale eindeutig waren. Ich wollte auf keinen Fall, dass sich die Beziehung auf der Ebene Mann und Frau weiterentwickelte, bevor Sklavin und Gebieter zueinandergefunden hatten. Beide Ebenen sollten gemeinsam langsam wachsen und nicht die eine der anderen vorauseilen. Zu groß schien mir die Gefahr, dass eine Ebene nicht mehr nachkommt. Die Erfahrung mit M. hatte mich gelehrt, wie schnell das passieren kann.

Die Frage der Macht stand in einer neuen Variante im Raum: Die Frau kann die Sklavin zwingen, dem Gebieter den Gehorsam zu verweigern, doch sie kann den Gebieter nicht zum Befehlen bringen. Sie kann ihn durch die Sklavin nur dazu reizen, dann muss sie jedoch warten, bis er ihr die Gnade gewährt. Mit F. ging ich das Risiko ein, vergeblich zu warten.

Ich suchte nach Erklärungen für das Verhalten von F. Meine Gedanken rasten, während ich über die Autobahn raste. F. hatte sich genau erkundigt, warum M. und ich nicht zueinandergefunden hatten, und auch er hatte bereits eine analoge Erfahrung gemacht. Nun suchte er den Weg über die Frau, weil er verstanden hatte, dass er mich nur so gewinnen konnte. Doch hätte er nicht auch verstehen müssen, dass die Frau nicht ohne die Sklavin weitergeht? Er wollte mich, das hatte er klar ausgesprochen. Verweigerte er mir die Erfahrung, weil die Zeit ihm noch nicht reif schien, da er, wie er sagte, kein Spiel, sondern eine ernsthafte Unterwerfung anstrebte? Oder war er nicht wirklich dominant und hoffte, die Frau so zu gewinnen, dass sie die Sklavin vergaß? Hatte ich mich von Bildern und Worten täuschen lassen? Oder wollte er erst meine Zuneigung gewinnen, um mich dann zu etwas zu führen, was ich nicht wollte? Er hatte mir weitere Geschichten erzählt. Eine, die mich besonders beeindruckt hatte, wiederholte sich wortgetreu in meinem Gedächtnis:

Der Gebieter und seine Sklavin betreten einen exklusiven Club in Paris, er führt sie an einem Lederband, das sie um den Hals trägt. Alle Augen richten sich auf sie, eine elegante Erscheinung mit hohen Schuhen und langem Nerz, der, nur mit einer Kordel verknotet, aufspringt und verrät, dass sie darunter nackt ist. Auf einen Wink von ihm springt ein Diener herbei, den Knoten zu lösen, dass er hinabgleitet an ihr, der Nerz, ihre Hände sind auf dem Rücken zusammengebunden. Er führt sie durch den Raum, setzt sie den Blicken aus, bewundernden, gierigen Blicken, weist sie an, sich zu setzen, auf einen Lederstuhl, die Beine weit geöffnet, und sich bereitzuhalten für seine Finger, die zugreifen, als der Wein serviert wird, mit ihrer Muschi spielen, während er ihr Wein einflößt. Er löst ihre Fesseln, befiehlt ihr mit erhobener Stimme, für alle hörbar, sich auf alle viere zu begeben, um den Tisch zu krabbeln, vorbei an anderen Männern, denen er erlaubt, sie zu berühren. Sie beeilt sich zu entkommen, den Händen, die nach ihr greifen, die streicheln, zufassen, den Hintern, die Brüste, zwischen die Beine. Ein Zeichen von ihm genügt, und die Männer lassen von ihr ab. Er weist sie an, am Pfeiler innezuhalten und in der Position, in der sie sich befindet, ein Bein zu heben, zu pinkeln, gegen den Pfeiler, gleich einem kleinen, braven Hündchen, von Männern umringt. Er lässt sie zu sich krabbeln, ihn vor sich kniend lecken, während er einen der Männer auswählt, sie zu ficken. In ihre engste Öffnung, die er zugänglich gemacht hat. Dann nimmt er ihren Kopf fest zwischen die Hände, um seinen Schwanz in ihren Mund zu stoßen, tief in ihre Kehle. Als sie aufschreit vor Schmerz, verursacht durch das heftige Eindringen des Schwanzes in ihren Hintern, stößt er heftiger zu. Um sich an ihrem Würgereiz, ihrem völligen Ausgeliefertsein zu erregen.

Eine Ahnung keimte in mir auf, formte sich Autobahnkilometer für Autobahnkilometer zur Gewissheit: Seine Geschichten beinhalteten eine Botschaft! Was hatte er nicht auszusprechen gewagt? Was hatte ich nicht zu fragen gewagt?

Frau und Sklavin verlangten nach Klarheit. Als ich in meine Straße einbog, fasste ich den Entschluss, F. direkt zu fragen, und zwar bevor sich möglicherweise zwischen Frau und Mann mehr entwickelte. Ich rief ihn an.

Das Telefongespräch brachte die erwünschte Klarheit, nicht jedoch die heimlich ersehnte Entwicklung. Es erforderte vielmehr einen Abschied.

F. erwartete absoluten Gehorsam und war außerdem voyeuristisch und exhibitionistisch veranlagt. Er empfand größte Lust dabei, seine Sklavin in Clubs vorzuführen, ihr vor anderen Befehle zu erteilen, sie vor den Augen anderer zu demütigen, an ihr nach seinen Anweisungen von anderen Männern Handlungen vornehmen zu lassen, sie von ihnen berühren und ficken zu lassen, um sie danach entsprechend bestrafen zu können.

Erschreckt und erstaunt stellte ich fest, dass sich die Sklavin von seinen Vorstellungen nicht abhalten lassen wollte, sich sogar von ihnen erregen ließ. In Sekundenschnelle erfasste ich: Die Sklavin in mir kennt keine Tabus. Sie kennt keine Grenzen und ist unersättlich. Vielleicht hätte die Sklavin gegen die Frau eine Chance gehabt, wenn F. ihr eine einmalige Erfahrung angeboten hätte. Vermutlich hätte sie die Frau dazu gebracht, herausfinden zu wollen, ob diese Geschichten, die sie aufgenommen hatte wie literarische Erzählungen, sie auch in der Realität erregten.

F. jedoch wollte erst die Zuneigung der Frau gewinnen, er wollte mehr als nur ein erotisches Spiel.

«Ich sehne mich nach einer Frau, die mich so liebt, dass sie sich für mich auch anderen Männern hingibt, die mich so liebt, dass sie alles für mich tut, was mir Lust bereitet», formulierte F. seine Lebenssehnsucht.

«Ich sehne mich nach einem Mann, der mich so liebt, dass er keinem anderen Mann erlauben könnte, meinen Körper zu berühren. Ich brauche einen Mann, der mich nur für sich will», brach es unreflektiert und spontan, doch mit großer Bestimmtheit aus mir heraus.

Mir wurde bewusst, welcher Prozess sich da gerade vollzogen hatte: Die Frau wies die Tabulosigkeit der Sklavin in Grenzen. Innerhalb einer innigen, tiefen, alle Bereiche umfassenden Partnerschaft war es für die Frau nicht vorstellbar, solche Phantasien auszuleben.

Die Suche sollte weitergehen. Nachdem unsere grundsätzliche Verschiedenheit einmal ausgesprochen war, blieb F. und mir nichts, als einander von Herzen alles Gute zu wünschen.

Sackgasse

Ich legte den Hörer auf. Unruhe erfasste mich. Die Enttäuschung der Sklavin trieb mich rastlos durchs Haus, nichts ging mehr, ich konnte mich einfach nicht konzentrieren. Der Hunger der Sklavin fraß mich auf, verhinderte den Versuch, mich in

Arbeit am Schreibtisch zu retten, ließ mich aufspringen, erlaubte nicht einmal bügeln, nicht spülen, nicht lesen, nicht essen.

Ich ging in den Wald, nein, rannte durch den Wald. Weder sah ich das Sonnenlicht, das die Blätter leuchten ließ, noch erreichte mich die beruhigende Wirkung der Natur. Der Hunger der Sklavin hielt alles fern, ich sollte nur ihn spüren, er sollte mich zum Handeln zwingen. Er ließ mich nach Hause eilen, zu dem Karton mit den Zuschriften greifen, zwei Stapel bilden, rechts lag ein Brief, links drei. Die Frau sagte, es sei zu früh für den Brief von H., er sei zu stark. Die Sklavin dagegen wollte ihn, hatte lange genug gewartet, wollte keinen Umweg mehr, wollte ihn jetzt, nicht in drei Monaten, nicht in vier Wochen, nicht in 14 Tagen. Ihr hallten noch immer seine Worte im Ohr: «Wir werden uns begegnen. Ich warte auf dich, denn ich weiß, dass du mich wieder anrufst!»

Die Reaktion von H., als ich ihm absagte, um mit M. ins Wochenende zu fahren, hatte mich sehr beeindruckt.

Die Frau mahnte zur Vernunft, wollte drei Männer kontaktieren, wollte vorher weitere Erfahrungen in der Begegnung mit dominanten Männern sammeln. Mir wurde klar, dass mein Instinkt bisher genau die Zuschriften ausgewählt hatte, die einen Gebieter erkennen ließen, welcher der Frau nicht gefährlich werden konnte.

Vom Schreibtisch in den Keller, vom Keller ins Wohnzimmer, onanieren half nicht. Die Sklavin hatte genug von Phantasien und wenig Erfolg versprechenden Begegnungen, sie forderte ihr Recht. Ich tippte in den Computer:

«Guten Abend, H., ich habe dich nicht vergessen, oft, sehr oft an dich gedacht. Erinnerst du dich noch an mich? Du hast mir auf meine Anzeige in der *ZEIT* geschrieben (Gebieter ihrer Lust), wir haben vor einer Weile telefoniert und dann ... Ich bin ungebunden geblieben, doch es war zu früh, dich anzurufen, ich musste erst noch etwas herausfinden, in mir, für mich, mir über einige Gedanken zu der Frau und der Sklavin in mir klarwerden. Ich habe lange gebraucht, und jetzt kann es natürlich sein, dass du bereits jemanden gefunden oder aus anderen Gründen kein Interesse mehr an einer Begegnung hast. Darf ich dich bitten, mir in jedem Fall zu antworten, damit ich weiß, ob du die Mail bekommen hast und wie es aussieht? In Erwartung deiner Rückmeldung E.»

Ich speicherte die Mail ab, ohne sie zu senden, und lief durchs Haus, um sie schließlich doch zu senden. Ging zu Bett, konnte vor Aufregung nicht einschlafen, sprang auf, sah nach. Er hatte geantwortet, hatte tatsächlich auf meine Mail gewartet! Rote Flecken sprossen am Hals und im Gesicht, Zeichen größter Erregung. Zittern! Honigmilch half wenig, er hatte die nächsten zwei Tage ein Seminar ganz in meiner Nähe. Ich antwortete: «Wir könnten uns sehen!», ging ins Bett, ohne zu schlafen. Beim Frühstück dann der Anruf, kein langes Gespräch, keine Fragen, keine Antworten, nur Vereinbarung von Ort und Zeit, nur die eine Anmerkung: «Du weißt, was du anzuziehen hast!»

Am Tag unseres Treffens musste ich mich auf eine sehr anstrengende Besprechung konzentrieren. Sie bewirkte, dass ich wieder zur Besinnung kam. Die Fahrt nutzte ich zu einer Auseinandersetzung mit dem, was in mir geschah, und dem, was mich erwartete.

Die Sklavin hatte sich durchgesetzt.

Ich erkannte: Die Sklavin beherrschen zu wollen und zu einem Miteinander zu gelangen hieß erst einmal ihre große Bedürftigkeit akzeptieren. Ich konnte sie nicht übergehen. Statt ihr Unmögliches abzuverlangen, musste ich sie annehmen und ihre Stärke sehen. Auch musste ich ihr einen Raum einrichten, mich bereitmachen, ein Risiko einzugehen. Die Frau hatte im Laufe ihres Lebens mehrere Beziehungen erfahren, ehe sie in der Lage war, die Liebe in einer Partnerschaft zu leben. Von der Sklavin hatte ich erwartet, dass sie diese Erfahrungen auf sich überträgt, ohne selbst Erfahrungen sammeln zu dürfen. Doch sie schrie nach eigenen Erfahrungen, auch wenn sie vielleicht Leid mit sich brachten. Die Frau musste der Sklavin das Recht auf eigene Erfahrungen zugestehen. Die

Frau wollte zu jedem Zeitpunkt der Suche die sofortige dauerhafte Macht über die Sklavin. Die Frau, die alles im Leben kontrollierte, wollte die Kontrolle nicht aufgeben, wollte erst die Sicherheit, die Sklavin jederzeit beherrschen zu können.

Die Stärke der Frau zu erproben, sie an der Stärke der Sklavin wachsen zu lassen, Sicherheit zu gewinnen – dieser Prozess konnte sich jedoch nicht am Schreibtisch vollziehen. Ich hätte bei meiner Suche gerne einen Schritt übersprungen, hätte mir gerne das Risiko erspart, der Sklavin zu unterliegen.

Jetzt fuhr ich zu H.

Und ich bereitete mich darauf vor, die Frau in der Beherrschung der Sklavin zu erproben, indem ich ihr die Begegnung mit einem starken Gebieter erlaubte.

Plötzlich steht er da, sieht mich an, unsere Blicke begegnen sich, halten einander fest, bewegungslos, stumm, sein Blick dringt ein, geht tiefer, erreicht meinen G-Punkt, löst ein Beben aus, noch bevor er den Schritt, der uns trennt, auf mich zukommt, um die Arme auszustrecken, mich an sich zu ziehen. Eine Hand hält mich am Rücken, die andere hebt mein Kinn, hebt es seinem Mund entgegen, ohne dass sein Blick den meinen loslässt, nähert seine Lippen den meinen, berührt sie leicht, verstärkt den Druck, zärtlich, sanft, behutsam, öffnet meinen Mund mit seiner Zunge, sucht die meine, begrüßt sie zurückhaltend und fordernd zugleich, gleitet mir langsam entlang meiner Zähne über die Lippen, löst den Kuss, um meinen Blick wieder einzufangen, den ich einsperrte, hinter meinen Lidern, weil ich beides, Kuss und Blick, nicht aushalten konnte. Küsst mich erneut, sagt, da bist du ja endlich, küsst mich, bis er spürt, dass sich mein Körper dem seinen entgegenschmiegt, weich wird, sagt, ich bin noch nicht ganz fertig, sagt, du musst noch ein wenig warten, küsst mich, ist verschwunden.

Der Boden schwankte, und ich setzte mich.

Es hatte keiner Worte bedurft. Nicht nur dass wir uns ohne gegenseitige Beschreibung von Aussehen oder Kleidung inmitten der weitläufigen Eingangshalle sofort gefunden hatten, auch Sklavin und Gebieter hatten einander auf den ersten Blick erkannt.

Noch konnte ich mich entziehen und seine Abwesenheit nutzen, um zu verschwinden. Doch ich nutzte seine Abwesenheit nur, um mich bewusst dafür zu entscheiden, die Frau der Beherrschungsprobe auszusetzen.

Als ich seinen Vorschlag annahm, uns in seinem Tagungshaus zu treffen, hatte ich einkalkuliert, dass es zu ersten Berührungen kommen könnte. Nicht einkalkuliert hatte ich jedoch, dass sie wortlos und ohne festen Boden unter den Füßen stattfinden würden. Trotzdem blieb ich, die Sklavin wäre auch nicht mehr zum Aufstehen zu bewegen gewesen. Sie saß da, wie von unsichtbaren Fesseln gebunden. Sie dachte daran, dass ich unter meinem Kostüm einen BH und eine Strumpfhose anhatte, und war froh, dass ich die Strapse und Strümpfe wenigstens in die Handtasche gesteckt hatte.

Ich atmete tief durch, bis sich der Boden etwas beruhigte, und konzentrierte alle Kraft auf den Vorsatz, nicht mit ihm zu schlafen, nur für begrenzte Zeit mit ihm in seinem Zimmer zu bleiben und das Gespräch zu suchen.

Wieder küsst er mich zärtlich, dann fordernder, nimmt mich an die Hand, führt mich, sagt, wir gehen in mein Zimmer, fasst mich fester, als könnte ich ihm entweichen, was unmöglich ist, denn ich muss ihm folgen, seinen Kuss auf meinen Lippen. Fühle seine Hand, bemerke noch, wie die Welt anfängt, in die weite Ferne zu rücken, kann sie nicht aufhalten. Er schließt die Tür, sagt, es ist vielleicht nicht aufgeräumt, ich denke, ich würde es ohnehin nicht sehen, folge ihm, er zieht den Vorhang zu, ohne meine Hand loszulassen, lehnt sich an die Fensterbank, zieht mich an sich, küsst mich, lässt mich unter seinem Kuss schmelzen, sagt, ich will dich, legt mir die Hände in den Nacken, drückt mir die Ellenbogen nach hinten, die Sklavin ergibt sich willig in diese Haltung, zerfließt. Er zieht mir den Pulli hoch, greift die Brustwarzen, zieht, zieht fester, drückt sie, greift in die Brüste, knetet sie, bis ich aufstöhne. Streift mir den Rock hoch, ich senke die Arme, halte seine Hände fest, er legt mir die Hände wieder in den Nacken, sagt, hat dir noch niemand beigebracht, wie du zu stehen hast? Die Sklavin nimmt die Haltung gehorsam wieder ein, die Frau sagt, ohne Aidstest schlafe ich nicht mit dir, er sagt, wir probieren einander nur aus, fasst meinen Hintern, drückt ihn, massiert ihn, greift mit allen Fingern fest zu. Ich möchte mich ergeben, fallen lassen, hingeben, alles, was er will, mit mir machen lassen, doch die Erregung soll nicht stärker werden dürfen. Ich unterdrücke sie, lasse geschehen und versuche es zu erleben, als geschehe es mit einer anderen. Er heißt mich, die Beine zu spreizen, zieht mir die Strumpfhose herunter, bemerkt, du warst ungehorsam, du verdienst Strafe. Die Sklavin erregt das Wort, die Frau entgegnet kühl, du bist noch nicht mein Gebieter, die Sklavin verrät, was sich in ihrer Handtasche befindet. Er legt mir eine Hand zwischen die Beine, fährt mit dem Finger die Spalte entlang, immer wieder, bis ich anfange, feucht zu werden, dringt mit einem Finger ein, stößt zu, stößt fest zu, ich stöhne, kann es nicht verhindern. Geh und zieh dich richtig an! Er lässt mich los, alles dreht sich, nur langsam kommt das Zimmer wieder und das Bett, auf dem meine Handtasche liegt, die ich nun nehme, ins Bad gehe, ohne zu beachten, dass er mich auffordert, es vor ihm zu tun. Schnell schließe ich die Tür, als müsste ich zur Toilette, was nicht der Fall ist, doch ich muss mich an die Wand lehnen, damit die Kälte an meinem Rücken mir die Orientierung wiedergibt, ich muss durchatmen, mich auf meinen Atem konzentrieren, um nachzudenken, was nicht gelingt, weil die Sklavin sofort beginnt, sich umzuziehen, eilig, mit zitternden Händen, und es nicht erwarten kann, wieder zu ihm zu kommen. Er steht noch an der gleichen Stelle, sein Blick empfängt mich, ich stehe vor ihm, nicht wissend, wie ich dort hingekommen bin, nur seinen Kuss spürend. Meine vom BH befreiten Brustwarzen stellen sich ihm gierig entgegen, als er mir den Pulli hochschiebt , um sie zu drücken, fest, zwischen zwei Fingern, ohne den Kuss zu lösen. Die Zärtlichkeit des Kusses in Verbindung mit dem Schmerz, den er meinen Brüsten zufügt, raubt mir die Besinnung, doch die Frau erlangt sie wieder, als er befiehlt, vor ihm auf die Knie zu gehen, woraufhin sie den Befehl verweigert und sagt, ohne Aidstest le-

cke ich dich nicht. Er akzeptiert, sagt, ich will dich nur vor mir auf den Knien sehen, was mich erregt, und ich gebe dem sanften Druck auf meinen Kopf nach, knie mich hin, gehorche, als er befiehlt, ihm die Hose zu öffnen, hole seinen Schwanz heraus, umschließe ihn fest mit meiner rechten Hand, lasse ihn wachsen, genieße, wie er hart wird, sich mir entgegenstreckt, während die andere Hand seine Hoden sanft massiert, mit dem Finger entlang seiner Falte streicht, behutsam den After berührt. Ich lasse von ihm ab, bevor er kommt, er zieht mich hoch, sagt, ich werde dich zu meiner Sklavin machen, streift mir den Rock ab, was ich, gefesselt von seinen Worten, geschehen lasse, greift mit beiden Händen fest in meinen Hintern, schlägt zu, schlägt nochmals zu, spürt die Lust der Sklavin, spürt ihren Hunger, setzt sich aufs Bett, um mich übers Knie zu legen. Während er meinen Kopf mit einer Hand im Nacken fest aufs Bett drückt, schlägt er mir mit der anderen Hand auf den Hintern, der sich ihm über seinen Knien entgegenstreckt, schlägt mich auf den After und zwischen die willig gespreizten Schenkel. Es schmerzt, und dennoch hat die Sklavin nicht genug, nicht genug von den Schlägen, doch vor allem nicht genug von dieser Haltung über seinen Knien, im Nacken niedergedrückt, an jeder Bewegung gehindert, nicht genug vom Erleben dieses über viele Jahre existierenden Wunschbildes, das jetzt Realität geworden ist, das die Sklavin sieht und spürt und in sich aufsaugt. Sie ist nicht satt, als er aufhört, um mich hochzunehmen und zärtlich zu küssen. Das Verlangen der Sklavin zu verharren, das brennende Verlangen, nur noch dieses Bild sein zu wollen, ohne zu fragen, wem diese Knie gehören, dieses Verlangen scheint die Frau nicht hinnehmen zu können. Denn unvermittelt befreie ich mich, nicht wissend, wie es mir gelingt, erstaunt über meine klare Stimme, die sagt, ich muss jetzt mit dir reden, lass uns gehen. Er nimmt meine Hand und legt sie auf seinen Schwanz, ich merke, wie ich meinen Finger mit Spucke befeuchte, um damit über die Rillen zu fahren, spüre seine Lust, befeuchte und streichle, wieder und wieder, höre, wie ich wiederhole, ich möchte mit dir essen gehen, ohne den Finger von seiner Eichel zu lösen. Als Antwort legt er mich erneut übers Knie, dringt mit dem Zeigefinger in meinen After ein. Die Bewegung seines Fingers in dieser Öffnung überwältigt Sklavin und Frau zugleich, macht mich willenlos, bricht jeden Widerstand, zwingt mich dazu, mich dem Schmerz und der Lust hinzugeben, die stärker werden, weil nun auch sein Daumen zwischen meine Schamlippen wandert, er in beide Öffnungen zugleich stößt, mich zum Stöhnen bringt, fester stößt. Ich will nicht kommen, schreie nein, will erst erfahren, wem diese Finger gehören, die mir solche Lust bereiten, halte seine Hand fest, bettle, lass uns essen gehen, bettle, kann nicht sagen, ob ich mich hätte lösen können, wenn er mich nicht erhört hätte. Er nimmt meinen Kopf zwischen beide Hände, küsst mich und sagt, vorher will ich dir noch zeigen, wo du hingehörst, steh auf und bring mir aus der Tasche den Gürtel. Ich stehe auf, zögere, sehe den in der geöffneten Tasche obenauf liegenden Gürtel, offensichtlich eigens dafür vorbereitet, bleibe stehen, schaue. Die Sklavin will, sie will ihre Jahrzehnte unterdrückte Sehnsucht stillen, die Frau dagegen will nicht, sie stört sich an den Vorbereitungen, die er getroffen hat, ohne sie zu kennen. Wie von selbst reicht ihm die Sklavin den Gürtel und geht auf die Knie, damit er sie darüberlegen kann, wie schon zuvor. Die Sklavin schließt die Augen, um seine Schläge zu empfangen, sich ihnen ganz zu öffnen, jeden einzeln aufzunehmen, sich dem Schmerz und der Demütigung hinzugeben, unersättlich, als könnten es die letzten Schläge sein, die ihr das Leben gönnt, während die Frau ihn anweist aufzuhören, weil sie keine Spuren möchte von dem Gürtel eines unbekannten Mannes. Er nimmt mich in den Arm, sagt, für heute ist es genug, was nicht stimmt, die Sklavin hätte mehr gewollt, viel mehr, was die Frau ihr jedoch nicht zu verraten gestattet, während ich mich ankleide, wobei er mich unterbricht, sagt, warte, deine Brüste brauchen noch Schläge, woraufhin er mir die Hände auf dem Rücken verschränkt und festhält, um mit dem kurz gefassten Gürtel auf meine Brüste zu zielen, wenige Male, nur um mir zu zeigen, wie es sein könnte. Als ich angekleidet vor ihm stehe, sagt er, eine gute Sklavin bedankt sich bei ihrem Herrn, ich sehe ihn nur an, so lange, bis er die Antwort in meinen Augen liest, mir vorliest, was er erkennt, du kannst nicht danke sagen, weil du mich sonst als deinen Herrn anerkennst, ich nicke, ja, es ist noch zu früh, ich möchte erst den Mann kennenlernen.

Er nahm mich an der Hand, als wir in die Stadt gingen, wortlos. Völlig benommen ließ ich mich führen, ohne zu realisieren, wohin.

Erst im Restaurant kam ich so weit zu mir, um zu vermissen, dass er mir den Stuhl zurechtrückte. Ich nutzte den Moment der Besinnung, um ihn eingehend zu betrachten. Seine braunen Augen strahlten Wärme aus. Er hatte einen Bauchansatz und einen Bart. Beides hatte ich im Hotelzimmer nicht wahrgenommen. Er trug eine Jeans, mit T-Shirt und Jackett. Als ich mich umsah, bemerkte ich, dass er dem Ambiente entsprechend gekleidet war. Wir befanden uns in einem Bistro, in dem mein elegantes Kostüm eher deplatziert wirkte.

«Herr und Sklavin haben zueinandergefunden, jetzt müssen noch Frau und Mann herausfinden, ob sie zueinanderpassen.» Ich verwendete absichtlich das Wort Herr statt Gebieter, weil ich aus seiner Zuschrift wusste, dass er diese Formulierung bevorzugte.

«Wie kannst du das trennen?» Er sah mich an, überlegte.

Ich erzählte ihm von M., und mir gefiel, dass er aufmerksam zuhörte.

«Jetzt verstehe ich, was du meinst. Einmal habe ich Ähnliches erlebt. Sie war als Sklavin absolut klasse, aber als Frau hat sie mich genervt.»

«Bitte erzähl!»

«Sie wollte mich dauernd sehen, viel öfter, als es mir beruflich möglich war, rief ständig an, drängte, bis es mir zu viel wurde und ich die Beziehung beendete.»

«Du verfügst über viel Erfahrung, nicht wahr?»

Er nickte. «Angefangen hat es mit der Geschichte der O.»

Wie elektrisiert setzte ich mich auf, beugte mich vor, um ja kein Wort zu verpassen. Dieses Buch, das er ansprach, hatte ich seinerzeit verschlungen. Erst mit 40 Jahren war es mir in die Hände gekommen, durch Zufall. Meine erste Begegnung mit erotischer Literatur! In diesem Buch fand ich meine Phantasien wieder, der Text erregte mich unheimlich. Damals las ich es, ohne mir meiner Veranlagung bewusst zu werden, ich las es, weil es meinen Phantasien gute Nahrung lieferte, weil es mich so sehr faszinierte, dass ich es lesen musste, immer wieder, bis ich es fast auswendig konnte.

«Die Geschichte der O. hat mich tief berührt und erregt. Meine immer stärker werdende Sehnsucht, eine Frau zu unterwerfen, erschien mir unerklärlich, vor allem da ich auch noch in der Friedensbewegung aktiv mitwirkte und die Frauenbewegung befürwortete. Ein Zufall hat mir zu meiner ersten SM-Erfahrung verholfen. Meine Freundin pflegte stets zu spät zu kommen. Verärgert drohte ich ihr eines Tages an, ihr das nächste Mal den Po zu versohlen. Sie kam sogar noch später als sonst, und ich zog meinen Gürtel ab. Seitdem hatte ich nur noch SM-Beziehungen.»

In meinem Kopf überschlugen sich die Gedanken. Dazu unzählige Fragen. Welche sollte ich zuerst stellen?

«Wie lange haben sie gedauert, und woran sind sie gescheitert?»

«Mal zwei Jahre, mal vier, die letzte ein Jahr. Sie ist an unterschiedlichen Lebensvorstellungen gescheitert.»

«Genau das ist der Punkt, den ich meine, wenn ich davon spreche, dass auch Mann und Frau zueinanderpassen müssen.»

«Für mich bedeutet eine SM-Beziehung die höchste Form der Liebe.» Obwohl ich den Bezug zu meiner Aussage nicht erkennen konnte, fragte ich nicht weiter nach. Ein anderer Aspekt war nach der Erfahrung mit F. viel wichtiger: In der Geschichte ging die Gehorsamkeit und Unterwürfigkeit von O. so weit, dass sie auch anderen Männern gefügig war, wenn ihr Herr es verlangte.

«Was erwartest du von deiner Sklavin in Bezug auf andere Männer?»

«Der Herr sollte sich auf seine Sklavin konzentrieren und sie ausschließlich für sich behalten!»

Seine Antwort erleichterte mich, freute mich, war für mich Voraussetzung, das Gespräch weiterzuführen.

Während ich mit meinen Fragen auf Gemeinsamkeiten im Leben abgesehen von SM zielte, interessierten ihn in erster Linie meine Vorstellungen als Sklavin. Er schaffte es immer wieder, das Gespräch auf diesen Aspekt zu lenken.

«Hast du dir schon ein Strafbuch gekauft? Du wirst mir gehören, meinen Befehlen gehorchen und meine Anweisungen befolgen, auch wenn ich nicht bei dir bin.»

Diese wenigen, wohlgewählten Worte genügten, die Sklavin wieder in seinen Bann zu ziehen, obwohl die Frau noch so viel wissen wollte. Der Sklavin erschien es als höchstes Glück, durch ein Strafbuch auch über viele Kilometer hinweg mit ihrem Gebieter verbunden zu sein. Sorgsam würde sie es führen, jedes noch so kleine Vergehen, jeden Verstoß gegen seine Sitz- und Kleiderordnung, jede Missachtung eines Befehls mit Datum und Uhrzeit eintragen. Das alles in Erwartung der Strafe beim nächsten Wiedersehen.

«Rutsch auf dem Stuhl nach vorne und spreize die Beine!»

Ich befolgte seinen Befehl. Die Sklavin tat es mit großem Eifer und mit Ernsthaftigkeit, die Frau fühlte sich wie in einem Film. Sie spielte mit, ohne wirklich berührt zu sein.

«So hast du zu sitzen, damit dir immer bewusst ist, wem du gehörst. Du wirst dich stets bereithalten, nur für mich!» Er beugte sich vor und fragte: «Weißt du jetzt, wo du hingehörst?»

«Noch nicht», antwortete ich, worauf er meine Lippen mit den seinen verschloss, mich zärtlich küsste, mir gleichzeitig in die Brustwarzen kniff, mein schmerzerfülltes Stöhnen mit seinem Mund erstickte und stärker zog, bis ich mich ergab. Während ich mich in der sicheren Umgebung des Bistros für Minuten ganz dem Schmerz hingab, flüsterte ich: «Ich will, dass du mich fickst. Ich will dir gehören.»

Er lehnte sich zufrieden zurück. Dabei erfasste er nicht, dass nur die Sklavin gesprochen hatte und nicht die Frau. Anders als bei der Begegnung mit M. war ich sofort in der Lage, die Situation zu analysieren, sie für H. offenzulegen und meine Bedürfnisse deutlich zu artikulieren.

«Ich will erst den Mann näher kennenlernen. Ich will dir erst dann gehören, wenn wir uns auch als Mann und Frau gut verstehen. Mir ist es zu wenig, wenn wir nur das erotische Spiel miteinander vollziehen. Ich wünsche mir auch gedanklichen Austausch und gemeinsame Unternehmungen.»

H. signalisierte Verständnis und Zustimmung.

Ob er die Stärke der Sklavin spürte oder ob es sein eigenes Ausgehungertsein war, H. konnte nicht auf der Ebene Mann – Frau verweilen. «Lass uns gehen, du sollst erfahren, dass ich überall dein Herr sein werde!», raunte er.

«Ich kann nicht mehr lange bleiben! Ich möchte wegen meines Sohnes nicht so spät nach Hause kommen!»

«Gut, ich bringe dich zu deinem Auto!»

In einer Kaufhauspassage drückt er mich an die Wand, fasst mich an den Haaren, schaut mir in die Augen, küsst mich, schlägt mich auf die Wange, küsst mich, schlägt mich auf die andere, schlägt mehrmals, nicht fest, nicht so, dass es wirklich schmerzt. Entsetzt, ich bin zutiefst entsetzt, das ist tabu, ich lasse mich nicht ins Gesicht schlagen, doch ich bin unfähig, mich zu bewegen, Einhalt zu gebieten, registriere die Lust der Sklavin an dieser Erniedrigung, die stark ist wie keine andere zuvor, gerade weil sie ein Tabu berührt, registriere, wie sie ihn will, wie sie sich weitere Erniedrigungen wünscht, registriere, wie sich mein Becken bewegt, wie er den Reißverschluss meines Mantels öffnet, mir unter den Rock fasst, mir im Sichtschutz des Mantels die Strumpfhose runterzieht, um mit dem Finger zwischen die Schamlippen zu dringen, registriere, wie er zufrieden bemerkt, dass ich feucht geworden bin, immer erregter werde, vergesse, wo wir uns befinden. Die Welt besteht nur noch aus seinen Fingern zwischen meinen gespreizten Beinen und der erfahrenen Erniedrigung.

Auf der Heimfahrt gönnte ich der Sklavin die Lust der Erinnerung. Sie war glücklich. Zwar war sie nicht ganz satt geworden, der Hunger vieler Jahre ließ sich nicht an einem Abend stillen, aber sie hatte endlich wieder Nahrung bekommen und, was sie besonders glücklich machte, die Aussicht auf mehr. Sie spürte die Hoffnung der Frau, dass sie sich auch auf ihrer Ebene mit diesem Mann entwickeln könne.

H. und ich blickten auf eine analoge politische Vergangenheit zurück. Fasziniert von der 68er-Bewegung, war die Verbesserung der Welt ein Ziel, für das wir uns im Alter von 20 Jahren in verschiedenen Initiativen engagierten. Er hatte Volkswirtschaft studiert, führte heute ein Biofeinkostgeschäft und war noch immer politisch engagiert. Das schien mir eine Basis zu sein, auch wenn ich mein politisches Engagement vor acht Jahren beendet hatte.

Am nächsten Morgen wachte ich mit der Erinnerung an ihn auf, sie erregte mich und erzeugte den Wunsch, endlich angekommen zu sein.

Am Abend rief H. an, um mir ohne langes Vorgespräch zu befehlen: «Zieh dich nackt aus und begib dich in die einer Sklavin angemessene Position. Knie dich mit gespreizten Schenkeln auf den Boden, aufrecht, die Hände über den Kopf, Ellenbogen weit nach hinten, verharre so zehn Minuten, erwarte deinen Gebieter und verabschiede dich von deinem alten Leben.»

Ich sollte das Leben, das ich ohne Sklavin geführt hatte, hinter mir lassen. Ihr in meinem Alltag einen Platz geben, mit ihm als Herrn.

«Vielleicht ist es dafür noch zu früh, ich bin mit dir noch nicht verbunden.»

«Du wirst schon tun, was ich sage!» Er war sich sicher.

Nachdem er aufgelegt hatte, wollte die Sklavin sofort tun, was ihr aufgetragen war, doch die Frau ließ es nicht zu. Zu sehr störte sie, dass H., obwohl ich ausdrücklich darum gebeten hatte, ihn erst als Mann kennenlernen zu dürfen, es erneut auf der anderen Ebene versuchte.

Die Entscheidung, seinen Befehl nicht zu befolgen, kam wie von selbst. Ich brauchte dafür nicht nachzudenken, es schien mir einfach unpassend, aufgesetzt. Es wäre nicht authentisch, es wäre ein bloßes Spiel, und genau das wollte ich nicht. Ich wollte mehr, auch auf die Gefahr hin, dass ich mir die Sympathie von H. verscherzte. Es bedurfte keines Machtkampfes zwischen Sklavin und Frau, ich entschied aus dem starken Bedürfnis heraus, mir selbst treu zu bleiben.

Es wäre ein Leichtes gewesen, so zu tun, als ob, und die Sklavin wollte kein Risiko eingehen, doch auch in diesem Punkt hatte sie, ohne die direkte Gegenwart von H., gegen die Frau keine Chance. Daher lag es auf der Hand, dass ich ihm nach nur einem Tag mailte: «Die Sklavin will dich! Sie ist jetzt schon sehr heiß auf dich, nach den wenigen Berührungen! Sie spürt, dass du ein guter Gebieter bist (sie weiß es im Grunde schon seit unserem ersten Telefonat). Der Frau gefallen deine Stimme und deine Augen, doch sie weiß noch nicht genug von dir, sie möchte dich erst näher kennenlernen. Bevor ich anfangen kann, deine Anweisungen am Telefon zu befolgen, muss ich dich erst noch einmal sehen, mit dir sprechen und dich spüren. Noch bist du mir zu fremd, zu unvertraut, noch konnte nur ein Hauch von Vertrauen entstehen.»

Nachts sprang ich aus dem Bett, um nach seiner Antwort zu sehen. «Ich verstehe dich», schrieb er zurück. «Du sollst mich spüren, sodass du nie mehr darauf verzichten willst, und dann kannst du auch befolgen, was ich dir auftrage.»

Sein Verständnis nahm ihn für mich ein und nährte meine Hoffnung, obwohl er auch diesmal wieder überwiegend die Sklavin angesprochen hatte. Als er am folgenden Abend anrief, um sich mit mir für das übernächste Wochenende zu verabreden, sagte ich zu. Nicht ohne Gewissensbisse gegenüber Karl, denn ich würde wieder über Nacht weg sein.

Ich legte den Hörer auf. Wie sollte ich das meinem Sohn erklären? In diesem Moment kam Karl in die Küche.

«Gerade habe ich einem Seminar am übernächsten Wochenende zugestimmt. Der Referent ist erkrankt, und die Veranstalter haben händeringend eine Vertretung gesucht.» Die Worte sprangen wie von selbst über meine Lippen.

Mein Sohn nickte nur, er war auf dem Weg zum Training, hatte es eilig, versorgte sich nur schnell mit Sprudel und einem Brot und war auch schon wieder verschwunden.

Ich hatte gelogen. Zum ersten Mal in meinem Leben! Ich, die ich meine Kinder zur Wahrheit erzogen und mich ihr auch selbst verpflichtet hatte!

In der Nacht schreckte ich hoch, die Lüge weckte mich. Sie wollte nicht, dass ich mit ihr schlief, als gäbe es sie nicht. Sie wollte gerechtfertigt werden, sie wollte ihren Platz in meinem Leben. Für eine Lüge gibt es keine Rechtfertigung, sagte ein Teil in mir. Der andere Teil spürte, ich habe gelogen, weil mein Sohn nicht damit zurechtkommt, dass sich seine Mutter schon wieder mit einem Mann in einem Hotel trifft. So wie ich mich im Bett hin und her warf, dachte ich hin und her, bis ich entschied: Sie war richtig, die Lüge. Ich musste meinen Sohn schonen. Dieser Gedanke ließ mich einschlafen.

Endlich kam das Wochenende, und ich fuhr zu H. Aufgeregt und erregt zugleich stieg ich aus dem Zug.

Er küsste mich und griff mir sofort mit der Hand zwischen die Beine, nahm mich dann an der Hand und führte mich aus dem Bahnhof in ein Taxi, um zum Hotel zu fahren. Da ich vor allem ein Gespräch erwartete, erstaunte und enttäuschte diese Begrüßung mich sehr, ohne dass ich es aussprach. Ich wollte sehen, wie er sich weiter verhielt. Um ihn kennenzulernen. Darüber hinaus war die Sklavin heiß auf weitere Erfahrungen.

Im Zimmer setzte er sich aufs Bett.

Er weist mich an, mich zu entkleiden, mich vor ihn hinzuknien. Mit den Füßen spreizt er meine Schenkel, weit, nur schwer kann ich mich, wie verlangt, aufrecht halten, die Hände über dem Kopf, und genieße den Druck seiner Füße, weil sie mich so spreizen. Er beginnt mit den

Brustwarzen, den Brüsten, bearbeitet sie, bis ich stöhne, vor Schmerz und vor Lust, heißt mich den Gürtel holen, um mich zu schlagen, auf den Hintern, die Lenden, die Innenseite der Schenkel, auf die Schamlippen. Lust, Schmerz, sich ergeben wollen, nicht sich ergeben können. Ich sage, ich will mit dir sprechen. Er hält inne, heißt mich, sich vor ihm auf alle viere zu begeben, legt mir die Füße auf den Rücken, sagt, ich werde dich auch als Tisch benutzen, was die Sklavin, so erniedrigt, stark erregt, während er sagt, jetzt kannst du sprechen, was ich in der Position jedoch nicht kann. Er nimmt die kleine Klatsche, um mir 50 Schläge zu geben, damit ich mich verabschiede von meinem alten Leben, was nicht gelingt, weil ich kontrollieren muss, dass er keine Spuren hinterlässt. Die Frau will die Spuren nur von dem richtigen Mann, dem Mann, bei dem auch sie bleiben kann. Der Schmerz trifft die Brüste, die Schenkel, ihre Innenseiten, die Schamlippen, den After, den ich ihm, wie er befiehlt, präsentiere, indem ich die Pobacken auseinanderziehe. Der Schmerz bleibt an diesen Stellen, geht nicht nach innen, wo er hingehört, weil dort die Sehnsucht nach Unterwerfung auf ihn wartet. Er legt mich aufs Bett, spreizt mir mit der Klatsche die Beine, fährt damit meine Spalten nach, langsam, immer wieder, keine Furche auslassend, umkreist die Klitoris, befiehlt mir, ihm in die Augen zu sehen, was die Erregung freisetzt, weil unsere Blicke sich verbinden, ich mich öffne, für diesen kurzen Moment, seinen Schwanz will, darum bettle, da er mich hinhält, um dann in mich zu dringen. Er will hören, dass seine Stöße schmerzen, was sie tun, weil die Schläge noch immer brennen, und stößt fester zu, ohne meinen Blick loszulassen, verbietet mir zu kommen, verlangt, dass ich mich auf ihn konzentriere, was meine Erregung nur noch steigert, ich kann nicht verhindern, dass ich komme, weil ich mich zu sehr bemühe, nicht zu kommen. Er hält mir die Arme über dem Kopf zusammen, schlägt mich ins Gesicht, küsst mich, schlägt mich, wobei er noch heftiger zustößt. Ich spüre, wie Erniedrigung und Schmerz den Weg zur Unterwerfung suchen und nicht finden.

Mit den Schlägen kam der Widerstand. Das fehlende Knüpfen eines ersten noch so dünnen Fadens zwischen Mann und Frau entfernte mich von der Möglichkeit, mich ihm wirklich hinzugeben. Obwohl die Sklavin sich danach sehnte, sich zu ergeben, erreichten die Schmerzen mein Inneres nicht. Immer mehr wurde ich zur Zuschauerin des Geschehens und verfolgte es doch weiter, in der Hoffnung, dass sich auch über das körperliche Zusammensein hinaus Nähe entwickeln könnte.

Die Berührungen lösten in mir ein großes Bedürfnis nach gedanklichem Austausch aus, um nachzuholen, was eigentlich hätte vorausgehen müssen. Doch H. fehlte es an nichts. Er war müde und zufrieden.

In jener Nacht konnte ich nicht einschlafen. Die Enttäuschung schmerzte zu sehr. H. reichte die Entwicklung auf der erotischen Ebene, um Nähe zu erzeugen, dabei hatte ich gerade von ihm, der in seinem Brief von Tiefe, Vertrauen und Zärtlichkeit sprach, genau das Gegenteil erwartet. Ich fühlte mich leer. Leer und traurig. Ich wusste genau, was ich wollte, doch wie weit war ich in jenem Moment davon entfernt!

Ich hatte mich auf das erotische Spiel eingelassen, um den Hunger der Sklavin zu stillen, wenn auch in der Hoffnung, dass sich eine Beziehung zu H. entwickeln könnte. Inmitten meiner Traurigkeit stimmte mich zumindest eines zufrieden: Ich hatte die Kontrolle gewahrt, noch so viele Schläge hatten meinen Widerstand nicht brechen können. Ich hatte die Gewissheit gewonnen, dass die Frau stärker ist als die Sklavin. Ich hatte die Gewissheit gewonnen, dass sich mit der Existenz der Sklavin das Entscheidende in mir nicht verändert hatte: dass meine Hingabe an einen Mann nach wie vor nur aus der Quelle meiner Liebe zu ihm erfolgen kann.

Ich war mir meiner selbst wieder sicher geworden. Und ich hatte gehütet, was nur dem Mann, dem ich gehören möchte, dem Mann, für den ich mich bewusst entscheide, vorbehalten sein sollte: Spuren auf meinem Körper zu hinterlassen. Spuren, die ich tragen würde wie andere Frauen ihren Ehering.

Als H. am nächsten Morgen das erotische Spiel wiederaufnehmen wollte, konnte und wollte ich mich nicht mehr darauf einlassen. Trotzdem fragte er beim Frühstück, ob ich jetzt wisse, wo ich hingehöre. Ich erklärte ihm, dass dazu die Verbindung zwischen Mann und Frau unabdingbar sei. Er stimmte mir zu, aber gleichzeitig hatte ich den Eindruck, dass er es eilig hatte, zum Bahnhof zu kommen, um sich zu verabschieden.

«Vergiss nicht, dass du meine Sklavin bist!»

Seine Abschiedsworte lösten keine Freude in mir aus und schon gar nicht das Gefühl, ich sei angekommen. Von diesen Worten hatte ich geträumt, sie schienen mir die Erfüllung meiner Sehnsucht zu sein! Wie oft hatte ich mir ersehnt, sie genau so zu hören! Doch wie leer fühlten sie sich nun an, ohne vollen Klang, ohne jede Resonanz. Die geschlagenen Stellen, die noch zu spüren waren – wie sinnlos fühlten sie sich an, ohne jeden Bezug.

Tiefe Traurigkeit, Tränen, enttäuschte Hoffnung, plötzlich Hoffnungslosigkeit.

Jage ich ein Phantom?

Wild purzelten meine Gedanken durcheinander, während ich auf dem Bahnsteig stand und auf den Zug wartete. In mir tauchten Sätze, Gefühle, Bilder auf. Sie verdichteten sich. Ohne dass ich es wollte, liefen vor meinem inneren Auge Filmausschnitte ab, die meine Erinnerung zum Thema «Gebieter und Sklavin» abspulte, ungeordnet und doch auch irgendwie geordnet.

Ich sah mich beim Öffnen der Zuschriften und spürte die Erregung, die mich befiel, als ich den Text von H. las, und die so stark war, dass ich alle anderen Zuschriften zur Seite legte und ihn umgehend kontaktierte. Ich spürte die zunehmende Erregung, die seine Stimme auslöste, er wusste die Sklavin anzusprechen, von der ersten Sekunde an. Seine Worte hatten eine nie gekannte Anziehungskraft auf mich, sie machten mich heiß. Die Versuchung, ihm vor dem ersten Treffen blind gehorchen zu wollen, war so ungeheuer groß, dass ich ihr kaum widerstehen konnte.

Es war die Sklavin, die so stark auf ihn reagierte. Ihr waren sein Aussehen, seine Lebensumstände, seine Persönlichkeit unwichtig, für sie zählte nur, wie sehr er ihren Bedürfnissen entsprach. Bei der Frau forderte sein Verhalten den Verstand heraus. Dieser fragte: Ist er es, oder könnte es auch jeder andere dominant veranlagte Mann sein? Im Nachhinein betrachtet, hatte mit dieser Frage, der die Frau unbedingt nachgehen wollte, meine Suche begonnen. Wäre sie nicht so wichtig gewesen, hätte ich mich gleich mit H. treffen können.

Ich sah mich bei meinem ersten Treffen mit M. und durchlebte noch einmal meine unfassbaren Reaktionen auf seine Befehle. Auch bei ihm hatte die Sklavin gleichermaßen reagiert.

Ich sah die Männer, mit denen ich telefoniert hatte, und ich sah die Erregung, die sie befiel, nur weil sie mit einer masochistischen Frau sprachen. Jeder von ihnen wollte mich, ohne mich zu kennen, allein deshalb, weil sie meine Bedürftigkeit spürten. Auch jeder der Männer, die ich nach M. persönlich getroffen hatte, wäre gern mit mir zusammengekommen. Wie war es möglich, dass eine Frau von so unterschiedlichen Männern für passend befunden werden konnte?

Ich sah mich zum Computer stürzen und die Sklavin gierig die Worte aufsaugen, die an sie gerichtet waren. Ein Mann hatte in seiner Zuschrift nicht seine Telefonnummer, sondern nur seine E-Mail-Adresse angegeben. Mit ihm hatte sich ohne jegliches Telefonat ein kleiner Wortwechsel entwickelt. Die Sklavin ließ sich erregen, nur weil sie las: «Sie müssen alles von mir trinken, aber wissen müssen Sie es noch lange nicht … die persönliche Begegnung werde ich Ihnen gewähren, doch sie wird Ihnen nicht gefallen. Ich werde Sie sogleich zwingen, sich zu ergeben, Ihre Löckchen durcheinanderbringen und mir Ihren Mund gefügig machen.»

Die Frau dagegen fand diese an eine Fremde gerichteten Worte unmöglich und antwortete: «Da ich nach wie vor Interesse an einer persönlichen Begegnung habe, möchte ich Sie bitten, dass wir uns hierzu auf die Absprache des Ortes und des Zeitpunktes beschränken. Es gilt, die Distanz zu wahren, welche für zwei Menschen, die sich nicht kennen, angemessen ist.»

Normalerweise lässt bei einer Kontaktanzeige nur die persönliche Begegnung, lässt der Blick in die Augen des Gegenübers, lässt das Erleben des anderen in seiner Mimik, Sprache, Bewegung und Ausstrahlung spüren, ob Sympathie, Begehren und Verlangen nach mehr entstehen oder nicht.

Bei meiner Anzeige schienen andere Anziehungskräfte zu wirken und andere Gesetze zu gelten. Die Sklavin in mir reagierte auf Zeichen, die unabhängig von der Persönlichkeit des Mannes waren, sie reagierte allein auf den Gebieter. Die Sehnsucht nach Erfüllung von Bedürftigkeiten, die Sklavin und Gebieter, bedingt durch die komplementäre Veranlagung, einander gaben und miteinander ausleben konnten, war die treibende Kraft. Es gab bereits eine Basis jenseits des ersten miteinander gesprochenen Wortes. Und genau auf dieser Grundlage waren die Personen in gewisser Hinsicht beliebig, es zählte allein die Entsprechung der Vorlieben.

Ohne die Ansprüche der Frau wäre meine Suche schon längst erfolgreich gewesen.

Die Männer gingen offenbar anders mit ihren Ansprüchen um. Der Gebieter in ihnen reagierte so stark auf die Sklavin in mir, dass die Aussicht auf aufregenden, befriedigenden und geilen SM-Sex den in ihren Zuschriften geäußerten Wunsch des Mannes, in der Frau auch eine gleichberechtigte, ihnen entsprechende Partnerin für den Alltag zu finden, in den Hintergrund drängte. Vielleicht hatten sie aber auch nur ganz andere Ansprüche an eine Partnerschaft als ich. Vielleicht reichte ihnen der sexuelle Austausch als Grundlage, und der seelisch-geistige war für sie kein so großes Bedürfnis? Vielleicht war ihre Bereitschaft, die Ebene Mann – Frau passend zu biegen, auch wenn sie nicht passte, größer? Vielleicht reichte ihnen auch die vorrangige Entwicklung auf der SM-Ebene, weil ein Mann danach nur die Befriedigung, nicht jedoch das Gefühl der Leere verspürt?

Meine Bedürftigkeit und meine Erfahrung, wie schnell ein Gebieter sie entflammen konnte, wie sehr die Sklavin darauf lauerte, Nahrung zu bekommen, ließen mich das Verhalten der Männer verstehen. Dennoch widerstrebte der Frau der Gedanke, am Ende gar austauschbar und nur in Kauf genommen sein zu können oder neben der Sklavin an der Seite des Mannes keinen gleichberechtigten Raum zu haben.

Meine Bedürftigkeit und meine Einsamkeit ließen mich auch die Männer und Frauen verstehen, die sich in der Szene trafen, sich austauschten oder hofften, dort einen Partner zu finden. Mich hatte jedoch etwas davon abgehalten, zu dem SM-Stammtisch und den speziellen Partys in meiner Stadt zu gehen. Ich wollte meine Bedürftigkeit nicht im Untergrund ausleben, wollte kein heimliches Doppelleben, wollte nicht Teil einer Subkultur werden. In meinem Leben wollte ich finden!

Jetzt ließ mich die Erinnerung an den Moment, als ich einen Blick in einschlägige Magazine und Kontaktanzeigen geworfen hatte, in denen nur die Sexpraktiken im Vordergrund standen, aufbegehren und leise aufschreien: «Ich will nicht austauschbar sein, ich will kein Lustobjekt sein, sondern in meiner Individualität wahrgenommen werden. Ich will in der Vielzahl meiner Facetten gesehen werden. Will geliebt werden!»

Unruhe erfasste mich, Zweifel tauchten auf: Sind meine Ansprüche, meine Sehnsucht etwa nur ein Wunschtraum? Gibt es überhaupt einen dominanten Mann, der sich gleichermaßen für die Frau und für die Sklavin interessiert? Gibt es überhaupt einen Mann, der sowohl die Sklavin als auch die Frau in Wallung bringen kann? Oder jage ich etwa ein Phantom?

Meine Unruhe nahm zu, nahm mir fast den Atem. Mir wurde schwindlig, ich wollte schreien, laut schreien. Als könnte ich so meine Zuversicht festhalten, die mir entweichen wollte. Die sich entfernte, während meine Tränen flossen. Weil ich nicht schrie, meine Wünsche nicht herausschrie! Sondern mich beherrschte, mir bewusst machte, wo ich mich befand.

Ich zwang meine Gedanken, in den Bahnhof zurückzukehren. Mein Blick versuchte mich am Fahrplan festzuhalten, als könnte ich dort lesen, welche neue Frage die Zweifel in mir aufwarfen. Doch ich sah nur die Abfahrtszeiten. Worauf die Unruhe mich umtrieb, als wäre die Frage am Ende des Bahnsteigs, an der Bahnsteigkante, hinter dem Warteraum, neben dem Kiosk, auf den Treppenstufen versteckt.

«Darf ich mich neben Sie setzen? Ich würde mich gerne mit Ihnen unterhalten.»

Er sprach mich beim Einsteigen an, sah mir tief in die Augen. Groß, schlank, attraktiv und etwas jünger als ich, begann er mit mir zu flirten, noch bevor wir einen Platz gefunden hatten. Und er zeigte Interesse an mir, meiner Person und meinem Leben. Er fragte, wollte wissen, wollte mehr wissen, konnte nicht genug bekommen. So wirkte er wie Balsam für meine Seele. Der Mann hieß L. und war mit 19 Jahren aus Afrika nach Deutschland gekommen, um Medizin zu studieren. Zurzeit arbeitete er als Oberarzt in einer Uniklinik. L. hatte gerade seine Eltern besucht und war noch traurig über den Abschied von ihnen. Es war schön, ihm zuzuhören, wie er von seinem Heimatland sprach. Als er mich kurz vor dem Aussteigen küsste, erwiderte ich seinen Kuss, weil es passte, weil er mir gegeben hatte, was ich bei H. vermisste.

«Darf ich dich anrufen?», fragte L. noch schnell.

Ich gab ihm meine Telefonnummer.

Irritiert stieg ich aus. Ich hatte innerhalb von 24 Stunden zwei Männer geküsst, einen als Sklavin und den anderen als Frau. Diesem Mann im Zug war ich nicht zufällig begegnet, das spürte ich sofort. Indem er vor mich trat, nahm die Frage Gestalt an, die mich beim Warten auf dem Bahnsteig, in dem Bemühen, ihren Wortlaut zu entdecken, so in Bewegung gebracht hatte, dass sie ihn angezogen hatte. Die Frage lautete: Ist es nicht realistischer, die Hoffnung, endlich zu finden, aufzugeben, die Sklavin in das Reich der Phantasie zu verdammen und sich wieder einem nicht dominanten Mann zuzuwenden?

Der Mann aus dem Zug umwarb mich heftig. Er sandte mir einige verliebte SMS und rief mich noch am selben Abend an, da er mich unbedingt wiedersehen wollte. Er ließ nicht locker. Schließlich gab ich seinem Werben nach. Ich wollte es wissen. Wir verabredeten uns in der Stadt, in der Sieglinde wohnte, damit ich Karl sagen konnte, ich fahre zu ihr.

L. stand am Bahnsteig, mich mit Blumen, mit strahlenden Augen, mit glücklichem Lachen und mit zärtlichen Küssen zu empfangen.

«Was möchtest du?», fragte er, bereit, mich entsprechend meinen Wünschen zu begleiten.

«Mineralwasser, Kakao und Kuchen würden mir jetzt guttun!»

Er umtanzte mich leicht, um behutsam meine Hand zu ergreifen. «Ich kenne ein gemütliches kleines Café.» Ausgelassen ging er neben mir her, lachte, sprach, hörte zu und scherzte mit mir.

Als wir uns in dem im Barockstil eingerichteten Café gegenübersaßen, sagte er: «Du gefällst mir, du gefällst mir sogar sehr!»

Er ließ die Augen nicht mehr von mir, während wir uns angeregt unterhielten. Dabei schilderte er mir traurige und schöne Momente seiner Arbeit, und ich erzählte ihm von meiner Arbeit und meiner Familie. Er brachte die Frau zum Blühen, mit seinen bewundernden Blicken, seinen Komplimenten, seinen zärtlichen Gesten, seinem Bedürfnis, ihr näherzukommen.

«Hast du Lust zu tanzen? Es gibt ein Tanzcafé ganz hier in der Nähe», sagte er, als könne er meinen Wunsch in mir lesen. Meinen Wunsch nach Leichtigkeit und danach, die enttäuschten Hoffnungen abzuschütteln.

«Ja, sehr gerne! Ich tanze sehr gerne.»

Indem er mich mit seinen Bewegungen mitriss, konnte ich die schweren Überlegungen der vergangenen Wochen hinter mir lassen. Je länger wir tanzten, von der Musik ergriffen, die ich nicht nur hörte, sondern auch fühlte, weil sie in seinen Adern pulsierte. Je wilder wir tanzten, versunken in unsere Augen, in unsere Bewegungen, die miteinander sprachen, bis es nur noch ihn und mich gab!

Er erfasste diesen Augenblick, indem er mich minutenlang küsste und fragte: «Möchtest du über Nacht bleiben?»

Er nahm mich an die Hand, als ich nickte, stumm, um den Zauber nicht zu durchbrechen, mit dem er mich entführt hatte. Schnell fand er ein Hotel. Im Zimmer erhielt er den Zauber, indem er zu singen begann, mich berührte, mit mir tanzte, meinem Körper seinen Rhythmus übertrug. Und mein Körper gab sich willig seiner Führung hin und fügte sich seinen Bewegungen.

Tanzend küsst er mich, tanzend entkleidet er mich, tanzend entkleidet er sich, tanzend erreichen wir das Bett, auf das er mich legt. Zart streicht er mir mit der Hand über den Körper, die ich mit den Augen verfolge, erregt von dem Kontrast, erregt von dem Schwarz, das meine weiße Haut berührt, erregt von seinen Blicken in meine Augen, seinem Begehren, das seinen Schwanz wachsen lässt. Erregung, die zunimmt, als er mich zu lecken beginnt, an meinen Zehen, entlang meiner Knöcheln, entlang meiner Waden, über die Knie, auf die Innenseiten meiner Schenkel wechselt, sich meiner Scham nähert, die sich bereitmacht, ihn aufzunehmen, ihn jedoch nicht bekommt. Er will sie steigern, meine Erregung, leckt mir die Hüftknochen, den Bauchnabel, die Achseln, die Ohren. Küsst mich, um behutsam in mich einzudringen, mich zu ficken, bis ich komme. In seinen Arm nimmt er mich, um mit mir einzuschla-

fen, aus seinem Arm winde ich mich, als er eingeschlafen ist, als mit seinem Schlaf der Zauber weicht.

Neben seinem Arm lag nicht ich, als der Schlaf nicht zu mir kam, sondern die Sklavin. Mit ihrem Weinen, ihrer Bedürftigkeit, ihrem Schreien wälzte sie mich hin und her. Sie erinnerte mich an mein Versprechen, und sie gab keine Ruhe, bis sie spürte, dass ich es halten würde.

Am nächsten Morgen war ich sehr schweigsam. Enttäuscht bemerkte er meine Zurückhaltung. «Was ist mit dir?»

Ich konnte es ihm nicht erklären, weil in mir alles durcheinanderschwirrte.

Er sagte: «Ich mag dich. Du kannst mit mir sprechen, über alles!»

Da ich in es diesem Moment nicht konnte, antwortete ich: «Ich mag dich auch. Bitte lass uns später sprechen, jetzt möchte ich nach Hause fahren.»

Ich musste allein sein, um mich zu entwirren. L. brachte mich zum Bahnhof, und wir küssten uns zärtlich und lange, bis der Zug einfuhr.

Am Abend ließ L. mich wissen, dass er sich sehr in mich verliebt habe und mich wiedersehen wolle. Kaum hatte ich den Hörer aufgelegt, rief H. an, auch er wollte mich gerne noch einmal treffen. «Ich denke, wir können zueinanderfinden», sagte er.

Ich war völlig verwirrt. Sowohl die Sklavin als auch die Frau waren in Wallung gebracht worden, doch nicht, wie ich es mir erträumt hatte, von einem Mann, sondern von zweien. Beide Männer wollten mich, beide Männer bemühten sich, mich zu gewinnen. L. umwarb die Frau, H. umwarb die Sklavin. L. war ein guter Liebhaber und Gesprächspartner, H. war ein guter Gebieter, erfahren und auf der erotischen Ebene einfühlsam. Ich war bedürftig, als Frau und als Sklavin.

Plötzlich war sie da, die Versuchung. Es war die Versuchung, die

Bedürfnisse der Frau von L. und die Bedürfnisse der Sklavin von H. erfüllen zu lassen. Diese Aufteilung könnte nicht meine Lebensperspektive sein, darüber war ich mir sofort bewusst, doch für einige Wochen oder Monate schien mir die Vorstellung sehr reizvoll. Meine Hoffnung, den ersehnten Mann und Gebieter in einer Person zu finden, war geschrumpft, auf jeden Fall würde es nicht so schnell gehen, wie ich anfangs dachte. Würde ich vorübergehend mit beiden Männern leben, könnte der Hunger der Sklavin etwas gestillt werden, ohne dass die Frau leer ausging. Mit diesen Gedanken schlief ich ein, um in der nächtlichen Stunde der Wahrheit hochzuschrecken.

Ich sehe H., sehe ihn die Sklavin erobern, sie festbinden und schlagen. Ich spüre, wie jeder Schlag Gefühle in ihr hervorruft, spüre die Zuneigung, die zu wachsen beginnt. Die Sklavin wird sich ihm unterwerfen wollen, und sie wird ihm gehören.

Ich sehe L., seine ehrlichen Augen, sein Vertrauen, seine Zuneigung. Ich spüre, wie er die Frau erobert, mit jeder zärtlichen Berührung, mit jedem Gedankenaustausch. Die Frau wird ein Teil seines Lebens werden. Ich sehe, wie ich die Lider senke, weil ich ihm nicht in die Augen blicken kann. Augen, die mich anstrahlen, ohne die Sklavin erkennen zu können, die nicht ihm gehört, sondern einem anderen. Nicht ihm, der mir sein Herz schenkt. Ich erkenne, ich will nichts tun, was ihn verletzt, wenn er es erfährt.

Schließlich sehe ich mich, sehe mich von H. zu L. wechseln, sehe mich von L. zu H. wechseln. Ich spüre, wie die Gefühle der Sklavin die Sehnsucht nach Gedankenaustausch wecken. Einem Gedankenaustausch, den L. nicht befriedigen kann, weil ich ihn mir mit H. wünsche, meinem Gebieter. Ich spüre, wie die Gefühle der Frau die Sehnsucht nach Schlägen wecken, die H. nicht befriedigen kann, weil ich sie mir von L. wünsche, meinem Partner. Ich erkenne, es wird mich zerreißen, nicht in einem Monat, nicht in einer Woche. Es wird mich zerreißen, vom ersten Augenblick an! Ich will nicht wechseln, sondern ankommen, endlich ankommen! Bei einem Mann, dem ich alles geben kann und der mir alles gibt! Was nur erfolgen kann, wenn ich nicht bei einem Übergang verweile, deren es schon zu viele in meinem Leben gegeben hat.

Ich spüre, ich muss weitergehen, ich will weitergehen, will meine Ziele verfolgen. Und ich spüre, ich werde es tun, nicht in einer Woche, sondern morgen.

Ich wurde ruhig und fand Schlaf.

Am nächsten Morgen noch vor dem Aufstehen horchte ich in mich hinein. Zufrieden registrierte ich die Veränderung, sie erfüllte mich mit Zuversicht.

In mir hatte sich etwas Entscheidendes verändert. Mit der Gewissheit, dass die Frau die Macht über die Sklavin hat, die ich in der Begegnung mit H. gewonnen hatte, verlor die Sklavin ihre Bedrohlichkeit. Sie war stark und bedürftig, doch sie war nicht mehr unberechenbar, die Frau wusste sie zu beherrschen. Mehr noch, die Sklavin war mit der Frau eins geworden. Auch sie wollte sich nur noch einem Mann aus Liebe hingeben, auch sie wollte keine Schmerzen mehr, die nur im Rahmen eines Spiels erfolgten, auch sie wollte keine leeren Erfahrungen mehr.

Gleichzeitig spürte ich, dass auch die Frau mit der Sklavin eins geworden war, sie als Teil von sich empfand, dem sie ihren Platz geben konnte und wollte. Als Teil, der innerhalb, nicht außerhalb einer Beziehung sein Lebensrecht haben musste, mehr noch, den sie als Bereicherung empfand. Mein Masochismus beinhaltete die Chance, eine Beziehung in grenzenloser Tiefe zu erleben, und genau das wollte ich.

Ich fühlte, ich war nicht nur bedürftig, jetzt war ich auch bereit. Ich war bereit, mich einzulassen – auf einen Mann als Gebieter und Partner. Ich wollte keine Kompromisse mehr.

Jetzt endlich war ich innerlich gerüstet, meine Ziele zu verfolgen.

Beim Frühstück überlegte ich, wie es weitergehen könnte. Als Erstes rief ich L. an, um ihm die Wahrheit zu sagen und mich von ihm zu verabschieden. Er war traurig, doch er war auch dankbar für meine Offenheit.

Dann las ich einige der vielen Zuschriften auf meine Annonce in der *ZEIT*, auch noch einmal die von H. Ich spürte eine Diskrepanz zwischen seinem Verhalten und seinen formulierten Wünschen. Vielleicht war es ja notwendig, dass ich dem Mann den Weg in die Partnerschaft zeigte? Vielleicht brauchte ein dominanter Mann diese Hilfe, weil er zu sehr von seinen Bedürfnissen auf die erotische Ebene gezogen wurde?

Um mir darüber klarzuwerden, ob H. es sein könnte oder nicht, schrieb ich ihm: «Für mich reicht es nicht, eine Beziehung auf der SM-Ebene zu entwickeln, ich brauche auch Gespräche auf Augenhöhe, bekleidet. Ich suche einen Gebieter, der auch mein Partner sein kann und will. Du hast mich bei unserem letzten Treffen sehr irritiert. Ich weiß nicht, was du suchst, wir sollten darüber sprechen. Herzliche Grüße E.»

Bevor ich die Mail losschickte, las ich sie mir noch einmal genau durch. «Gespräche auf Augenhöhe» – diese Formulierung ließ mich innehalten! Diese Formulierung stammte nicht von mir, sondern stand im ersten Brief von M.!

M.! Er wollte von Anfang an mehr! Er suchte auch die Frau! Er wollte auch die Verknüpfung mit einer Partnerschaft.

Wie elektrisiert sprang ich auf. Ich sah ihn vor mir, seine Art, sich zu bewegen, hörte seine Stimme, fühlte seine Hände, zitterte und bebte. Dann überkam mich das Gefühl für ihn. Es überwältigte mich. Ohne zu fragen, ohne Erklärung. Ich spürte ihn, spürte seine Einsamkeit, wünschte mir, zaubern zu können. Sah den kleinen Jungen in ihm, mochte ihn an die Hand nehmen.

Fassungslos – wieder war ich fassungslos. Ich rannte durchs

Haus, wollte dem Gefühl entkommen. Mich diesem Gefühl nicht ergeben, wohl wissend, dass nichts bleiben würde, als ihm zu folgen. M. – alles fühlte sich nach ihm an. Ich sehnte mich, ich wollte sein werden. Ihm wollte ich mich unterwerfen, er sollte es sein, der meinen Körper mit Striemen zeichnet, für ihn, so glaubte ich fest, hatte ich mich bewahrt.

Da war auch wieder die Stimme, die zur Vorsicht riet. Sie störte mein Gefühl, und es wollte sie erst überhören. Aber die Stimme schwieg nicht, sondern sagte: «Erinnere dich, dir hat etwas Wesentliches gefehlt!»

So zwang ich mich zur Ruhe und versuchte meinen Verstand einzuschalten. Dies gelang mir, im Nachhinein betrachtet, nur sehr selektiv.

M. hatte meine Suche begleitet und meine Aufzeichnungen gelesen. Plötzlich gewann ich den Eindruck, als hätte ich sie nicht nur für mich geschrieben, sondern auch für ihn, getrieben von der Hoffnung, er könne verstehen. Weil er sie las, fühlte ich mich beschützt und getragen, denn ich war nicht allein. Ich hatte ihm meine Ängste anvertraut. Und er hatte sie nachvollzogen. «Deine Ängste müssen groß sein, da sie der hohen Hingabebereitschaft entsprechen. Du hast mehr Angst vor deiner Unterwürfigkeit als vor realen Schäden. Vielleicht hat auch deine Angst wie ein Sicherheitsriegel gewirkt und so verhindert, dass ich die Frau in dir entdecken konnte», schrieb er mir.

Er hatte Recht! Es hatte diesen Sicherheitsriegel gegeben. Er war der Schutz vor der Grenzen- und Tabulosigkeit meiner Phantasien, vor der unberechenbaren Eigendynamik der Sklavin. Da ich inzwischen die Bereitschaft spürte, mich voll und ganz einzulassen, überkam mich ein Gefühl für ihn, das ich vorher nicht hatte zulassen können. Ich brauchte den Riegel nicht mehr, jetzt konnte ich M. zu der Frau lassen.

Wieder wollte die Stimme Einwände erheben, doch ich missachtete sie. Meine Schlussfolgerung erschien mir sehr logisch. Durch meine Erfahrungen konnte ich M. nun anders begegnen, und so könnten Mann und Frau aufeinander zugehen. Mein Gefühl wollte diesen Weg finden und vorher keinen anderen betreten.

Nachdem ich mehrere Nächte und Tage gewartet hatte, ohne dass mein Gefühl an Stärke verlor, schrieb ich M. eine Werbemail.

«Lieber M.,

für mich wird immer deutlicher, dass die Ebene Mann – Frau die tragende ist. Ohne sie ist SM bloß im unmittelbaren Geschehen reizvoll (und selbst da nur sehr oberflächlich) und macht danach leer, wobei das Geschehen diese Leere nicht aufwiegt. Im Gegenteil, ich suche Nähe, und SM ist nur die Grundlage, diese Nähe zu intensivieren und ihr einen besonderen Akzent zu geben. Ohne Nähe kann und werde ich SM nicht praktizieren. Auch der Schmerz ist nicht entscheidend, entscheidend ist allein der psychische Aspekt dabei, die Hingabe an den Mann (nicht allein an den Gebieter). Die Frau ist immer stärker als die Sklavin, und die Sehnsucht nach einer innigen Verbindung ist letztendlich die treibende Kraft. Die Austauschbarkeit bei den Beziehungen, bei denen SM das Tragende ist, lehne ich ab, sie stößt mich ab und hat mir umso bewusster gemacht, was ich suche.

Bei dir spüre ich ganz tief verborgen, doch noch lebendig, eine ebensolche Sehnsucht. Vielleicht ist es das, was mich an dir mehr anzieht als alles andere, vielleicht täusche ich mich auch, und ich projiziere etwas in dich hinein. Das kannst nur du beurteilen. Auch kannst nur du entscheiden, ob du die Sehnsucht (falls es sie gibt) zulässt oder ob du sie lieber unterdrückst, aus Angst vor Enttäuschungen oder anderen Entwicklungen, zu denen es kommen kann, wenn du ihr nachgibst.

Ich bin mit meinem jetzigen Leben lediglich zufrieden, zum Glücklichsein brauche ich einen Partner, mit dem ich mein Leben teile, mit dem ich mich austausche. Ich weiß, wie glücklich allein der Gedanke an den anderen machen kann. Ich möchte wieder einen Mann lieben und feucht werden, wenn er den Raum betritt. Das, was ich suche, kann man nicht planen, und es ist ein Geschenk des Lebens, einen Menschen zu finden, mit dem sich dies entwickelt. Doch ich kann suchen, in der Hoffnung zu finden. Ich spüre deutlich, dass ich mir vorstellen könnte, den Mann M. zu entdecken und Gefühle zuzulassen, was ich im Sommer noch nicht konnte. Ich bin damals in erster Linie vor mir selbst davongelaufen. Ich konnte nicht anders, die Sklavin war zu stark, vieles weiß ich inzwischen über sie, und ich lerne, mit ihr zu leben. Ich hätte jetzt als Frau eine andere Voraussetzung, dich kennenzulernen, und du interessierst mich sehr, du bist ein guter Gebieter, und ich finde dich attraktiv. Ich würde mich dir gerne unterwerfen, doch nur ganzheitlich, in einer intensiven Beziehung, in der wir einander öffnen und uns einlassen, die Sehnsüchte und all das, was in unseren Tiefen wohnt, so allmählich einander zeigen, wie wir auf der SM-Ebene weitergehen.

Aus diesen Überlegungen heraus würde ich dich gerne zum Inder in meine Stadt einladen, mit Übernachtung bei mir im Haus (ich habe ein Gästezimmer). Dann sehen wir, ob Frau und Mann vielleicht jetzt etwas miteinander anfangen können.

Unsere kulturellen Interessen liegen wahrscheinlich nicht so weit auseinander. Jedenfalls gefallen mir die Bücher, die du liest, ich habe mir alle gekauft, die du mir genannt hast. Dass du Golf spielst, während ich wandere, erhöht den Reiz des Wiedersehens, weil du dich ja immer wieder auf lustschaffende Weise davon vergewissern könntest, dass ich dir gehöre. Unsere Stärken liegen mit Sicherheit in sehr unterschiedlichen Bereichen, das kann trennen oder bereichern, je nachdem, wie wir damit umgehen.

In gespannter Erwartung deiner Antwort E.»

M. antwortete umgehend. «Deine Zeilen lösen ein sehr angenehmes Gefühl in mir aus», schrieb er unter anderem.

Es entwickelte sich ein immer regerer Austausch per Mail, jeden Morgen sah er erwartungsvoll in seinen Briefkasten, jeden Abend stürzte ich zum Computer.

Kurz vor Weihnachten rief er an.

«Ich würde gerne deine Einladung zum Inder annehmen!»

Seine Stimme ließ sofort meine Hand zittern, ich atmete tief durch. «Das freut mich sehr! Wann hast du Zeit?»

«Weihnachten verbringe ich bei meiner Mutter. Ich könnte den Tag danach.»

Dann sind alle Kinder da, dachte ich, doch auf keinen Fall wollte ich das Treffen verschieben. «Gerne! Allerdings wären meine Kinder im Haus.»

«Das stört mich nicht, im Gegenteil, ich lerne sie gerne kennen.»

«M., ist dir klar, dass ich bei deinem Besuch keinen Sex möchte? Nicht nur wegen der Kinder, sondern vor allem, weil Mann und Frau sich ja jetzt näher kennenlernen sollen.»

«Ja, ich bringe den Rohrstock nicht mit.»

Aufgeregt, wie ich war, fiel mein Weihnachtsputz noch gründlicher aus als sonst. Während ich mit meiner Familie feierte, wanderten meine Gedanken immer wieder zu M. Wie würde das Wiedersehen verlaufen?

Am Abend des zweiten Weihnachtstages erzählte ich beiläufig: «Morgen besucht mich M., der Mann, mit dem ich im Sommer in Kurzurlaub war!»

«Wieso triffst du ihn wieder?», fragte Karl sofort.

«Wir sind rein freundschaftlich in Kontakt geblieben. Er kennt unsere Stadt noch nicht, deshalb habe ich ihn eingeladen.» Bewusst spielte ich die Bedeutung herunter, die M.s Besuch für mich hatte. Wir hatten oft Gäste, unser Haus stand für meine Freunde und die meiner Kinder immer offen.

«Legst du Wert darauf, dass wir bei irgendetwas dabei sind?», fragte Lucia.

«Wenn wir einmal gemeinsam Kaffee trinken könnten, wäre das vielleicht ganz schön. Aber nur, wenn ihr gerade nichts anderes vorhabt.»

«Okay», sagten meine Kinder einstimmig.

«Nach dem Kaffee werde ich M. die Stadt zeigen.» Obwohl niemand fragte, fügte ich hinzu: «Er übernachtet im Gästezimmer.»

Ich war sehr aufgeregt. Obwohl alles ordentlich war, räumte ich nochmal auf. Als es endlich klingelte, wollte ich ihn schon viel zu sehr!

«Willkommen, M.» Bei seinem Anblick begann mein Verstand zu lahmen.

«Guten Tag, E.»

Wie er meinen Namen betonte!

Ruhig trat er ein, machte die Haustür zu und gab mir mehrere feste Schläge auf den Hintern. Sofort kam mein Verstand vollständig zum Erliegen. M. hatte gegen unsere Abmachung verstoßen, trotzdem protestierte ich nicht.

«Hast du das Haus gut gefunden?», fragte ich ihn und führte ihn in die Küche. Umnebelt von der unerwarteten Begrüßung, bereitete ich mechanisch, von jahrzehntelanger Übung getragen, den Kaffee zu.

Während ich den Tisch deckte, sah M. sich prüfend um. Sein Blick streifte die Trockenblumensträuße auf dem Küchenschrank und die Aquarelle über der Eckbank. Ich hätte ihm gerne erzählt, dass sie von mir waren und was sie mir bedeuteten, aber er fragte nicht. Er blickte sich weiter um. Seine kritische Art berührte mich unangenehm. Statt ihm sein Verhalten mit einer humorvollen Bemerkung bewusst zu machen, wartete ich wie ein kleines Schulmädchen, bis mich sein wohlwollendes Nicken erleichterte. Mein Haus hatte bestanden.

Meine Kinder, die in Karls Zimmer bei einem Gesellschaftsspiel zusammensaßen, hatten wohl schon auf mein Rufen gewartet, jedenfalls überwanden sie in Sekundenschnelle die Treppe. Offensichtlich hatte ich sie nicht mit meiner zur Schau gestellten Gelassenheit überzeugen können. Da ich als Mutter eher daran gewöhnt war, mehrfach zu rufen, verrieten mir die umgehenden Reaktionen der drei ihre gespannte Neugierde. Ebenso die, statistisch gesehen, offensichtlich nicht zufällige Anwesenheit aller Kinder. Unser Zusammensein verlief reibungslos, doch es war nicht locker. Das Gespräch ergab sich nicht von selbst, M.s Fragen hatten etwas Prüfendes. Höflich beantworteten Karl und die Mädchen seine Fragen zu Schule oder Studium und Zukunftsvorstellungen. Sie mussten sich im Umgang mit M. anstrengen, und sie taten es, weil sie spürten, dass es mir wichtig war. Obwohl die Gesprächsatmosphäre bei mir eine gewisse Anspannung erzeugte, war ich froh, dass die erste Begegnung nach außen hin gut verlief.

Bei M. hinterließen die drei einen angenehmen Eindruck. «Du hast deine Kinder gut erzogen, wobei man sehen müsste, wie es ist, wenn wir öfter zusammen wären», sagte er, nachdem sie wieder nach oben gegangen waren.

Etwas störte mich an dieser Bemerkung. Doch da er mich bei seinen Worten strahlend umarmte, um mir dann zwischen die Beine zu greifen, konnte ich nicht weiter nachdenken.

Ich zeigte ihm mein Haus, und ich zeigte ihm meine Stadt. So viel wollte ich ihm von mir erzählen, von meiner Kindheit, von meinen Träumen ... Doch weil er mir an jeder Sehenswürdigkeit einen Kuss schenkte und ich süchtig war nach diesen Küssen, beantwortete ich nur seine Fragen zu den historischen Gebäuden.

«Du hast, wie ich an deinem Haus gesehen habe, einen hohen Organisationsgrad. Das ist für mich eine wichtige Voraussetzung bei einer Frau!», sagte er mir beim Inder. Wir saßen bei gedämpftem Licht in dem kleinen Lokal und genossen den aufmerksamen Service des Kellners.

Wir sprachen nicht über unser Innenleben, sondern über die Zukunft. M. klopfte die äußeren Bedingungen und Möglichkeiten ab, diese zusammenzufügen.

«Ich bin gerade dabei, mich zu verändern.» Er sah mich an. «Ich habe eine kleine Villa mit großem Garten gekauft, wenn wir zusammenkämen, würde ich erwarten, dass du sie mit mir bewohnst.»

Berauscht von seiner Gegenwart, dem festen Griff seiner Hand um meinen Unterarm und vor allem von seiner dominanten Ausstrahlung, konnte ich mir vorstellen, mein Leben hier sofort aufzugeben und in seine Stadt zu ziehen. Die Frau ließ dabei völlig außer Acht, dass sie in der Jugend mit ihrer überstürzten Heirat eine sehr negative Erfahrung gemacht hatte. Nur die Mutter in mir hatte noch Verstand genug, zu bemerken: «Das ist eine denkbare Variante, doch erst nachdem mein Sohn seine Abiturprüfung hinter sich hat.»

Unzufrieden zog er eine Augenbraue hoch. «Es gibt gute Internate. Ich würde ihm eine Eliteschule ermöglichen!»

Meinem Mutterherz missfiel, dass er nicht mit einem Gedanken in Erwägung zog, meinen Sohn erst mal zu fragen. «Karl ist in seinem sozialen Umfeld tief verwurzelt, ich kann mir nicht vorstellen, dass er in ein Internat möchte, auch wenn es noch so gut ist.»

«Wir werden sehen!» M. schob die Entscheidung in die Ferne. «Wenn du mich über Silvester besuchst, zeige ich dir die Villa. Das Parkett ist zum Glück noch nicht gelegt, so können wir es gemeinsam passend zu deinen hohen Schuhen aussuchen. Damit deine schönen Beine besser zur Geltung kommen, wenn ich dich an die Balken binde.»

Seine Bemerkung verhinderte, dass ich auf eine verbindliche Zeitplanung bestand. Ich nickte zustimmend. Dabei versäumte ich wieder, ihm von meinem Leben zu erzählen. Er wusste nichts von meinen Freunden, nicht, wie viel ich arbeitete, nicht, was mir wichtig war.

«Auf unsere Zukunft!»

M. stieß mit mir an und küsste mich. So sprach ich nicht über meine Besonderheit der Wahrnehmung: Es geschah öfter, dass mich etwas so faszinierte, dass ich davon voll und ganz eingenommen wurde, das konnte ein Gegenstand sein, ein Lichtspiel oder eine besondere Ausstrahlung. Ich nahm dann nicht wahr, wenn jemand mich ansprach. In meiner Ehe hatte sich das als Problem erwiesen, meinem Exmann fehlte das Verständnis, und er dachte, ich höre absichtlich nicht zu. Mein verstorbener Lebenspartner dagegen fand, diese Eigenheit zeuge von meiner tiefen Empfindungsfähigkeit, und freute sich darüber. Obwohl ich es mir nach dieser Erfahrung selbst schuldig war herauszufinden, ob M. in der Lage war, damit umzugehen, ließ ich mich weiter küssen und lauschte entzückt seinen Worten.

«Du wirst mich auf meinen Reisen begleiten!»

Ich war glücklich, diesen einen Abend lang, weil er mich wollte, weil er mit mir eine gemeinsame Zukunft anstrebte. Berauscht gab ich mich später im Wohnzimmer seinen Berührungen hin. Obwohl unsere Begegnung auf der Ebene von Gesprächen hätte stattfinden sollen! Obwohl die Kinder in ihren Zimmern schliefen!

Unvermittelt schlägt er mich auf den Hintern, befiehlt mir, die Beine zu spreizen, damit meine Schamlippen für seine Schläge zugänglich sind, die ich ersehne, erwarte, empfange, die, weil ich bereit bin, tiefer gehen, nach innen, die, weil ich Gefühle für ihn habe, meine Seele berühren, welche sich ihnen öffnet, sie aufnimmt, mich verändert, mich noch tiefer für ihn empfinden lässt. Er presst und zieht meine Brustwarzen, erstickt mein Schmerz- und Luststöhnen mit seinen Lippen, die heftig an den meinen saugen, mich restlos schmelzen lassen. Seinem Griff, ohne mich zu entkleiden, in meine Schamlippen, um ihnen Schmerzen zuzufügen, kann ich mich nur noch hingeben, mich an ihm festhaltend, weil sich das Sofa bewegt, komme ich, nicht wegen der Schmerzen, sondern aus der Lust, die entsteht, ihm gehorsam zu sein, aus dem Bedürfnis heraus, ihm zu gehören. Ergeben flüstert die Sklavin die drei Worte, ohne dass ich es will, sie formen sich in meinem Mund, der sie ohne jede Kontrolle ausspricht, für ihn und mich hörbar.

«Verlier dich nicht, sonst wird es schwierig für mich!», sagte M.

Seine Worte brachten mich wieder zur Besinnung. Ich löste mich aus seinen Armen. «Komm, lass uns schlafen gehen!»

Wir umarmten uns und wünschten einander eine gute Nacht. Dann ging jeder in sein Zimmer. Sobald ich allein war, haderte ich mit mir.

Ich hatte auf der Couch einen Schritt übersprungen. M. hatte sich nicht an unsere Abmachung gehalten. Das gefiel mir nicht, aber noch weniger gefiel mir, dass ich es zugelassen hatte. Ich war entsetzt darüber, wie ich mit ihm über die Zukunft gesprochen hatte. Das war nicht die Frau gewesen, es war die Sklavin, die sich vorstellen konnte, das Leben hier aufzugeben. Ich hatte die Bereiche vermischt! Und ich hatte eine notwendige Grenze nicht gezogen: Die Frau hätte der Sklavin nicht erlauben dürfen, sich hinzugeben! Nicht bevor M. mehr von mir wusste und ich das Gefühl hatte, verstanden und angenommen zu werden.

Ich konnte nicht schlafen. Ich haderte auch wegen der drei Worte, mit denen ich in meinem Leben bisher so sparsam umgangen war, die erst zwei Männer von mir gehört hatten. Dass es so war, auch wenn ich es nicht zu begreifen vermochte, darüber konnte ich mir nichts mehr vormachen, ich konnte es nur hinnehmen, doch sie auszusprechen war zu früh gewesen.

Mir wurde klar, dass ich vollkommen unterschätzt hatte, wie Schmerzen verbunden mit Gefühlen auf die Sklavin wirkten.

Am Morgen stand ich früh auf, um Brötchen zu holen. Die Kälte machte meinen Verstand klar. Ich weckte M. mit dem Vorsatz, ihn nicht zu berühren, um meinen Verstand funktionsfähig zu halten.

Meinen Weckgruß erwidert er mit einem Griff zwischen meine Beine und dem wortlosen Befehl, ihn zu streicheln und zu lecken. Ich kann nur gehorchen, lecke, lecke seine Achseln, so wie er es mag, lecke seine Brustwarzen, so wie er es mag, den Vorsatz gibt es nicht mehr, ihm Lust zu machen, ihm zu dienen, nichts anderes möchte ich mehr. Meine Hände streicheln über seinen Körper, meine Zunge folgt ihnen, bis zu seinem Schwanz, den ich in meinen Mund aufnehme. Er zieht mir die Strumpfhose aus, setzt mich auf sich, um in mich einzudringen, in meine Scheide, die noch nicht feucht ist, weil meine Mitte noch weiß von den nächtlichen Gedanken, die schmerzt, als er eindringt, die mit dem so Genommenwerden doch nicht widerstehen kann, die weich und bereit wird. Ich bewege mich, langsam, so wie er es mag, lecke dabei seine Achseln, zerfließe in dem Wunsch, jeden Morgen neben ihm aufwachen zu dürfen, bereit, ihm Lust zu verschaffen, wenn ihm danach ist, komme in diesem Gedanken, bewege mich weiter und empfinde Befriedigung, als er seinen Samen in mich spritzt.

Die Berührung hatte alle Vorsätze in Luft aufgelöst, beim Frühstück verspürte ich nur das Bedürfnis, seine Hand zu halten, wobei ich seine Zurückhaltung bemerkte. Sie verunsicherte mich, sie passte nicht zu dem, was im Bett geschehen war, doch die Berührung hielt mich noch immer gefangen. Er war es, der beim anschließenden Spaziergang ein Gespräch begann. Er hatte sich noch weiter mit unserer Zukunft beschäftigt und Bedenken entwickelt, ob seine Mutter mich akzeptieren werde.

«Meine Mutter hat an jeder Frau etwas auszusetzen. Meine letzte Freundin war ihr zu jung. Bei dir stört sie, dass du drei Kinder hast und schon fünfzig bist. Sie hat mir abgeraten.»

«Ohne mich zu kennen?»

«Sie möchte dich vorerst gar nicht kennenlernen.»

«Was habt ihr denn für ein Verhältnis?»

«Ein sehr gutes. Ich war immer ihr Lieblingskind. Und nachdem Vater gestorben war, hat sie alle wichtigen Entscheidungen mit mir besprochen.»

«Lässt du dich denn von ihr beeinflussen, was deine Beziehungen betrifft?»

«Das nicht, doch ich muss ihr Zeit lassen!»

M. erzählte von seiner Mutter. Ich freute mich, dass er von sich sprach, und hatte Verständnis. Außerdem schätzte ich seine Ehrlichkeit und das Vertrauen, das er mir schenkte. Als er nach dem Spaziergang abreiste, empfand ich sehr tief für ihn.

Seine Worte hatten mir Angst, Mut und Hoffnung zugleich gemacht. Angst, er könne dem Rat seiner Mutter folgen, Mut, auch meine Bedenken und Ängste auszusprechen, Hoffnung, dass er ebenfalls meine Worte verstehen könnte. Ich sollte ihn bereits in zwei Tagen wiedersehen. Er hatte mich über Silvester eingeladen. Meine Kinder sollten den Jahreswechsel mit ihrem Vater feiern.

Schon im Zug war ich wieder sehr aufgeregt. Ich freute mich, aber ich war auch angespannt. M. hatte bisher noch keine Frage über mich gestellt. Ich wollte ein wenig mehr Wertschätzung und Sicherheit verspüren. Ich brauchte es, weil ich erfahren hatte, was die von ihm verursachten Schmerzen in mir auslösten. Ich brauchte es, weil seine Schläge nicht mehr an der Oberfläche meiner Haut blieben. Ich hatte ihn in meine Seele gelassen, jeder Schlag hinterließ dort eine Spur.

Er umarmte und küsste mich, als er mich abholte. «Schön, dass du da bist!»

Arm in Arm schlenderten wir durch seine Stadt. Da er wieder anfangen wollte, mir historische Gebäude zu zeigen, sagte ich, um das Gespräch auf uns zu bringen: «Weißt du eigentlich, wie sehr deine Ausstrahlung auf die Sklavin in mir wirkt? So sehr, dass sie die Frau zurückdrängt ...»

Er unterbrach mich: «Sprich nicht mehr von der Sklavin und der Frau, sonst habe ich das Gefühl, wir seien zu dritt!»

Seine Bitte, die einem Befehl sehr nahekam, nahm mir den Atem. Ich nickte, dachte erst, Sklavin und Frau sind ja eins miteinander und die Unterscheidung ist überflüssig geworden, sie war nur für meine Erkenntnisgewinnung notwendig. Doch dann verspürte ich einen Stich in meinem Herzen.

Er hat meine Aufzeichnungen nicht verstanden, durchzuckte es mich. Nicht erfasst, wie wichtig die Unterscheidung für mich ist.

Ich wollte es ihm sagen, weil sie plötzlich wieder wichtig wurde, in diesem Moment, zwar nicht mehr für mich, doch für ihn und mich. Weil zwischen Mann und Frau noch eine Annäherung fehlte, die ich brauchte, um ihm meinen Körper zu geben. Weil diese Hingabe an ihn aus dem Herzen kam und aufgefangen werden musste, von seinem Herzen, das ich noch nicht genug spüren konnte. Ich wollte den Mund öffnen, doch wir standen schon an der Kasse, um Karten für den Silvesterabend zu kaufen.

M. erkundigte sich nach den verschiedenen Möglichkeiten, fragte: «Möchtest du lieber in die Oper oder in ein Konzert?», entschied und bezahlte. Ein normaler Vorgang, wahrscheinlich für jede andere Frau.

Das Ausmaß der Dominanz, die er in diesem Moment durch seine Art, zu sprechen, sich zu bewegen, ausstrahlte, ließ mich reflexartig reagieren. Mir wurde schwindelig, ich musste mich festhalten, ich konnte nicht mehr denken, sah nicht mehr, hörte nicht mehr, fühlte nur noch, fühlte die Atmosphäre von Macht, in der einer Masochistin nur die Unterordnung bleibt. Die anderen Menschen, die eben noch um uns herum waren, kamen abhanden, ebenso wie der Raum, es gab nur noch seine Ausstrahlung.

Ich hielt mich an ihm fest. Unfähig, ihm meinen Zustand zu erklären, flüsterte ich nur: «Mir ist schwindelig!»

«Hast du Hunger?» Ohne meine Antwort abzuwarten, führte er mich leicht besorgt in ein Restaurant.

Kaum hatten wir den Raum betreten, füllte auch er sich mit M.s Dominanz. Ein ganzes Restaurant voll Dominanz! Ohne Tische, ohne Stühle, die doch eigentlich da sein sollten. Anstelle seiner Dominanz, die mich schmelzen ließ. Seiner Dominanz, der ich mich nicht entziehen konnte. Die mir den Verstand raubte. Mich ganz auf sie ausrichtete. Ich musste dieser Dominanz folgen, wie das Meer der Fliehkraft des Mondes folgen muss. Ich hörte, wie er sagte: «Ich mag selbständige Sklavinnen», merkte, dass ich etwas hätte tun sollen. Doch ich hatte nicht gehört, was, weil ich nicht hören konnte. Ich war zu sehr mit Fühlen beschäftigt und damit, das Gleichgewicht zu halten, um nicht zu fallen in diesem starken Sog.

Erst nach dem Essen kam ich wieder zu Bewusstsein. Ich bat ihn um einen Abendspaziergang. «Würdest du mit mir noch einige Schritte gehen? Um miteinander zu reden, ich habe noch so viel zu sagen!»

«Wir haben uns doch beim Essen gut unterhalten!»

«Ja schon, doch nicht über uns.» Nur nebulös erinnerte ich mich an eine Diskussion über Immigration, die wir geführt hatten.

Während ich überlegte, was ich zuerst ansprechen sollte, lenkte M. unsere Schritte vor einen Sexshop.

«So ein Korsett aus schwarzem Leder würde dir bestimmt gut stehen!» Seine linke Hand wollte zwischen meine Beine gleiten.

«Bitte lass uns erst reden!» Ich hielt seine Hand fest, hinderte sie, ihren Weg fortzusetzen. Ich schwieg, weil er mit Unverständnis reagierte und mir seinen Arm beim Weitergehen entzog.

Der Wunsch zu sprechen wurde immer drängender, ich musste ihm unbedingt von meiner Wahrnehmung erzählen. Wie sollte er mein Verhalten wie vorhin im Restaurant sonst begreifen können, wie sollte er mich achten? Ich war es mir schuldig, bei mir selbst zu bleiben.

In seiner Wohnung schenkte er uns Rotwein ein und setzte sich in einen Sessel. Ich suchte seine Nähe und kauerte mich an ihn. Die Frau sehnte sich nach Zärtlichkeiten und wollte sie ihm geben. Ich streichelte seine Hand und bedeutete ihm, ich habe dich abgewiesen, vor dem Sexshop, weil ich so stark für dich empfinde und auf mich aufpassen muss. Ganz zärtlich streichelte ich ihm über die Arme, behutsam, ihn Neues zu lehren. Doch er entzog sich mir.

Er strahlt Kälte aus, als er mich zwischen seine Knie setzt, um mir in die Brustwarzen zu kneifen, so fest, dass ich aufstöhne, dann hebt er meinen Kopf, seinen Kuss zu empfangen, fordernd, saugt an meinen Lippen, zieht meine Zunge in seinen Mund, immer fordernder, ich kann ihn nur empfangen, während er mir zwischen die Beine greift, mir befiehlt, sie zu spreizen, was ich befolge, spüre, wie die Sehnsucht zunimmt, er solle mich schlagen, mehr noch, mich fesseln, mich peitschen, jetzt, hier, mich endlich zum Weinen bringen, mich unterwerfen. Es ist zu früh, schreit es in mir, ich wehre mich, sage nein, seine Hand zieht an meinen Schamlippen, kneift sie fest, befiehlt mir zu kommen, ich wehre mich. Reden, ich muss erst reden, ich bin es mir schuldig. Verlier dich nicht, sonst wird es schwierig für mich, seine Worte, auf meinem Sofa ausgesprochen, als mir die drei Worte entschlüpften, hallen mir in den Ohren, er verstärkt den Griff in meine Schamlippen, ich will mich ihm ergeben, doch ich bin es auch ihm schuldig, mich nicht zu verlieren, um mich ihm hingeben zu können. Er braucht, dass ich mich füge, jetzt, braucht es, um sich auf mich einlassen zu können, auch das spüre ich, erfasse, er hat nicht verstanden, dass ich nicht anknüpfen kann an unseren Kurzurlaub, weil es jetzt etwas anderes ist. Will es doch tun, für ihn, um uns zu retten, darf es nicht, empfinde die Tragik der Situation. Wehre mich, mir wünschend, er würde meinen Widerstand nicht beachten, würde ihn brechen, wehre mich stärker.

Von einer Sekunde auf die andere war alles anders. Er ließ mich los, setzte sich zurück und schwieg. Lehnte jedes Wort ab. Er fühlte sich zurückgewiesen, seine Verletzung war so stark, dass sie mich schmerzte, wie mich schon lange nichts mehr geschmerzt hatte.

Hilflos musste ich zusehen, wie er sich in eine Höhle zurückzog, die längst perfekt eingerichtet war.

Ich setzte mich neben ihn und versuchte mit ihm zu reden, doch er wollte nichts hören, zog sich noch weiter zurück. Ich war vollkommen ohnmächtig. «Morgen wirst du abreisen» war alles, was er noch sagte. Dann gingen wir zu Bett. Wortlos lagen wir nebeneinander.

Selbst am nächsten Morgen war er zu keinem Gespräch bereit. «Ich möchte keine Erklärungen hören. Schon zu oft habe ich eine solche Zurückweisung erfahren, von anderen Frauen, vor dir.»

Im Zug flossen die Tränen, und ich überschüttete mich mit Selbstvorwürfen. Warum hatte ich mich ihm nicht einfach hingegeben? Ich wollte ihn doch, liebte ihn. Ich sah ihn immer wieder vor mir, wie er sich zurückzog, verletzt, wie er sich verschanzte und unerreichbar wurde. Ihn so zu sehen zerriss mir das Herz. Ich wünschte mir die Situation zurück, wollte sie anders verlaufen lassen. Dabei stieß ich auch im Nachhinein wieder auf den gleichen Widerstand. Ich weinte und weinte, weil ich M. verloren hatte.

Die Sehnsucht hörte nicht auf, jeden Abend musste ich meine ganze Kraft darauf verwenden, nicht bei ihm anzurufen und mir seine Stimme auf dem Anrufbeantworter anzuhören. Jeden Abend weinte ich in meine Kissen. Heimlich, damit niemand es merkte. Doch ich dachte auch nach. Bis ich meinen Widerstand nicht nur nachvollziehen, sondern auch gutheißen konnte.

Bei M. bestand ständig die Gefahr, dass er die Bereiche Mann – Frau und Sklavin – Gebieter nicht trennte. Seine Worte im Restaurant, «Ich mag selbständige Sklavinnen», machten mir das überdeutlich. Er konnte die Frau nicht entdecken, weil er immer wieder die Sklavin suchte und ansprach. An seiner Seite konnte sich die Frau nicht entfalten, weil die Sklavin, von seinem Verhalten genährt, übermächtig wurde. Während die Frau keine Nahrung bekam und an Kraft verlor. Zudem war seine dominante Ausstrahlung zeitweilig so ausgeprägt, dass ich die Sklavin nicht mehr in ihre Grenzen weisen konnte, wie nach dem Kartenkauf im Restaurant. An seiner Seite konnte ich das Gleichgewicht zwischen Frau und Sklavin nicht bewahren.

Auf meine Anzeige in der *ZEIT* hatte ich auch Zuschriften von masochistisch veranlagten Frauen erhalten, die einen Austausch suchten. Jetzt musste ich an die Schilderung einer Frau denken, deren Sklavin so viel Raum in ihr hatte, dass sie sich wochenlang in eine Wohnung einsperren ließ, weil ihr Partner sie ständig verfügbar wollte. So weit würde die Frau in mir es nie kommen lassen, davor hatte ich auch bei M. keine Angst. Doch vor kleinen Demütigungen konnte die Frau bei ihm nicht sicher sein. Ich wollte jedoch nur als Sklavin gedemütigt, als Frau dagegen geachtet werden. Ich wollte nicht «für meine Folgsamkeit belohnt», sondern unabhängig vom erotischen Spiel geschätzt werden. Für mich war eine bewusste Trennung des Umgangs miteinander im erotischen Spiel und außerhalb davon unabdingbar.

M. wollte nach meiner Verweigerung keine Erklärungen. Er wollte nicht nachvollziehen, warum ich mich ihm in diesem Moment nicht hingeben konnte. Ihm gab nur die Unterwerfung der

Sklavin die nötige Sicherheit in einer Partnerschaft. Der Frau und ihren Beweggründen wollte er sich nicht stellen. Er konnte auch nicht über seine Wunden der Vergangenheit sprechen, sich nicht öffnen. Ich war wieder auf den Punkt gestoßen, den mein Instinkt bereits in unserem Kurzurlaub wahrgenommen hatte. M. konnte nicht verstehen.

Ich erkannte: Die Grundlage ist Verständigung! Nicht als Wunsch oder als Anstrengung. Nicht als Hausaufgabe, die zu erledigen oder nachzuarbeiten ist. Schon gar nicht als einseitige Führung, sondern als Erleben, das sich aus dem gegenseitigen Bedürfnis nach Austausch ergibt. Verstehen und verstanden werden, annehmen und angenommen werden sind die Bausteine für den Keller einer Beziehung, in der das erotische Spiel erfolgen und die Liebe wachsen kann.

Ich wollte Schmerzen, wollte leiden, um mein Glück zu vertiefen, nicht um unglücklich zu werden. Erfüllung konnte ich nur erlangen, wenn ich liebte und wenn ich mich in Liebe aufgehoben und aufgefangen fühlte. Mein Widerstand bei M. wurde aus seinem Inneren genährt. Meine Sehnsucht nach Erfüllung verstellte mir den Weg zu ihm, weil ich sie mit ihm nicht erlangen konnte. Der Widerstand war mein Instinkt, der alle Kraft aufgeboten hatte, um mich zu retten.

Ich hatte M. verloren, doch ich hatte mich selbst behalten.

Innehalten

Ich war traurig und froh zugleich.

Unter Tränen vollzog ich den endgültigen Abschied von M., indem ich ihm einen den Erfahrungen, die er mir geschenkt hatte, angemessenen Platz in meiner Erinnerung einrichtete.

Ich war bei mir geblieben, und ich hatte viel über mich und meine Veranlagung gelernt. Darüber war ich sehr froh.

Für eine Masochistin, die bereit ist, Liebe zuzulassen, besteht die größte Gefahr darin, sich selbst zu verlieren, und das größte Glück darin, sich hinzugeben bis zur Selbstauflösung. Eine Masochistin bewegt sich ständig zwischen diesen beiden gegensätzlichen Polen, die so weit auseinanderliegen und gleichzeitig so nah beieinander. Sie muss sich zurückziehen, wenn sie sich selbst nicht mehr spürt.

Eine Frau, die so tief fühlt wie ich, darf sich nur auf einen Mann einlassen, für den das, was seine Partnerin bewegt, wichtig ist. Einen Mann, der versteht, was es für eine Frau bedeutet, masochistisch zu sein. Einen Mann, der versteht, dass dies für sie mehr ist als eine sexuelle Spielart und jeder Peitschenhieb sie auch in ihrem Inneren berührt. Einen Mann, der ihr die Zeit lässt, die sie braucht, um das nötige Vertrauen zu entwickeln, weil er um die Tiefe und Ernsthaftigkeit der Hingabe weiß. Einen Mann, der um die Schwierigkeit des Balanceaktes weiß, dem sich eine Masochistin stellt, wenn sie liebt. Der zu schätzen weiß, dass sie diesen Akt seinetwegen auf sich nimmt. Einen Mann, der Rückzug, wenn immer er nötig ist, als das begreift, was er ist, nämlich als «Notwendigkeit, sich selbst zu bewahren, um sich wieder hingeben zu können», und ihn als Beitrag versteht, die Beziehung zu pflegen.

Eine Masochistin trägt die Neigung in sich, einem Mann, angezogen von seiner Dominanz, zu weit entgegenzugehen. Selbst wider das bessere Wissen, dass eine Begegnung nur in der Mitte stattfinden kann. Eine Masochistin ist immer in Gefahr, von einem Mann angezogen zu werden, der nicht die Fähigkeiten in sich trägt, die sie braucht.

Meine bisherigen Begegnungen wiesen darauf hin, dass gerade die Männer, die eine besonders ausgeprägte dominante Ausstrahlung hatten, nicht über diese Fähigkeiten verfügten. Keiner von ihnen konnte mit dem Wort Seele etwas anfangen, es gehörte für sie in die Kirche, nicht in eine Frau und schon gar nicht in einen Mann. Psychologische Erkenntnisse fanden allenfalls dann Beachtung, wenn sie im Beruf zur Machtausübung von Vorteil waren. Diese Männer fühlten sich ausgefüllt mit ihrem beruflichen Status, ihren Hobbys, ihrem Sport, häufig Golf.

Ich stellte fest, dass ein auffällig hoher Anteil der Zuschriften von Unternehmern und Unternehmensberatern stammte. Auch der Anteil von Männern in Führungspositionen, Positionen, in denen sie Macht über andere hatten, war hoch. Offenbar gab es einen Zusammenhang zwischen dieser Veranlagung und beruflichem Erfolg. Ich musste in Betracht ziehen, dass gerade für Männer mit einer ausgeprägten dominanten Veranlagung das Erfahren ihrer Macht und damit der erotische Bereich im Vordergrund einer Beziehung stehen oder dass es ihnen an der Fähigkeit mangelt, die beiden Lebensbereiche ausreichend zu trennen.

Möglicherweise bestand auch ein Zusammenhang zwischen ausgeprägter Dominanz und ausgeprägter Ich-Bezogenheit. Sie können oder wollen sich nicht in andere hineinversetzen, es soll um sie gehen, nicht um andere. Möglicherweise überdeckt die Dominanz sogar Schwäche. All diese Männer können keine Schwäche zeigen und sich deshalb nicht öffnen. Und vielleicht auch keine Gefühle zulassen. Denn wer liebt, wird auch verwundbar. Der Sklavin können sie sich immer sicher sein, die Frau stellt für sie womöglich eine Gefahr dar. Sich ganz einzulassen und Gefühle zuzulassen setzt Stärke voraus.

Plötzlich fiel es mir wie Schuppen von den Augen: Ich musste zwischen Dominanz und Stärke unterscheiden! Ich durfte Dominanz nicht mit Stärke verwechseln! Den Partner, den ich suchte, konnte ich nur finden, wenn mir diese Differenzierung gelang. Dominant musste er sein als Gebieter, als Mann jedoch stark!

Nur ein starker Mann verfügt über die Fähigkeiten, die ich brauchte. Nur ein starker Mann kann die Bereiche trennen. Nur ein starker Mann kann sich auf eine starke Frau einlassen. Und nur an der Seite eines Partners, der über Dominanz und Stärke verfügt, konnte es mir gelingen, den ständigen Balanceakt zwischen Selbstauflösung und Selbstbewahrung zu vollziehen.

Die Vielfalt meiner Ansprüche war sehr hoch – doch weniger wollte ich nicht.

Bedürftigkeit, Ungeduld und Unruhe gaben zunehmend Ruhe und Gelassenheit Raum. Ich spürte, mein Instinkt würde mir den Weg weisen. Er würde mich zu dem Mann führen, den ich suchte. Dem Mann, der Frau und Sklavin entsprach. Dem Mann, der sich wie ich bereits auf der Suche nach Erfüllung befand. Ich war bereit, auf ihn zu warten.

Ich ließ mir Zeit. Ohne Hast setzte ich meine Suche fort, obwohl die Sklavin in mir drängte. Um ihre Energien zu binden, trieb ich viel Sport. Ich ruhte in mir und war besonnen.

Um den veränderten Vorzeichen meiner Suche ein Zeichen zu setzen, inserierte ich erneut.

Nur so kann es gehen!

Vier Wochen später erwartete ich W. in der Eingangshalle eines Restaurants in meiner Stadt. Die dezente Beleuchtung und leise Musik untermalten meine Stimmung. Die Tiefe unseres ersten und die Leichtigkeit unseres zweiten Telefonats schwangen noch in mir nach.

«Guten Abend, Sie haben auf meine Anzeige geantwortet.»

«Ja!» Nur dieses eine Wort.

«Störe ich?»

«Nein, es passt hervorragend. Ich liege gerade entspannt in meiner Ecke.» Seine Stimme war angenehm tief. «Ich würde gerne um die Erlaubnis bitten, Du sagen zu dürfen. Bei einer so persönlich formulierten Anzeige redet es sich leichter, wenn wir das Du benutzen.»

«Nein, ich möchte bitte beim Sie bleiben.» Entschieden lehnte ich ab.

«Darf ich fragen, warum?»

«Gerade weil meine Anzeige eine besondere ist, möchte ich die Distanz nutzen, die das ‹Sie› erzeugt. Es hilft, falls wir uns treffen sollten, die Grenze zu wahren.»

Er schwieg so intensiv, dass ich ihn nachdenken hören konnte.

«Ja, okay, das verstehe ich!» Der Betonung seiner Worte konnte ich entnehmen, dass sie von innen kamen.

«Es ist eine außergewöhnliche Anzeige, die mich sehr angesprochen hat. Sie haben es bestimmt an meinem Brief bemerkt, wie viel Ihre wohlgewählten Worte in mir bewegt und hervorgerufen haben.»

«Ihre Zuschrift hat sich von den anderen abgehoben, deshalb haben Sie mich ja jetzt auch am Telefon.»

«Ich kann mir vorstellen, dass Sie sehr viele Briefe bekommen haben.»

«Ja, das ist so.»

«Da bin ich aber froh, dass Sie mir eine Chance geben. Ich habe versucht, auf das hohe Maß an Sexualität einzugehen, das sich in Ihrer Anzeige spiegelt.» Er wollte seinen Gedanken weiter ausführen, doch ich fiel ihm ins Wort.

«Entschuldigung, bevor Sie weitersprechen, eine wichtige Frage. Sind sie gebunden?»

Ein Moment der Stille, ein leichtes Zögern, dann ein klares, sonores «Nein!».

«Auf dem Bild, das Sie beigelegt haben, tragen Sie einen Ehering», hakte ich nach.

«Oh, Sie haben auf meine Hände geschaut! Ich lebe seit sieben Jahren getrennt. Das Foto ist schon älter, ich hatte gerade kein aktuelleres zur Hand, wollte jedoch unbedingt, dass Sie auch einen optischen Eindruck von mir bekommen. Und? Wie wirkt mein Aussehen auf Sie?» Er fragte mit auffallendem Selbstbewusstsein, doch ohne Arroganz.

«Sie gefallen mir. Ich sehe ein herzliches Lachen, klare Augen und schmale, sensible Hände», sagte ich offen. «Doch entscheidend ist für mich immer der Blick in die Augen und wie sich ein Mensch bewegt.»

«Das ist für mich ganz genauso. Ich möchte uns daher gerne bald Gelegenheit dazu geben.» Ehe ich reagieren konnte, fuhr er fort: «Sie interessieren mich sehr. Ich entnehme Ihrer Anzeige, dass Sexualität für Sie einen hohen Stellenwert hat. Bei mir hat Sie mein Leben bestimmt, und zwar derart, dass ich sie manchmal als Belastung empfunden habe. Oft konnte ich dieser Macht nicht entrinnen. Teilweise habe ich mich gehasst, weil ich es nicht geschafft habe, mich ihrer Kraft zu entziehen, obwohl ich auf der anderen Seite so diszipliniert bin. Ich trage zwei Seelen in meiner Brust, das sollten Sie gleich wissen!»

«Mich beeindruckt Ihre Offenheit sehr», gab ich ihm umgehend eine Rückmeldung.

Noch mehr beeindruckte mich jedoch, ohne es auszusprechen, dass er das Wort Seele verwendete und darüber hinaus sogar von zwei Seelen sprach. «Zwei Seelen wohnen, ach, in meiner Brust, die eine will sich von der anderen trennen»; dieses Zitat von Goethe trug ich seit meinem 15. Lebensjahr als Gefühl in mir. Plötzlich begann ich von mir zu erzählen, von meiner Sklavin, von ihrer Stärke, von meiner Suche nach einem Mann, der mir Gebieter und Partner zugleich sein kann, von den Begegnungen, die sich als Sackgassen erwiesen hatten. Er fragte und erzählte, ich fragte und erzählte. Ehe wir es uns versahen, war eine halbe Stunde vergangen.

«Jetzt reden wir schon so intim, wir sollten uns das Du erlauben», sagte er plötzlich.

Ich konnte nicht anders als zustimmen. «Ja, das Gespräch ist so verlaufen, das es angemessen ist, Sie ist nicht mehr passend.»

«Ich wundere mich über mich selbst», sagte er. «So habe ich noch nie gesprochen. Ich genieße es sehr. Ich genieße, wie offen und ohne Umwege du und ich uns jetzt schon austauschen können.»

Wir schwiegen beide für einen Moment.

Dann ergriff er wieder das Wort. «Wir sollten, nein, sollen ist zu wenig, wir müssen uns sehen. Ich habe das Gefühl, wir passen zueinander, vorausgesetzt, wir können uns, wie ich es bereits geschrieben habe, riechen und schmecken. Es wird sich schnell zeigen, ob die Chemie stimmt. Wir können ja erst mal ein Wasser bestellen, und wenn wir merken, dass es passt, ordern wir einen Wein.»

«Du solltest noch wissen, dass ich mich bereits mit drei anderen Männern verabredet habe und sie auch treffen werde.» Obwohl er in seiner Zuschrift Frau und Sklavin ansprach und sie mir sofort mit Abstand am besten gefiel, hatte ich ihn erst an vierter Stelle angerufen. Sein Ehering hatte mich zunächst davon abgehalten, dann aber konnte ich dem Sog seiner Worte nicht mehr widerstehen.

«Das ist doch klar, davon bin ich ausgegangen.»

«Du kannst noch wählen, wann wir uns sehen.»

«Ich möchte der Erste sein.»

«Dann müssten wir uns schon am Freitag treffen.»

Er stimmte sofort zu. Da es ihm wichtig war, in meine Stadt zu kommen, gab ich ihm die Adresse des Restaurants für sein Navigationssystem.

Einen Tag später klingelte das Telefon.

«Ich bin gerade auf der Fahrt zum Friseur und wollte dich nur schnell fragen, wie ich mir die Haare schneiden lassen soll.»

«Da fragst du mich?» Er hatte es geschafft, mich sehr zu erstaunen.

«Ja, ich muss doch wissen, ob du ganz kurze Haare bevorzugst oder eher etwas länger und wild.»

«Lieber wild!»

«Okay, somit ist die Sache klar, dann drehe ich wieder um und sage meiner Friseurin ab», erwiderte er lachend und legte auf.

Im ersten Moment spürte ich nur, wie sehr mich sein Anruf erheitert hatte, dann kam das Gefühl, er ist anders. Anders als andere Menschen.

Gespannt schaute ich auf die Tür. Er öffnete sie schwungvoll, auf die Minute genau zu der Zeit, die wir vereinbart hatten. Sofort erblickte er mich und näherte sich leichtfüßig, während ich ihn beobachtete, seine geschmeidigen Bewegungen und die aufrechte Haltung, die einen durchtrainierten Körper erkennen ließ.

Er gab mir die Hand und sagte, ohne sie loszulassen: «Das finde ich außergewöhnlich, dass du hier vorne auf mich wartest!»

«Es war mir ein Bedürfnis», antwortete ich.

Er lachte. «Ich habe es gespürt, am Auto schon, hoffentlich hast du nicht gesehen, wie mir vor Aufregung der Schlüssel heruntergefallen ist.»

Sein Blick in meine Augen offenbarte Direktheit, Neugier, Interesse, Selbstsicherheit, Tiefgang, Lebenserfahrung, Geilheit. Er war kaum größer als ich, es irritierte mich sehr, war ungewohnt, doch er strahlte eine innere Größe aus, die mich fesselte.

«Du bist kleiner, als ich dachte», sprach ich es aus. Er lachte, umfasste mich in Tanzhaltung, drehte mich, sagte: «Du wirst sehen, das wird kein Thema sein. Ich war in meiner Jugend Leistungsturner, ich halte dich in jeder Lage so fest, wie du es brauchst!»

Überzeugt ging ich vor ihm zum Tisch, fühlte seinen Blick über meinen Körper gleiten, meine Beine bewundern, genoss diesen Blick, band ihn, indem ich mich noch akzentuierter bewegte. W. rückte mir den Stuhl zurecht, eine Geste, die ich schätzte. Unsere Blicke begegneten sich, begannen einander zu lesen und sofort, wie von selbst, flossen die Worte. Noch ehe der Kellner nach unseren Wünschen fragte, waren wir mittendrin im Erzählen unserer Lebensgeschichten, unserer Höhen und Tiefen.

Ich zuckte nicht, als er mir gestand, er habe geschwindelt, er sei nicht 52, sondern zehn Jahre älter, so viel jünger, wie er wirkte, doch ich zuckte, als er sagte: «Es gibt noch einen Punkt, den ich dich unbedingt wissen lassen möchte. Ich muss noch eine Beziehung beenden, und das werde ich am Sonntag tun!»

Weil er nicht auswich, sondern jede meiner gezielten Fragen beantwortete, sprang ich nicht auf. Ich blieb, auch weil er den Vorwurf aushielt, den ich ihm machte: «Du hättest es mir am Telefon sagen müssen!» Ich verstand auch seine Erklärung: «Ich habe an deiner klaren Frage gemerkt, dass ich diesen nicht ganz wahrheitsgetreuen Schlenker machen muss, um überhaupt eine Chance bei dir zu haben.» Ich spürte, es stimmte, spürte, für diesen Mann musste ich von meinen Prinzipien abweichen.

Wie in einen Strudel gerieten wir immer tiefer ins Erzählen. Wir redeten von der Vielfalt und den Widersprüchen, der Triebhaftigkeit und der Disziplin unserer erotischen Phantasien, von dem Spiel unserer Hände und Gedanken beim Onanieren, von Liebesspielen, vom Leid und von der Lebensfreude, vom Todeswunsch und der unbändigen Lebenssehnsucht, von unseren Stärken und Schwächen, von Hoffnungen und Enttäuschungen und von dem Wunsch anzukommen.

Die Worte, die aus seinem Mund und seiner Tiefe kamen, drangen in mich ein, als wären sie sein Schwanz, brachten alle Saiten meiner Seele zum Klingen und machten meine Mitte für ihn warm und feucht. Sie lösten Worte in mir, die schon lange darauf warteten, ausgesprochen zu werden, ließen sie aus meinem Mund tanzen. Ich genoss die Leichtigkeit, mit der sie enthüpften, ihn erreichten, von ihm aufgesaugt wurden, weil sie die Saiten seiner Seele spielten, ihm neue Worte entlockten und seinen Schwanz zum Stehen brachten.

Wir sprachen und hörten zu im Wechsel, unterbrachen einander, fielen einander ins Wort, weil die Gedanken, so stark angeregt, nicht warten konnten, ausgesprochen zu werden. Unsere Seelen umflogen einander, berührten sich und fanden Widerhall. Sie stießen in immer tiefere Kammern ein, weckten die Sehnsucht, mehr zu hören und mehr zu erzählen. Unsere Worte umkreisten den Tisch, ließen uns ernst sein und lachen, ließen uns denken und herumalbern, richteten uns aufeinander aus, ließen unsere Hände einander berühren, den Blick ineinander versenken.

Der Kellner kam und servierte.

W. beugt sich vor, gibt mir zu trinken und zu essen, aus seinem Mund, ich empfange und schlucke, nie war Nahrung so köstlich wie diese, angereichert mit seinem Speichel, der den Wunsch entbrennen lässt, mehr davon zu bekommen, gierig darauf, in der Hoffnung, er könnte endlich gestillt werden – dieser mein unfassbarer Lebenshunger. Es bedurfte keines Befehls, aus einem inneren Selbstverständnis heraus stehe ich auf, gehe zur Toilette, um mich meines Slips zu entledigen. Spreize die Beine, öffne sie seinen Fingern, die unter dem Tisch mit meinen Schamlippen spielen, ohne die Menschen im Restaurant zu beachten, weil es unwichtig ist, ob sie bemerken oder nicht, was seine Finger mit mir machen, dass sie mein Becken zum Beben bringen und meinen Saft zum Laufen, den er auffängt, indem er mit einem Finger in mich eindringt, ihn dann zu seinem Mund führt und ableckt. Bei mir wirst du dich nicht mehr selbst rasieren müssen, ich mache das, flüstert er mir zu, seinen Mund dicht vor meinem, während er seine Lippen auf meine drückt, um mein Stöhnen zu ersticken, das mir laut entweicht, weil diese Worte eine Lebenssehnsucht berühren, mich öffnen, seine Zunge aufnehmen, die jeden Winkel erforscht. Er löst sich, um mich erneut zu füttern, diesmal mit dem Nachtisch, den wir von einem Teller essen, weil ein Nachtisch mehr sättigt als zwei, wir erzählen einander einige Vorlieben, wobei wir uns nicht auf Nahrungsmittel beschränken, als würden wir uns fünf Jahre kennen und nicht fünf Stunden, die verfliegen, als wären es fünf Minuten, er werde mich Gurke und Zucchini schmecken lassen, nicht nur diese Bemerkung löst ein Zittern in mir aus, das nicht aufhören will und noch anhält, nachdem wir uns verabschiedet haben.

Benommen stieg ich aus seinem Auto. Ich hatte mich nicht vor meinem Haus absetzen lassen, sondern einige Straßen entfernt, zur Sicherheit. Das Erlebte war zu außergewöhnlich, um es glauben zu können. Es schien mir eher ein geträumtes Wunder gewesen zu sein als ein wahrgewordener Traum. So sollte es sein, so hatte ich es vor wenigen Wochen aufgeschrieben. Wie verzaubert erreichte ich mein Haus, wie verzaubert ging ich zu Bett, unfähig zu denken, unfähig, das Erlebte zu analysieren. Ich schlief ein und träumte den Traum weiter.

Am nächsten Morgen wanderte ich zwei Stunden durch den Winterwald, um mein Auto zu holen, das ich vor dem Restaurant hatte stehen lassen. Ich durchlebte das Erlebte noch einmal, zitterte und bebte – allerdings nicht vor Kälte, die spürte ich nämlich gar nicht, so gefangen war ich noch immer davon. Diesem Mann hatte ich erzählt, was ich noch keinem anderen Menschen hatte mitteilen können. Dieser Mann hatte es verstanden, das Duett zu eröffnen, nach dem ich mich immer gesehnt hatte. Für ihn war ich zur Toilette gegangen, um meinen Slip auszuziehen. Eine Handlung, die ich M. verweigert hatte. Eine Handlung, von der ich wusste, sie nur einmal im Leben vollziehen zu können. Sie war das Zeichen: Dir will ich gehören. Das Begehren, von ihm genommen zu werden, mein unbändiger Wunsch, von ihm geschlagen zu werden, das starke Bedürfnis, jede Minute unseres bisherigen Lebens mit ihm auszutauschen, machte mich auf ganz neue Art fassungslos. Meine Bedürftigkeit als Frau und als Sklavin hatte sich auf diesen Mann ausgerichtet.

Die Erlebnisse, Wirrungen und Sackgassen meiner bisherigen Suche mahnten mich zur Vorsicht. Diesmal ist es anders, fühlte ich in mir und konnte oder wollte es doch nicht glauben. Zudem haderte ich schwer mit W.s Einstiegslüge. Ich musste mich vorsehen, ich musste mir diesen Mann genau ansehen, und vor allem musste ich die Rückmeldung meines Instinkts abwarten.

Im Laufe des Tages mischte sich die Angst dazu: Wird er den Abschied wirklich vollziehen?

Die Angst trug dazu bei, dass ich die Verabredung am Nachmittag mit einem weiteren Mann nicht absagte, obwohl ich deren Sinnlosigkeit erahnte. Zudem wollte W. es so.

«Mein Stolz lässt nicht zu, dass du deine Planungen änderst, ich will und muss mit dem Risiko leben!», hatte er gesagt. «Vielmehr noch, ich möchte, dass du die anderen Männer triffst, um eine bessere Grundlage für deine Entscheidung für mich zu haben.»

Ich saß mit S. am selben Tisch im selben Restaurant.

Statt von S. werden meine Augen immer wieder von der Wand hinter ihm gebannt, ich sehe den Finger von W. vor mir, der darauf deutet, während er erzählt, dass er als Junge die Badwand angespritzt habe, um sie danach abzulecken, in der Begier, sich selbst zu schmecken. Ich sehe W.s Zunge die Wand ablecken, spüre seine Geilheit, seine Verrücktheit, spüre, wie sie meine Geilheit und Verrücktheit spiegeln, bin erfüllt von dem Verlangen, mit ihm Worte und Körpersäfte auszutauschen, sehe seine zahlreichen Facetten in seinen Augen aufblitzen, fühle, wie sie die meinen spiegeln.

Ich konnte mich kaum auf S. konzentrieren. Verglichen mit W. wirkte er auf mich farblos und langweilig, während ich sein Interesse und sein Begehren weckte.

Nach einer Weile bedankte und verabschiedete ich mich. W. hatte mich belegt, jedes weitere Gespräch mit einem anderen Mann, jede weitere Verabredung war sinnlos.

Ich wartete, ich rief ihn nicht an, um ihm dies zu sagen, ich schrieb ihm keine Werbemail, ich wartete.

In der nächtlichen Stunde der Wahrheit sprach mein Instinkt:

Ja! Ja! Ja! Nur dieses eine Wort. Nicht leise, nicht zögerlich, sondern fest, sicher, bestimmt, laut und deutlich. Ja! Das Wort war da, tanzte durch mein Schlafzimmer, legte sich in mein Bett, kuschelte sich an mich. Ich schob es zur Seite, sah mich um, wartete auf das «Aber», doch es kam nicht, während sich das «Ja» vervielfachte, aus allen Richtungen eine Melodie sang, die Melodie meines Lebens, bis das «Ja» in mich glitt, mich ganz erfüllte und ich fühlte, es ist so, er ist es.

Am nächsten Morgen stand das «Ja» mit mir auf, frühstückte mit mir und blieb.

Ich wartete weiter. W. musste mich anrufen, nicht ich ihn. Es reichte nicht, dass ich ihn wollte, er musste mich ebenfalls wollen. Und ich musste ihm die Zeit lassen, die er brauchte, sich zu entscheiden.

Es war eine schwere Übung. Abwarten war noch nie meine Stärke gewesen. Ich war gewohnt, zu entscheiden und zu handeln. Zum ersten Mal in meinem Leben wartete ich. Das Warten machte mich unfähig, irgendetwas anderes zu tun, ein Zustand, den ich kaum ertragen konnte. Doch ich geduldete mich weiter.

Eine Ewigkeit später, am nächsten Morgen, kam der erlösende Anruf. Er wollte mich sehen, mit mir spazieren gehen!

Kaum hatten wir in einer ruhigen Ecke des ansonsten recht eng bestuhlten Cafés Platz genommen, sah ich ihn fragend an.

Er verstand sofort. «Ich habe die Beziehung beendet, wir werden uns nicht mehr sehen.»

«War es schwer für dich?»

«Ja, es war schwer, schwerer, als ich dachte.»

«Was hat es so schwer gemacht?»

«Zu sehen, wie getroffen Miriam war! Zu erleben, dass ich schon wieder einen Menschen verletzt habe! Zu erkennen, dass ich ein weiteres Mal gescheitert bin!»

«Bist du sicher, dass es der richtige Schritt war?»

Er sah mir fest in die Augen und ergriff meine Hände. «Ganz sicher! Der Schritt war längst überfällig, ich habe die Beziehung am Sonntag nur in ihrer letzten Konsequenz beendet.» Er umschloss meine Hände noch fester. «Nicht zuletzt haben unsere Begegnung und das Empfinden unserer Seelenverwandtschaft es mir auf der anderen Seite auch leichtgemacht.»

Obwohl er mir genau sagte, was ich zu hören erhofft hatte, entzog ich ihm meine Hände. Ich konnte und wollte über das Hadern in meinem Inneren nicht einfach hinweggehen. «Die Tatsache, dass du vor der endgültigen Trennung auf eine Anzeige geschrieben hast, noch dazu ohne deiner Partnerin etwas davon zu sagen, macht mir schwer zu schaffen.»

Er wandte den Blick keine Sekunde von meinen Augen ab. «Ja, ich weiß! Und es gibt keine Entschuldigung für mein Verhalten. Auch nicht, dass ich mehrmals zu ihr gesagt habe, lass uns aufhören. Miriam wollte mich nicht loslassen, und ich bin immer wieder schwach geworden.»

«Niemals wollte ich in die Situation kommen, ein Trennungsgrund zu sein!»

«Du bist nicht der Grund, und das weißt du auch. Ich habe es getan, ohne sicher zu sein, ob du dich überhaupt für mich entscheidest. Mir hat der Austausch gefehlt, ich war innerlich schon lange weit weg, meine Seele hat gehungert. Kannst du das verstehen?»

«Nur zu gut, aber dein Verhalten macht mir auch Angst. Ich werde noch öfter darüber reden müssen.»

«Sooft du es brauchst!» Ich spürte, das waren keine leeren Worte. Er und ich würden über jeden Gedanken sprechen, der ihn oder mich bewegte.

«Werde ich denn Gelegenheit dazu haben? Ich weiß ja noch immer nicht, ob du mich überhaupt willst. Wie waren deine Treffen?» Seine Stimme verriet eine leichte Anspannung. Meine Antwort war ihm nicht gleichgültig.

«Du hast mich so sehr belegt, dass ein anderer Mann keine Chance hat.»

«Das ist gut!» Er stand auf, kam um den Tisch, beugte sich zu mir herunter und küsste mich. «Wenn es so ist, möchte ich jetzt mit dir ein paar Schritte gehen. Ich will, dass du vorab noch einiges von mir erfährst.» Er schob mir den Stuhl zurück, half mir in die Jacke und nahm mich an die Hand.

Während er mich mit festem Griff um den See führte, begann er über sich zu sprechen. Er erzählte mir von seiner Kindheit, dem frühen Verlust des Vaters, dem Bruder, den er, da seine Mutter arbeitete, früh miterzog, der Mutter, die ihn stark geprägt, ihm die Grundwerte Zuverlässigkeit, Pünktlichkeit, Ordnung vermittelt und ihm ihre Stärke, Lebenswillen und Disziplin mit auf seinen Weg gegeben hatte. Er erzählte von seiner Lehre als technischer Zeichner, da der Tod seines Vaters den geplanten Besuch des Gymnasiums verhinderte, seinem Maschinenbaustudium über den zweiten Bildungsweg, seinem starken Willen, beruflich erfolgreich zu sein, von seiner unbändigen Energie, mit der er dieses Ziel verfolgte, dem Geigespielen, das er dafür aufgab, der Arbeit bei namhaften Unternehmen in der Stahlindustrie, später in der Automobilbranche, der Gründung einer eigenen Existenz mit dem Aufbau eines mittelständischen Unternehmens in der Automobilzulieferindustrie.

«Ich habe nicht zuletzt durch den Verkauf des Unternehmens viel Geld verdient und es durch Aktiengeschäfte vermehrt. Durch den Börsencrash habe ich allerdings Millionen verloren und bin aufgrund dessen nicht mehr wirklich reich, das solltest du unbedingt von mir wissen. Meine derzeitige Tätigkeit als Unternehmensberater bindet mich stark ein. Mit Sicherheit sind einige der Männer, die du getroffen hast, wesentlich reicher, haben mehr Zeit und können dir ein luxuriöseres Leben bieten.»

Er blieb stehen, ließ meine Hand los und sah mich an. «Also denk bitte noch einmal darüber nach. Wir sollten uns jetzt verabschieden, damit du zu einer Entscheidung finden kannst.»

«Nein!» Ich hielt ihn fest. Seine menschlichen Qualitäten, die er mir bisher gezeigt hatte, reichten aus, so dass ich keine Sekunde überlegen musste. «Die Welt, die diese Männer mir zu Füßen legen wollten, brauche ich nicht. Die Erfüllung, die ich suche, hat mit materiellem Reichtum nichts zu tun. In meinem ganzen Leben hatte ich immer andere Prioritäten als Geld.»

Fast ungläubig erforschte er meinen Blick nach Zuckungen, nach Zögern. «Oh, das ist aber sehr selten, dass eine Frau diese Einstellung hat!»

«So selten ist das gar nicht, du bist vielleicht bisher einfach nicht solchen Frauen wie mir begegnet.»

«Ja, das stimmt. So eine außergewöhnliche Frau ist mir noch nie begegnet. Du bist in jeder Hinsicht außergewöhnlich.» Er zog mich an sich, presste mich mit seiner gesamten Muskelkraft so fest an seinen Körper, dass mir der Atem wegblieb. «Ich habe es schon am Telefon gespürt, dass du anders bist. Sie ist es, habe ich gedacht.»

Wir verharrten lange in der Umarmung. Unvermittelt löste er seine Arme. «Jetzt sollst du aber auch noch wissen, dass ich zweimal verheiratet war und mein Leben lang fremdgegangen bin!»

Er zog sich vor mir aus. Nicht indem er die Kleider ablegte. In seine Abgründe ließ er mich blicken. Fehltritte und Schuld wissen. Seine tiefsten Sehnsüchte erfahren. Wie er von dem Nest sprach, das er braucht und doch nicht zu bewahren wusste. Weil es schön war zum Wohnen, aber nicht warm für die Seele, oder weil seine Sexualität dort keine Heimat fand. Seine Reife, mit der er zurück- und gleichzeitig nach vorne schaute. Ich spürte die Verbundenheit unserer Seelen. Spürte seine Stärke und seine Schwäche. Spürte mein Verlangen nach ihm. Spürte meine Angst. Spürte mein «Ja», das zuhörte, das alles in sich aufsaugend standhielt, blieb, sich vertiefte.

Die Tage bis zum nächsten Treffen erschienen mir endlos. Da das Ergebnis seines Aidstestes noch nicht vorlag, musste auch bei dieser Begegnung mein Begehren noch weiter warten. Wir verbrachten den Tag mit dem Austausch von Lebensbausteinen. Wir redeten und redeten. Wir redeten beim Laufen durch eine nasse Wiese, beim Spaziergang entlang des Sees, beim Trinken von Kakao.

Hand in Hand kamen wir uns immer näher. Ich hörte, und ich öffnete mich. Machte längst verschlossen geglaubte Türen weit auf, erinnerte mich, erzählte. Spürte, wie er alles annahm, mich in sich aufnahm, mich hielt. Ich öffnete mich weiter, erzählte, ungeordnet, aus verschiedenen Lebensphasen, was mir gerade in den

Sinn kam. Wie das kleine Spielzeugauto aus Metall, mit dem ich als Achtjährige alle Furchen und Höhen meiner Schamlippen und den kleinen Hügel dazwischen durch- und umfahren hatte. Ich erinnerte mich an meine Lust, während sein Schwanz sich aufrichtete, um die Fahrt des Autos genau zu verfolgen. Wie die Nägel, an denen ich kaue, manchmal oder oft, wenn die Spannung zu groß ist. Statt sie zu verstecken, zeigte ich sie ihm.

Während er die Knabberstellen zärtlich küsste, sagte er: «Das hört auf, wenn du weißt, wo du hingehörst!»

Ich sprach von den Striemen, nach denen ich mich sehnte und die ich mir immer mehr von ihm wünschte. «Du darfst sie mir jedoch erst machen, wenn du sicher bist, dass du mich willst! Weil sie Spuren einbrennen in meine Seele, die nicht mehr zu löschen sind und dort bleiben, wenn sie am Körper nicht mehr zu sehen sind, und die aufgefangen werden müssen von deiner Verbundenheit zu mir!»

Ich zitterte bei diesen Worten, während er meine Hände nahm, sich mit seinem ganzen Körper auf mich ausrichtete, sich mir zuwandte, mir in die Augen sah, mit seinem Blick eindrang, tief und tiefer, bis er auch den letzten Winkel meiner Seele erreichte mit seinen Worten, die sein Mund aussprach und die aus der Tiefe seiner Seele kamen. «Nur so kann es gehen, nur so will ich es.»

Er hatte nicht nur verstanden, auch er suchte und wollte es nicht anders.

Demut

Ich zählte die Tage bis zum nächsten Wochenende. Auf der Fahrt zum Hotel zitterte ich den ganzen Weg. Vor Aufregung, vor Erregung, aus Vorfreude. Und vor Angst, er könnte mich nicht riechen oder nicht schmecken, was uns hindern würde zusammenzufinden, obwohl wir es wollten.

Er wartete vor seinem schwarzen BMW auf mich, ich sah ihn sofort und parkte meinen Bus daneben. Zur Begrüßung öffnete er mir die Autotür und half mir galant beim Aussteigen. Dann umarmte er mich und sagte: «Endlich! Das war eine lange Woche!» Er nahm meinen Koffer und führte mich zum Hoteleingang. «Ich habe uns bereits angemeldet, wir können gleich in unser Zimmer gehen.»

Seine Hand, die sich auf meine Pobacken legte, als ich vor ihm die Treppe hochging, beruhigte mich ein wenig, um mich gleichzeitig zu erregen, wie sie an meiner Rille entlangfuhr, von hinten nach vorn, meine Öffnung erforschte, dort verweilte wie ein Fels, umrauscht von der Brandung meiner Bewegungen. Ich wünschte mir, diese Treppe würde nie enden.

Gemeinsam richteten wir die Sachen für unser Fest her. Es würde ein Freudenfest werden, das spürte ich bereits beim Arrangieren von Gemüse, Süßigkeiten, Wein, Kerzen, Handschellen und Peitsche. Weil es schon begann mit der Freude, die wir beim Auspacken erlebten, die wir teilten, indem wir jedes Utensil gemeinsam betrachten.

Von hinten berührt er meine Brüste, während ich noch versunken bin in den Anblick der Zutaten, seine Hände umfassen sie fest, drehen meinen Kopf, um mich zu küssen, streifen mir den Rock ab, dann den Pulli, halten inne, um mich zu betrachten, wie ich vor ihm stehe, in Strapsen und High Heels, seinen Blick genieße, ohne mich zu rühren, seine Hände erwarte, die über meinen Hintern gleiten, meine Schamlippen durchstreifen, als wären sie das kleine Auto, die keine Stelle auslassen, eindringen in meine Mitte, die feucht und feuchter wird, bis er mich nach vorne beugt und meine Hände sich abstützen, ohne dass ich sehen kann, wo sie sich festhalten, weil ich nur noch spüre, spüre, wie sein Schwanz in mich eindringt, während seine Hände mich halten und mir Klapse geben auf den Hintern, der sich ihm entgegenstreckt, willig die Schläge aufnimmt, die mich zerfließen lassen, weil sie, obwohl sie nur leicht sind, von den richtigen Händen gegeben, nach innen gehen, dorthin, wohin die festeren Schläge der falschen Hände nicht gelangen konnten. Er fickt mich so, bis ich komme, ohne selbst zu kommen, weil er meinen Saft schmecken will, den er aussaugt, indem er mich aufs Bett legt und trinkt, um mich dann seine Tropfen schmecken zu lassen, die ich gierig aufnehme, lecke, ich wünsche, ihn kommen zu lassen, was er nicht zulässt, um mich noch oft ich zu nehmen an diesem Abend.

Er führte mich zum Sessel, zündete die Kerzen an und goss den Wein ein. «Lass uns anstoßen! Auf uns, auf unser Fest, darauf, dass wir uns riechen und schmecken können.»

Wieder flossen die Worte, erzählten wir aus unserem Leben. Wir erzählten und unterbrachen, um einander den beim Ficken entstandenen und inzwischen getrockneten Schweiß von der Haut zu lecken, erzählten und unterbrachen, um uns zu küssen, erzählten und unterbrachen.

Er legt mich aufs Bett, lässt mich die Beine spreizen, seift meine Vagina ein, um sie zu rasieren, zart, vorsichtig, behutsam, ich liege still, mit weitgeöffneten Beinen, empfange das Glück, das er mir schenkt, indem er ausführt, was ich mir wünsche, seit die Haare zu wachsen anfingen, an dieser meiner schönsten Stelle, dass ein Mann sie mir entfernt, so Besitz ergreift von dieser Stelle, die ich so liebe, ich fühle, dass sie nun ihm gehört, fühle, dass ich mit dem Nachwachsen der Haare mit ihm verbunden bin, spüre schon jetzt die Sehnsucht, die meine Vagina in den nächsten Tagen nach ihrem Figaro erbeben lassen wird, während er sie mit seiner Zunge vibrieren lässt, indem er jeden Winkel auf übersehene Haare überprüft, um dann, nachdem er zufrieden ist mit seinem Werk, einzudringen und sich zu ergießen, in mich.

Er fing mein Glücksbeben auf, das meinen Körper schüttelte, hielt mich in seinen Armen, legte sich auf mich, damit ich, sein Gewicht spürend, zurückfand in unser Zimmer. Er führte mich zum

Sofa, und wir setzten unser Gespräch fort, bis sein Blick auf das Gemüse fiel.

Wieder legt er mich aufs Bett, öffnet mir die Beine, ergreift eine Zucchini, nicht zufällig, sondern sorgsam ausgewählt, unter der Vielfalt an Gemüse, das er mitgebracht hat, um eine weitere langgehegte Sehnsucht zu stillen, mir ist, als wisse er alles von mir, als kenne er mich, erkenne er mich, und ich kann mich nur hingeben, ihm, und ich spüre, er wird mit mir machen können, was immer er will, weil er immer auch beabsichtigen und darauf achten wird, dass es mir dabei gutgeht. Die Kälte der Frucht erhöht meine Erregung, als er sie einführt, langsam hin und her bewegt, Stück für Stück tiefer in meine Gemüsehöhle, die schon so lange auf Nahrung dieser Art wartet, die ich nicht selbst füttern wollte, in dem Wissen, dass es der Hand eines Mannes bedarf, das Gemüse zu bewegen, um den Hunger zu sättigen, den Hunger, der mit jedem Jahr zugenommen hat, den Hunger, den er jetzt befriedigt. Er hält mich, bis ich nicht mehr bebe, führt mich zum Sessel, damit wir auch unseren Mägen Nahrung geben können, indem wir uns gegenseitig füttern mit der Zucchini, die in meiner Höhle war und die wir nun in Scheiben schneiden, um sie noch mal einzudippen in meinen Saft, der noch immer fließt zwischen meinen Beinen, und mit Quarkkräckern und Nüssen, die wir einander vorgekaut aus dem Mund reichen.

Ich fühlte: Er wird meinen Lebenshunger nähren, wird mir geben, was ich brauche! Er hatte schon begonnen damit, hörte nicht auf, drückte seine Lippen auf meine, um mir Wein einzuflößen, im Wechsel mit Pralinen. Eine Mischung, die ich schon immer köstlich fand und die mich, so aufgenommen, in einen Rausch versetzte, den er erhöhte, indem er zu tanzen begann. Nackt, vor mir, nach dem Rhythmus der Musik, die ich erst jetzt hörte, durch seine Bewegungen, die mich mitrissen. Wir tanzten, entfernt voneinander, berührten uns nicht und berührten uns doch, mit unseren Blicken, mit unserer Freude.

Bis er mich in einen Sessel setzt, mich nach vorne zieht, mir die Beine spreizt, mich fickt. Er begleitet mich, als ich zur Toilette muss, hält die Finger unter meinen Strahl, seine Wärme zu fühlen, führt die Hand nach oben, berührt die Öffnung, aus der er fließt, reibt meine rasierte Stelle ein, bis der Strahl versiegt, leckt sich die Finger ab, begierig, auch den Geschmack dieses Körpersaftes von mir aufzunehmen, was ich ihm gleichtue, sobald er uriniert, wobei mich der Wunsch überrascht, er möge mich mit seinem Strahl am ganzen Körper wärmen. Noch immer versiegt auch der Redefluss nicht, wir sprudeln sie heraus, unsere Gedanken, unerschöpflich wird sie sein, diese Quelle in ihm und in mir, weil sie immer wieder gespeist wird, von mir ebenso wie von ihm. Zwischen den Worten muss ich aufspringen, mich vor ihn knien, ihn lecken, seinen Schwanz lutschen, zwischen den Worten muss er mich auf den Boden ziehen, mich ficken. Bis wir ins Bett sinken, ineinander verschlungen einschlafen, die Nähe noch spüren, als wir unsere Körper voneinander lösen, weil sie in unser Inneres gelangt ist. Am Morgen ergreifen mich seine Hände, ziehen mich zu ihm hin, setzen mich auf ihn, sein Schwanz steht aufrecht, um seinen Platz einzunehmen, in der Stelle, die ihm gehört. Die Wogen, auf denen wir tanzen, lassen uns kommen, mich und ihn, mich vor ihm, mich mit ihm.

Beim Frühstück zitterte ich unheimlich stark. Ich musste meine ganze Kraft darauf konzentrieren, mein Brötchen durchzuschneiden, die Butter daraufzustreichen, den Käse und eine Tomatenscheibe aufzulegen. Dabei vermied ich es, ihn anzusehen, zu sehr wirkte das Erlebte in mir nach.

Gefangen von den Geschehnissen der Nacht, stieg Angst in mir hoch, ich könnte wieder die Sprache verlieren. Der Gedanke, alles sei nur eine Illusion, lähmte mich. Ich versuchte, das Brötchen zum Mund zu führen, den Mund zu finden, während meine Angst zunahm, und biss ab, um zu verschleiern, dass ich nicht sprechen konnte. Ich hielt mich an meinem Brötchen fest, als könnte es mir Halt geben in meiner Hand, einer Hand, die kaum das Brötchen halten konnte. Bis er mir Kaffee eingoss, mit Bewegungen, die verrieten, dass auch er sich konzentrieren musste, gewohnte Handgriffe zu vollziehen, dass es ihn Kraft kostete, sie gelingen zu lassen. Mein Blick glitt von seinen zitternden Händen über seine Arme nach oben bis zu seinen Augen. Wir schauten einander an, erkannten einander, erlösten einander.

Wir lachten und fanden ins Gespräch. Unsere Worte, unsere Hände, unsere Blicke, unsere Münder berührten sich. Wir merkten nicht, wie der Raum sich leerte, wie die Zeit verflog.

Erst als ich nach Hause kam, fanden ich und das Erlebte in die Wirklichkeit. Zu nichts anderem fähig, saß ich auf dem Sofa, und die Gefühle fielen über mich her. Es war, als würde ich erst jetzt richtig erleben, als wäre, als es passierte, noch ein Filter dazwischen gewesen, und jetzt erst wurde es wahr. Das Erlebte war unglaublich, ich war stundenlang an das Sofa gefesselt und konnte nur fühlen.

Ich saß, noch ohne mich bewegt zu haben, als die Haustür ging und mein Sohn von einem Geburtstagsfest zurückkam.

«Mama?» Er hatte die Angewohnheit, durch Rufen herauszufinden, in welchem Raum ich mich gerade befand.

«Im Wohnzimmer!» Ich war noch immer bewegungsunfähig, konnte ihm zur Begrüßung nicht entgegengehen, wie ich es sonst tat, wenn wir uns zwei Tage nicht gesehen hatten. Mit jugendlichem Schwung riss er die Wohnzimmertür auf und wollte schon lossprudeln, da hielt er inne, sah mich an.

«Wie geht es dir?»

«Mir geht es gut, sehr gut! Wie war deine Feier?»

Statt zu antworten, musterte Karl mich weiter. «Erzähl du zuerst. Ich sehe, dieser Mann gefällt dir!»

«Wie kommst du denn darauf?» Ich war mehr als erstaunt über die Feststellung meines Sohnes.

«Deine Augen leuchten so! Sie haben schon geleuchtet, als du mich am Freitag über euer Treffen informiert hast, doch jetzt leuchten sie noch mehr. Also erzähl!»

«Es war wunderschön, wir haben uns in jeder Hinsicht gut verstanden.»

«Seid ihr jetzt zusammen?»

«Wir werden uns auf jeden Fall wiedersehen, um uns noch besser kennenzulernen», antwortete ich sehr vorsichtig, denn ich misstraute meinem Glück noch immer.

«Habt ihr euch schon geküsst?»

«Ja!»

«Dann seid ihr auch zusammen!» Für Karl war die Sache einfach. Zum ersten Mal interessierte er sich, fragte nach Beruf, Alter und Aussehen des Mannes.

Meine Zurückhaltung, es sei nicht voraussehbar, wie es sich weiterentwickele, und ich wisse ja auch gar nicht, ob W. genauso beeindruckt sei, teilte mein Sohn nicht.

«Er will dich, und du willst ihn, dass spüre ich», sagte er. «Du bist anders als vorher! Ich muss noch schnell zu Matthias», fügte er dann hinzu und ließ mich mit meiner Verblüffung über seine Sensibilität allein.

Sofort fiel das Erlebte wieder über mich her. W. hatte mir gezeigt, wo ich hingehöre! Er hatte Frau und Sklavin gleichermaßen in Wallung versetzt. Er hatte mich erkannt, und er hatte mich angenommen, mit jeder Bewegung, mit jedem Blick, mit jeder Geste, mit jedem Wort hatte er es mich spüren lassen. Mehr noch, er hatte mich zu suchen begonnen, und er wollte von mir gefunden werden, bis hin zum letzten Winkel unserer Seelen und Körper. Wir hatten einander Berührungen, Körpersäfte und Worte aufgesaugt. Wir hatten einander verstanden, und ich fühlte, er würde mir mit jedem Schritt die Zeit lassen, die ich benötigte, um weiterzugehen, ohne einen Schritt zu überspringen.

Am nächsten Morgen bemerkte ich, dass meine Schamhaare wuchsen, hörte, wie jedes einzelne seinen Namen nannte, als es den Weg aus meinen Poren nahm, um hervorzukommen, sich zu zeigen, begierig darauf, wieder von ihm entfernt zu werden. Ich wusste, dass ich sie nicht mehr berühren würde, dass es vielmehr in seiner Entscheidung lag, wie lange ich sie trug, spürte das Verlangen, meine Beine für ihn zu öffnen, wann immer ihm danach war. Empfand bereits den Schmerz, wann immer sie sich zum Urwald verdichteten, weil er nicht zugegen sein konnte.

Die Woche bis zum nächsten Treffen erschien mir wieder endlos. In Wellen erfasste mich die Angst, ich könnte nur geträumt haben, immer wieder wartete ich. Es musste so sein, dass ich wartete, dass ich nicht selbst zum Hörer griff.

Ich wartete, bis mich sein Anruf erlöste.

«Ich habe ein Hotel in deiner Stadt gebucht. Ich hole dich Samstag um 14.00 Uhr zu Hause ab.»

«Ich freue mich sehr», antwortete ich. Doch dann schoss mir ein Gedanke durch den Kopf. Zögernd sprach ich ihn aus. «W., es wäre mir lieber, du würdest mich nicht zu Hause abholen.»

Er schwieg. Fürchterliche Angst überfiel mich, er könnte sich zurückgewiesen fühlen.

«Darf ich fragen, warum?» Seine Stimme war klar.

«Es ist noch zu früh. Zu früh, dich meinem Sohn vorzustellen.»

Er war nicht beleidigt, sondern sagte: «Ja, das kann ich verstehen. Entschuldige bitte, dass ich es nicht bedacht habe.»

«Ich danke dir für dein Verständnis.» Ich war mehr als froh. Mein Instinkt hatte Bestätigung erfahren, meine Vorstellung von einer Beziehung, wie ich sie in meiner Mail an M. formuliert hatte, sie fand in ihm Widerhall, mehr noch, ich musste ihm nicht den Weg zeigen, er trug ihn bereits in sich.

«Ich möchte jedoch, dass wir zusammen im Hotel ankommen. Wo kann ich dich abholen?»

«Neben der Autobahnausfahrt befindet sich ein Mitfahrparkplatz, dort können wir uns treffen.»

Voller Anspannung hielt ich nach seinem Auto Ausschau. Ich konnte die Angst nicht vor mir verbergen, es könnte anders verlaufen, diesmal. Er hielt mir die Tür auf, sah mich dabei an, so lange, bis ich verstand, er öffnete mir nicht nur die Wagentür, er öffnete mir sein Leben. Ich spürte auch seine Anspannung. Sie verflog im Hotel, ebenso wie meine, als wäre sie nie gewesen.

Sie löste sich auf, indem er auf der Küchenzeile eine Vorhebhalte machte, die ich erwiderte, indem ich auch auf die Küchenzeile hüpfte. Wie zwei Lausbuben saßen wir da, lachten, redeten und baumelten mit den Beinen. Unser Fest begann auf der Küchenzeile, von der er sprang, um mir einen Handstand vorzuführen, was mich entzückte, auf der er mir ein Lied sang, auf der wir uns entkleideten, von der er mich zog, um mich zu ficken, um mich zu rasieren, um mich wieder zu ficken, auf der wir weiterredeten.

Bis ich zur Toilette muss, wohin er mich nicht allein gehen lässt, sondern mich hinführt, mich auf seinen Schwanz setzt, um erst in mich zu urinieren und meiner Höhle die Wärme seines Strahles zu schenken, die mich erregt, bevor ich laufen lasse, auf seinen Schwanz, der in mir bleibt, von meinem Wasser erhitzt, mich fickt, auf der Toilette, bis ich komme, an den Kacheln abrutsche, mich an ihm festhalte, mich wiederfinde auf der Toilette, auf der er bleibt, damit ich mich auf den Boden knie, vor ihn, seinen Schwanz zu lecken, damit ich mich hingebe, dieser Aufgabe an diesem Ort, ihn aussauge, gierig, sein Eiweiß zu schlucken. Das ich schmecke, noch auf dem Sofa, auf dem wir nackt sitzen, voreinander mit Worten weitere Hüllen fallen lassen, uns ineinander verschlingen. Bis er sagt, ich will dich schlagen, mich zittern lässt bei diesen Worten, die mein Ohr erreichen und die Erregung durch den Körper schwingen lassen, während er mich in die Mitte des Raums stellt, mir Handschellen anlegt, mich warten lässt, auf die Peitsche, die er ergreift, deren Riemen er mich spüren lässt, indem er sie zart über meinen Körper gleiten lässt, indem er sie schwingt, mich zu schlagen, auf die Lenden, auf die Schenkel, mich trifft mit diesen Schlägen, nicht nur Lenden und Schenkel, mich trifft, auch mit seiner Geilheit, die ihn bei den Schlägen überfällt, ihn von hinten in mich eindringen lässt, während ich mich mit gefesselten Händen an einem Stuhl festhalte, um seine Stöße hinnehmen zu können, ohne zu stürzen, um doch zu stürzen in die Wellen, die sein Schwanz erzeugt, in mir, bis ich mich ergebe, mit lautem Stöhnen und fließendem Saft. Er dreht mich um, schenkt mir Glück, weil er mit aufrechtem Schwanz dasteht und mich anweist, mich hinzuknien, damit er den Weg finden kann in meinen Mund, zwischen meine Lippen, die ihm entgegenkommen, sich runden, nach vorn und nach hinten gleiten, meine Zunge mitspielen lassen, bis er sich ergießt, mich nochmal nährt mit seiner Sahne. Die Gemüsequarkkräcker, die er mir aus seinem Mund reicht, der Wein, den er mir einflößt, die Wurst, mit der er meine Lusthöhle füllt, die Pralinen, die er mir vorkaut, vollenden diese Mahlzeit, die nicht köstlicher sein kann, doch noch köstlicher wird, als wir einander die Schokoladenflecken ablecken, er von meinen Brüsten, meinem Bauch, ich von seinen Brusthaaren, von denen ich mich unter seine Achseln verirre, angelockt von seinem Schweiß. Derart genährt, wächst der Wunsch, wird stark und stärker, will sich nicht unterdrücken lassen, übermächtigt mich, wird zum Verlangen, das ich ausspreche, ihn bitte, mich zu schlagen, nochmal, in diesem Moment mich schäme für diese Bitte, mich schäme für meine Unersättlichkeit, erröte, vor Scham, Scham, die er vertreibt, indem er meine Unersättlichkeit versteht, weil sie lebt, auch in ihm, was er mich fühlen lässt, indem er mein Gesicht in die Hände nimmt, indem er mich zärtlich küsst, indem er mich vor das Bett führt, mich nach vorne beugt, ihm meinen Hintern zu präsentieren, damit auch dieser Körperteil satt wird, indem sein Schwanz begierig teilhaben will und sich aufrichtet, als er mich schlägt, indem er mich fickt, seine Unersättlichkeit mit der meinen zu vereinen. Ineinander verschlungen, schlafen wir ein, wachen löffelliegend auf, was sein Schwanz nutzt, in meine Höhle zu dringen, die noch schlaftrunken trocken ist, doch schnell feucht wird von der Heftigkeit, mit der sie so unvorbereitet genommen wird, sich ihm ergibt, während ihn nach meinem Mund verlangt.

Fassungslos. Wieder blieb mir nach meiner Rückkehr nach Hause nur das Sofa. Ich musste mich hinlegen, um festen Grund unter meinem ganzen Körper zu spüren, so sehr tanzten die Gefühle mit mir.

Es war nicht anders verlaufen und war doch völlig anders verlaufen. Wir waren einander wieder begegnet, in einer Intensität, die sich, entgegen meiner Befürchtung, solch Außergewöhnliches könne nur einmalig bleiben, weiter verdichtet hatte.

Unsere Seelen waren so hungrig aufeinander wie unsere Körper. Er hatte meinen Lebenshunger weiter genährt. Die Erinnerung an die einzelnen Gänge, die Reihenfolge, in der er sie mir verabreicht hatte, die Art, wie er sie zubereitet hatte, hielt mich stundenlang auf dem Sofa gefangen.

Nie war ein Menü so schmackhaft, so vielfältig, so reichhaltig, so befriedigend gewesen. Nie hatte mich ein Mann so oft hintereinander gefickt. Seine Geilheit entsprach meiner Gier. Er hatte mir eine neue Form der Vereinigung gezeigt, ich würde nicht mehr zur Toilette gehen können, ohne daran zu denken. Er hatte ein Bedürfnis nach Wurst in mir geweckt, ich würde nicht mehr an einer Metzgerei vorbeigehen können, ohne daran zu denken. Er hatte mich gepeitscht, und er hatte mich getroffen. Er hatte mich getroffen, nicht durch die Stärke seiner Schläge, die er nur leicht dosiert hatte, sondern weil die Peitschenhiebe auch von meiner Seele empfangen wurden.

Ich war so getroffen, dass ich am nächsten Tag nur mit großer Anstrengung zur Arbeit fähig war und am Abend wieder auf das Sofa sank, überwältigt von den Nachwirkungen des Menüs.

Am nächsten Morgen kam die Angst, sie kam nicht langsam und zögerlich, sie überfiel mich mit kaum auszuhaltender Heftigkeit. Ich erkannte sie sofort, es war die Angst, diese Intensität ließe sich nicht halten, so eine Begegnung ließe sich nicht wiederholen, vermischt mit der Angst, er wolle mich aus diesem oder einem anderen Grunde nicht wiedersehen. Mein Instinkt sagte mir, sie ist überflüssig, und sie ist unsinnig. Doch die Angst ließ sich nicht vertreiben.

Meine Hand zuckte zum Hörer, doch ich spürte, genau wie in der Woche davor, es war meine Aufgabe zu warten. Das Leben forderte von mir, was mir am schwersten fiel, es forderte, mich dem

Warten zu ergeben, würde es immer wieder von mir fordern, nur so würde es ihn mir lassen, diesen Mann. Ich wartete in Demut vor dem Leben, das mir diese Begegnung geschenkt hatte.

Demut! Ich bekam eine Ahnung davon, was dieses Wort für mich wirklich beinhaltete. Einem Mann die Füße zu küssen, mich auf diese Art demütigen zu lassen, war ein Leichtes gewesen! M. hatte die Sklavin gedemütigt, die Frau war unberührt geblieben, weil er ihre Seele nicht berührt hatte. In der Beziehung mit W. würde ich immer wieder zur Demut geführt werden, wenn auch anders, als ich es bei den Erniedrigungsspielen mit M. erwartet hatte. W. führte mich auch als Frau zur Demut, nicht durch Befehle, nicht durch Handlungen.

Demut ist mehr, als sich im erotischen Spiel demütigen zu lassen, Demut ist eine innere Haltung. Sie vollzieht sich erst in Anstrengung, in Überwindung von inneren Grenzen. Nie war ich bereit gewesen zu warten. Doch jetzt war meine Aufgabe, diesen Mann seine Sehnsucht nach mir immer wieder spüren zu lassen, indem ich mich zurückhielt, bis er seinem Bedürfnis nach Kontakt zu mir nachgab. Freiwillig, ohne dass er mich darum gebeten hatte, allein weil ich fühlte, dass es so sein musste, unterwarf ich mich dem Warten und dem Schicksal. Nicht mehr ich werde es lenken. Demütig ersehnte ich sein Zeichen.

Dankbar beantwortete ich seine SMS, in der er mich wissen ließ, dass er sich in besonderer, nie vorher gekannter Weise auf mich freue.

Wir trafen uns auf demselben Parkplatz wie am Wochenende zuvor und fuhren in seinem Wagen zum Hotel. Heute will ich wissen, wie es sich anfühlt, an seiner Hand durch meine Stadt zu gehen!, spürte ich schon, als ich einstieg. Der Impuls wurde stärker, als wir das Zimmer betraten, unser Zimmer mit Blick auf die Stadt, in der ich aufgewachsen bin. Ich wollte es wissen, jetzt, in diesem Moment, bevor unser Fest begann. Ich sagte es ihm, als er mich berührte. Ich war es mir schuldig, diesen Wunsch nicht zu übergehen, hier, in diesem Zimmer, in der Stadt, in der ich lebte.

Sofort kam die Angst, er könnte nicht verstehen, die Angst, er könnte nicht warten mit seiner Berührung, die Angst, er könnte sich wie M. zurückgewiesen fühlen. Doch er nahm sie mir, indem er sich mir zuwendete. Mit einer Bewegung, aus der Freude hüpfte, Freude über diesen Wunsch, weil er dessen Bedeutung lesen konnte. Gerührt ergriff er meine Hand, um sofort loszugehen, und flüsterte mir zu: «Du bist eine besondere Frau!»

Er und ich, in meiner Stadt – wie anders als M. und ich! Er und ich redeten nicht über die Gebäude, die wir streiften, nicht über Baustile. Er und ich redeten über das Beziehungsgebäude. Er konnte mit diesem Bild nicht nur etwas anfangen, sondern er war so begeistert davon, dass wir es im Austausch ausdifferenzierten und ergänzten.

«Ich bin tief beeindruckt, wie reflektiert du an unsere Beziehung herangehst.» Er hatte keine Augen für den Dom, auf den wir, als wir im Café am Marktplatz saßen, eine hervorragende Aussicht genießen konnten, sondern nur für mich. «Mir dir will ich so bauen, dass wir nicht scheitern können!»

«Weißt du, dass jeder Stein, den wir zusammenfügen, genau angesehen werden will und ich das erste Stockwerk erst beginnen möchte, wenn der Keller stabil ist?»

«Dieser Arbeit stelle ich mich gerne.» Der Druck seiner Hände, die meine umschlossen, verriet eine unbändige Baufreude. «Wir werden uns so austauschen, dass wir jeden brüchigen Stein erkennen.»

«Die brüchigen Steine sind unsere Schwächen, sie sind ein Teil von uns, wollen angenommen und eingebaut werden. Doch indem wir sie aussprechen, können wir Stützpfeiler für sie entwickeln.»

«Wir werden das Mauerwerk festigen, darauf kannst du dich verlassen!» Er beugte sich vor. «Ich möchte sogar noch mehr! Ich möchte auch einen Garten mit den unterschiedlichsten Blumen anlegen, vom Gänseblümchen bis zur roten Rose. Der Garten steht für die Vielfalt unserer Facetten und Emotionen!»

Ich musste aufspringen, um ihn zu umarmen. «Darin können alle unsere Widersprüche leben!»

«Natürlich bedarf es auch einer besonderen Pflege, Fürsorge und Aufmerksamkeit, damit jede noch so kleine Blume, die wir entdecken, gedeihen kann. Ich freue mich heute schon riesig auf diese Arbeit!» Sein Blick ließ meine Scheide feucht werden. Er fuhr fort: «Ich fühle, wir haben bereits einige Steine zusammengefügt, und ich sehe auch schon einige Blümchen blühen.» Seine Worte machten mich glücklich.

So hatte unser Freudenfest bereits begonnen, bevor wir die Utensilien auf dem Tisch im Hotelzimmer herrichteten.

W. führt mich ins Bad, um mich zu ficken, die Hände aufs Waschbecken gestützt, betrachte ich ihn im Spiegel, was meine Erregung steigert, weil ich ihn, dem ich die Tür geöffnet habe, eben in der Stadt und zugleich in mein Leben, sehe, wie er sich in mir bewegt, bis ich sie niederschlagen muss, die Lider, weil ich nur noch fühlen kann, was er in mir bewegt, und die Lust, die er mir bereitet, aus mir herausschreie. Er dreht mich, drückt mich sanft auf die Knie, um meinem Mund sein Eiweiß zu schenken, das er angereichert hat mit einem Ei, das er für mich gegessen hat, an jedem Tag in dieser Wartewoche, an dem er sich gesehnt hat nach mir, sein Eiweiß, das ich gierig schlucke, seine Sehnsucht mit der mei-

nen zu vereinen. Mit Blick auf meine Stadt, die er erobert hat, fließen unsere Worte, vollzieht er die Rasur, fickt er mich mit einer Wurst, damit er zu essen hat, in der Wartewoche, die folgen wird, reden wir, bis er mir den Blick nimmt, mit seinem Schal, mit dem er mir die Augen verbindet, damit ich nur noch fühlen kann, wie er mir Handschellen anlegt, wie er mich schlägt, wie er mich fickt, wie er mir sanft mit den Riemen der Peitsche über Rücken und Brüste streichelt, wie er mich aufs Bett legt, auf den Bauch, wie er mich auf den Hintern schlägt, wie seine Schläge fester werden, wie er in mich eindringt, mich wieder verlässt, mich schlägt, kommt und geht, schlägt, kommt und geht, ganz nach Belieben, endlich bleibt, bis ich komme, um in mich zu spritzen. Wie selbstverständlich umschlingen sich unsere Körper, als könnten sie nur noch so einschlafen, fest spannen sich seine drahtigen Muskeln um mich herum, als wir aufwachen, er mich nimmt, bevor er die Lust empfängt, die ihm meine Hände bereiten.

Zu sehr wirkten die Eindrücke, wirkte alles, was zwischen uns geschehen und mit uns geschehen war, zu sehr wirkte alles, was er mit mir getan hatte, als dass mir etwas anderes möglich gewesen wäre, als nach diesem Wochenende auf mein Sofa zu sinken. Ich wollte begreifen und konnte doch stundenlang nur fühlen.

Erst in den folgenden Tagen ahnte ich, wie sehr sich mein Leben durch diesen Mann verändern würde. Er war es! Was mein Instinkt nach der ersten Begegnung wusste, signalisierte jetzt die Realität. Mit jedem Zusammensein zeigte es sich mehr und mehr: Er war es!

Nicht nur, dass auch dieses Treffen als ein einziges Freudenfest verlaufen war, darüber hinaus hatte ich seine Fähigkeit, einen anderen Menschen in seinem Sosein wahrzunehmen, erleben können. Er konnte nicht nur Worte nachvollziehen, er erfasste meine Gefühle, bevor ich sie formulierte. Jeder Gedanke, jede Regung in mir war ihm wichtig. Seine Reaktion auf meinen Wunsch hatte mich mit ihm nicht durch die Stadt gehen, sondern mich mit ihm durch die Stadt schweben lassen. So wollte ich mich fühlen, an der Seite eines Mannes, in meiner Stadt. So und nie wieder anders!

Er ließ mich spüren, er wollte mich genauso sehr, wie ich ihn wollte. Ihm konnte ich nicht nur meine Angst der letzten Tage mitteilen, er gestand mir, dass ihn ähnliche Gedanken bewegt hatten.

So wie er die Frau geöffnet hatte und tiefer in meine Seele vorgedrungen war, hatte er auch die Sklavin weiter erobert. Nicht, wie ich es erwartet hatte, mit festeren Schlägen, obwohl er auch sie stärker dosiert hatte, sondern durch den Wechsel von zarten und festen Berührungen, durch den Wechsel von Schlägen und Ficken und durch das Vollziehen der bekannten Handlungen, nach denen ich mich bereits zu sehnen begonnen hatte. Die Wiederholung erzeugte Vertrautheit, sie gab mir Sicherheit und weckte den Wunsch, er möge mehr von mir verlangen. Als wisse er alles von meinen Sehnsüchten, hatte er mit den bekannten Handlungen begonnen, hatte meine Hingabe an sie geprüft, um mich dann meine Verfügbarkeit durch sein Kommen und Gehen erleben zu lassen, auch hiermit hatte er eine langgehegte Phantasie befriedigt.

Ob meine Kollegen, Freunde oder Nachbarn mein Glück bemerkten, nahm ich nicht wahr. Ich verbrachte nur so viel Zeit in der Außenwelt, wie unabdingbar notwendig war. Ich war süchtig nach dem Alleinsein, ich musste die Eindrücke verarbeiten.

Mein Sohn fühlte, wie sehr ich in mir versunken war, dass es jedoch zu früh war, mich darauf anzusprechen. Wir unterhielten uns über seine Schule, seine Freunde, meine Arbeit, doch nicht über das, was mich unentwegt beschäftigte. Nur eine Frage konnte er sich nicht verkneifen: «Willst du es nicht allmählich Johanna und Lucia erzählen?»

«Wenn der Urlaub vorbei ist», antwortete ich. Karl verstand auch das Unausgesprochene. «Du musst dir doch wegen deines Urlaubs keine Gedanken machen», sagte er.

Doch genau das tat ich. Vor W. und mir lagen getrennte Urlaube. Sie waren bereits gebucht, er fuhr mit seinem Sohn, ich mit meinem Freund David. Mit dem Bewusstwerden, wie sehr dieser Mann mich berührte, wie sehr meine Sklavin bereits ihm gehörte, überfiel mich eine neue Angst. Obwohl mir mein Instinkt mitteilte, auch diese Angst sei überflüssig, die Reisen würden nichts zwischen uns verändern, blieb die Angst, sie wollte ausgesprochen werden. Doch auch die Angst musste auf das nächste Treffen warten, wie ich auf W.s Anrufe.

«Bitte lass uns erst einen Kakao trinken, ich habe dringenden Redebedarf», überfiel ich ihn bei unserem nächsten Treffen.

Er lachte. «Dann bestelle ich einen großen mit extra viel Sahne.» Mit diesen Worten stellte er den Koffer, den er gerade ausladen wollte, wieder in den Kofferraum seines Wagens, ergriff meine Hand, steuerte das Hotelcafé an, wählte mit der ihm eigenen Umsicht einen abgelegenen Tisch in einer ruhigen Ecke und sah mich auffordernd an.

«In mir ist ganz viel Angst, und diese Angst bittet dich, mit den Striemen bis nach dem Urlaub zu warten.» Ohne Einleitung offenbarte ich mich. «Ich kann nur hoffen, dass du es verstehst.»

«Deine Bitte zeigt mir deinen Tiefgang, ich kann damit gut umgehen, und selbstverständlich werde ich sie achten!» Fest umschloss er meine zitternden Hände. «Doch jetzt lass mich deine Angst erfahren.»

«Dein hoher Testosteronspiegel! Ich weiß nicht, was es mit mir macht, wenn du im Urlaub andere Frauen fickst.»

Er stand auf, drehte mich mit meinem Stuhl um, schob den seinen dicht davor, setzte sich Knie an Knie und ergriff fest meine Schultern. «Das wird nicht passieren!»

«Du warst bestimmt noch nie in Urlaub, ohne es zu tun.»

«Das stimmt. Doch du musst dir keine Sorgen machen. Ich spüre, mit dir habe ich eine Frau getroffen, die mich bindet. Nie war für mich eine Beziehung so stark, es blieb immer Raum zum Fremdgehen. Doch jetzt ist es an der Zeit, das vom Testosteron bestimmte Verhalten zu ändern!»

«Ich weiß, du hast es fest vor, doch ich weiß auch, dass die Frauen, bedürftig, wie sie im Urlaub sind, es dir nicht leichtmachen werden. Männer wie du sind in der Sonne besonders gefährdet.»

«Deine Angst ist verständlich, aber es wird nicht passieren.»

Ich zog eine Packung Kondome aus der Handtasche. «Für den Fall, dass es doch dazu kommt, benutze sie bitte. Und schicke mir sofort eine SMS, ich werde versuchen, damit zu leben.»

Er wehrte ab. «Ich brauche sie nicht. Ich freue mich darauf, endlich mal zu erleben, dass ich stark sein werde und kann.»

«Bitte, nur für alle Fälle! Wegen Aids!»

Er öffnete die Packung, nahm die Hälfte der Kondome heraus, schob sie mir in die Handtasche und steckte die andere Hälfte ein. «Und du? Wir reden bisher nur von mir. Was ist mit dir? Du übernachtest mit David in einem Zimmer. So einfach ist das für mich auch nicht, dass meine Partnerin mit ihrem schwulen Freund in einem Bett schläft. Woher soll ich sicher sein, dass nicht doch Sexualität ins Spiel kommt?»

«Ich kenne ihn seit 30 Jahren!»

«Aber ich kenne ihn nicht.»

«Wenn du ihn kennenlernst, wirst du verstehen, dass Sexualität zwischen ihm und mir kein Thema ist.»

Froh darüber, dass es auch ihm nicht egal war, wie ich mich im Urlaub verhielt, umarmte ich ihn. Dann führte er mich in unser Hotelzimmer. Er zog mich aus, öffnete das Fenster weit, stellte zwei Stühle davor und sagte: «Komm, lass uns den Blick auf deine Stadt genießen!»

Mehr noch als die Sonne unsere nackte Haut wärmte die Freude, die ihn und mich befiel, meine Freude an ihm, seine Freude an mir, unsere Freude an diesem Blick.

Er tritt hinter mich, legt meine Hände auf die Stuhllehne, um die Freude zu steigern, indem er in mich eindringt, mit den Bewegungen seines Schwanzes mein Stöhnen auf die Reise schickt, aus dem Fenster in die Stadt, die innehält, auch den nicht enden wollenden Lustschrei aufzu-

nehmen, der mir entweicht, weil er nicht aufhört, mich zu ficken, mich kommen lässt, mich weiterfickt an diesem Fenster, mich nochmal kommen lässt, mich auf die Couch legt, mich ausleckt, gierig auf das Gemisch meines Nektars mit seiner Sahne, mich mit der Zunge, die sich keinen Tropfen entgehen lässt, in Erregung hält, damit ich feucht bleibe, während wir den Sonnenuntergang redend und schweigend genießen, den ich fotografiere, was ihn verleitet, mich auf seinen Schwanz zu setzen, um ihn in den Blüten meiner Blume zu einem Bild werden zu lassen, das ihn und mich erregen wird, wann immer wir es betrachten. Er trägt mich aufs Bett, öffnet mir die Schenkel, um mich zu rasieren, erregt mich mit seiner Zungenprobe, weil sie meine Schamlippen schwellen und meinen Hügel wachsen lässt, mein Becken in Bewegung versetzt, das er festhält, um mich zu ficken, mit seinen Bewegungen, denen ich ausgeliefert bin, die mich zu prägen beginnen, denen ich mich ergeben muss.

Er ließ mich ausruhen, flößte mir ein wenig Wein ein und bedeckte mich mit Küssen, zärtlichen, gefühlvollen Küssen. Küsse, die sich anders anfühlten als zuvor, weil sie nach Beziehung schmeckten. Küsse, die er anders gab als zuvor, die erzählten, was sich in ihm verändert hatte. Küsse, die ich anders empfing als zuvor, die mich spüren ließen, was sich in mir verändert hatte. Küsse, die direkt meinen G-Punkt erreichten, weil es plötzlich von seinem Mund auf meinem Mund eine Verbindung dorthin gab. Aus diesen Küssen heraus folgte seine nächste Handlung an mir, weil sie stimmig war, beinahe als müsste es so sein.

Er legt mir metallene Klammern an, Schmerz durchzuckt mich, zieht an mir, die Bleisäckchen sind schwer, er stützt sie leicht, um mir Schmerzen zu bereiten, ohne meine Brüste zu sehr zu belasten, nimmt sie mir ab, bindet mir die Handgelenke zusammen, peitscht mich im Stehen. Ich stehe, empfange, spüre den Schmerz und die Lust, spüre, wie Schmerz und Lust unter die Haut gehen, spüre, wie sie sich der innersten Kammer nähern, der Kammer, in der die Unterwerfung darauf wartet, gefunden zu werden, spüre, wie ich mich hingeben kann, diesen Schlägen, die den Weg in mein Innerstes angetreten haben, gebe mich hin, denn ich weiß, dass er meinen Wunsch achten wird, da ich nicht aufpassen muss, dass er keine Spuren hinterlässt, weil er aufpasst, spüre, dass er die Kammer erreichen wird, wenn die Zeit dafür herangereift ist. Feucht und weich nehme ich ihn auf, seinen Schwanz, auf dem Bett, auf das er mich für ihn zugänglich positioniert hat, ich knie auf allen vieren, strecke ihm den Hintern entgegen, zerfließe unter seinen Stößen, die er mit Schlägen auf meine Lenden begleitet, während er mich hineinstößt in einen Strudel der Lust, in einen Zustand, in dem ich mich nur noch hingebe, seinen Schlägen, seinen Stößen, komme, mich hingebe, seinen Schlägen und Stößen, komme. Er füttert mich, um mich zu stärken, weil er noch nicht satt ist von mir, von meinem Körper, von dem, was er mit mir macht, weil er noch mehr braucht, von meiner Hingabe, die ich müde, aber nicht zu müde bin, sie ihm zu bieten, die in mir entsteht, sobald er sich mit meinem Körper beschäftigt. Er setzt mich auf einen Stuhl, um in mich zu dringen, er kniet mich aufs Bett, um meine andere Öffnung mit dem Finger zu weiten und sie dann mit seinem Schwanz anzuschnäbeln, behutsam, um mich nicht zu verletzen, was den Wunsch in mir entfacht, er möge nie aufgeben, die Enge zu überwinden, die Öffnung zu erobern, und wenn es Monate erfordern sollte.

Er führte mich zur Couch, küsste mich und berührte meine Seele mit Worten. Er streichelte mir in nicht endendem Wechsel Seele und Körper, was Sklavin und Frau gleichermaßen öffnete und öffnete. Er öffnete mich so, dass die Sklavin nach mehr schrie und die Frau ihn bat, ja fast darum bettelte, ihr nochmal wehzutun.

Er legt die schweren Klammern an, der Schmerz erreicht meine Grotte, in die er die Wurst schiebt, mich zu ficken, während ich mich in deren Kälte und dem Schmerz auflöse. Er lässt Badewasser ein, hilft mir in die Wanne, in die ich allein nicht hineinkomme, weil mein Körper vergessen zu haben scheint, alle Muster seiner eigenen Bewegungen, unersättlich die Muster aufzusaugen, mit denen er alles an mir, alles in mir, mich, mich bis zur Selbstvergessenheit, in Bewegung versetzt. Nicht im Schaum, der ihn und mich umgibt, versinke ich, sondern in den Haaren seiner Arme, die, vom Wasser umspült, meinen Blick fesseln, meine Finger anziehen, die darüberstreicheln, bis die Haare in mein Inneres schwimmen, in die Höhle, in der die Steppenwölfin kauert, von ihnen berührt wird, jubelnd heult, ein Freudengeheul, weil sie ahnt, auch sie wird er nähren, auch sie darf leben, weil sie das Animalische in ihm riecht, das sich mit ihr vereinen wird, wann immer er sie besteigt, mit seinem behaarten Körper, nachts, bei Vollmond, auf dem Hügel, mitten im Wald. Am nächsten Morgen sind diese Haare auf seinen Armen und auf seiner Brust das Erste, was ich sehe, noch bevor ich die Augen aufmache, das Erste, was mich erregt, noch bevor ich wach bin, was die Steppenwölfin winseln lässt, weil sie die ganze Nacht gespürt hat, diese Haare sind die Kette, nach der sie sich sehnt, mit ihnen wird er sie zähmen, mit diesen Haaren, die ich sehe, als ich die Augen öffne, von seinem Schwanz geweckt, der in mich dringt, mich zweimal fickt, die ich sehe, als ich ihn lecke, bis er auf mich spritzt.

Bewegungsunfähig.

Die Erinnerung an die Bewegungen seines Schwanzes in meiner Lustgrotte ließen mich kommen, sobald ich, wieder zu Hause, mein Sofa erreichte. Die Erinnerung, wie er mich bewegt hatte, machten mich bewegungslos, stundenlang. Ich spürte und spürte – seine Bewegungen.

Ich schaute und sah – seine Haare. Beim nächsten Vollmond würde die Steppenwölfin an sie gebunden, daran gehindert sein, durch den Wald zu laufen. Auch die folgenden Vollmondnächte würde ich in meinem Bett verbringen, weil er meiner Wildheit auf andere Art Nahrung geben würde, das spürte ich. Denn er hatte verstanden, als ich mich beim Frühstück getraut hatte, ihm von der Steppenwölfin zu erzählen. Seine Worte stellten ein starkes Seil dar.

«Du wirst auf keinen Fall mehr allein nachts durch den Wald irren», hatte er entschieden. «Wenn es erforderlich ist, werde ich dich mit Fesseln ans Bett binden. Und wenn du zu stark daran zerrst, werde ich dich in den Wald führen und im Mondschein ficken.»

«Und wenn du nicht bei mir bist?»

«Dann wirst du nicht gehen, weil ich nicht will, dass du dich in Gefahr begibst.»

Nicht nur das Verarbeiten der überwältigenden Sinneserlebnisse, die mir dieser Mann bereitet hatte, lähmte mich, sondern auch die immer größer werdende Angst. Obwohl ich sie vor ihm ausgesprochen hatte, obwohl er sie auffing, war sie geblieben. Er hatte sie mir nicht nehmen können, denn ich sah auch seine Schwäche. Ich hatte seinen Willen, diesen Urlaub ohne eine andere Frau zu überstehen, deutlich gespürt, doch diese Schwäche war ein Teil von ihm, sie gehörte zu ihm, wie es zu mir gehörte, dass ich mich immer nur auf einen Mann ausrichten konnte.

W. hatte nicht nur meinen Körper weiter erobert, er war auch tiefer in meine Seele eingedrungen. Nur die Angst hatte noch verhindert, dass er die Kammer der Unterwerfung ganz erreichen konnte. Ich musste auf mich aufpassen. Je mehr ich ihm als Sklavin gehörte und als Frau zu ihm gehörte, desto nötiger brauchte ich auch seine Ausrichtung allein auf mich. Ich war mir nicht sicher, ob er schon so weit war, ob seine Wildheit durch die Besonderheit unserer Beziehung schon so gebunden war wie meine Steppenwölfin durch seine Haare. Seine Küsse hatten sich verändert, doch auch sie hatten die Angst nicht vertreiben können.

Die Urlaubstage waren von Ambivalenz geprägt. Während ich mit David beständig und gleichmäßig auf unserem Fernwanderweg in Cinque Terre einen Fuß vor den anderen setzte, wurde ich zwischen starken Glücksgefühlen und Angstanfällen hin- und hergeworfen. Obwohl mein Instinkt mir jede Nacht bestätigte, ich würde ihn wiedersehen, schaffte es die Angst, immer wieder aufzutrumpfen.

Der Sturm tobte in meinem Inneren, draußen wärmten die Sonne und Davids Freundschaft. Er kannte mich zu gut, um nichts zu bemerken, doch er verstand zu warten.

«Du hast dich verändert!», sagte er, als wir nach einer ausgedehnten Wanderung bei einem Glas Chianti zusammensaßen. Seine Feststellung war ein Gesprächsangebot.

«Ja, aber es ist noch zu früh, darüber zu sprechen», antwortete ich.

Obwohl er mir vor vielen Jahren seine Homosexualität offenbart hatte, schaffte ich es noch nicht, mich ihm zu offenbaren. Meine Neigung schien mir nicht vergleichbar mit der seinen. Homosexualität war inzwischen gesellschaftlich akzeptiert, immer mehr Menschen standen öffentlich dazu. Sie konnten es, ohne Angst um ihren Arbeitsplatz haben zu müssen. Menschen mit meiner Veranlagung hielten sie geheim, sie wollten nicht als pervers gelten. Ich konnte mir Davids Toleranz sicher sein – und dennoch zögerte ich. Wie sollte ich meine Vorlieben erklären?

«Du weißt, ich bin immer für dich da, auch nachts, wenn es notwendig werden sollte.» Er war der Fels in meinem Leben.

Die Angst blieb, bis ich erkannte, welchen Schritt ich in meinem Inneren zu vollziehen hatte: Wenn ich diesen Mann wollte, musste ich ihn annehmen, mit allem, was er in sich trug. Es würde meine Aufgabe sein, ihm zu verzeihen, falls er schwach werden würde. Ich spürte, es würde sehr wehtun, doch ich spürte auch, es könnte mir gelingen, und wenn ich dafür durch alle Wüsten dieser Welt laufen müsste. Während ich hinter meinem Freund im dichten Nebel einen Berg erstieg, bewegte ich diesen Gedanken in meinem Herzen, merkte, wie die Kraft, die von ihm ausging, die Angst vertrieb.

Ich erfasste, dass meine Bereitschaft zu verzeihen der Stützpfeiler für den brüchigen Stein seiner Schwäche in unserem Beziehungsgebäude war, so wie sein Wille, mich ganz zu bekommen und mich mit all meiner Hingabefähigkeit zu behalten, den brüchigen Stein meiner Ängste stützen würde.

Als wollte der Himmel meine Erkenntnis bestätigen, rissen die Wolken auf und eröffneten einen traumhaften Blick über das Meer.

Am Abend erreichte mich seine SMS von der anderen Seite des Meeres: «In Gedanken bin ich gerade bei dir. Sehnsucht in einer solchen Intensität habe ich nie zuvor empfunden, was ist mit mir passiert? Ich weiß, was passiert ist, ich habe Eva B. kennengelernt. Ich küsse dich, dein W.

PS: Noch nie ist es mir so leichtgefallen, stark zu bleiben.»

Er rief mich an, sobald wir wieder in Deutschland waren. Wir sprachen nicht viel, sondern verabredeten nur, uns am nächsten Tag wiederzusehen.

Wie ein 13-jähriges Schulmädchen vor dem ersten Rendezvous kribbelte es in meinem Bauch. Ich wurde fast ohnmächtig, als ich sein Auto erblickte. Endlose Minuten lang wartete ich auf dem Parkplatz, bis es endlich einbog. Ich war zu früh losgefahren, in meiner Ungeduld, ihn zu sehen, in meiner Unruhe, ihm wieder nahe zu kommen. Und in meinem Bedürfnis, mich seiner Nähe zu vergewissern und zu spüren, dass sie noch da und nicht auf dem Flug verflogen war.

«Ich bin wie du.» Mit diesem Lied begrüßte er mich. Er ließ es laut erschallen, sang mit, tanzte dazu hinter dem Steuer auf der Fahrt zum Hotel. Mit diesem Lied machte er sie hörbar, für mich, seine Nähe, seine Nähe zu mir, war auch sie auf einmal hörbar für ihn, meine Nähe zu ihm. Als ich mitsang, mittanzte, war sie sogar fühlbar, die Nähe, für ihn und für mich, weil sie sich verband, die meine mit der seinen, verdichtete, bis sie das Auto füllte, bis sie mich und ihn erfüllte.

Im Hotelzimmer überreichte er mir eine kleine rote Herzschachtel mit Pralinen und sagte: «Ich schenke dir mein Herz!»

Daraufhin nahm ich die Zitrone, die ich für ihn im Urlaub gepflückt hatte, aus dem Koffer. «Ich schenke dir meine Gefühle. Sie sollen dich wärmen wie die Sonne diese Zitrone!»

Er zieht sich aus, zeigt mir seine gebräunte Haut, auf der die schwarzen Haare mich in die Knie sinken lassen, ich verharre so vor ihm, umfasse mit den Lippen seinen Schwanz, in Dankbarkeit, in Demut vor dem Leben, das mich diesem Mann begegnen ließ, das mir ihn erhalten hat in der Wartezeit, das ihn mir noch nähergebracht hat, in der Zeit des Wartens, ich knie und lutsche, bis er mich stärkt mit seinem Eiweiß.

Seine Leidenschaft nahm mir den Atem, meine Leidenschaft nahm ihm den Atem. Atemlos begann es, unser Wiedertun-Wiederseh-Wiederfühl-Wiederschmeck-Wiederriech-Wiederhör-Fest, das wir fortsetzten, ohne Atem zu holen. Wir richteten die Festutensilien her, wie es das Zimmer bereits kannte. W. hatte das Zimmer schon vor dem Urlaub gebucht, damit wir uns gleich danach darin wiederfinden konnten, in unserem Freudenfestzimmer. Ausgehungert nach Austausch, unersättlich auf Worte und Berührungen, auf fest und auf zart, konnten wir nicht ruhen, entbrannten wir das nicht enden wollende Feuerwerk der Sinne. Keine Handlung, die er jemals an mir vollzogen hatte, ließ er aus. Zwischendurch gestanden wir einander alle Gedanken, die uns in den Wartewochen beschäftigt hatten. Alle Schlecht-, alle Dumm-, alle Gut-, alle Schöngedanken! Wir nahmen sie an, er die meinen, ich die seinen. Er machte für mich einen Handstand, wir redeten, sangen und tanzten.

Die Nippelclams mit einem Kettchen, die er für mich gekauft hat, schreien in seiner Hand danach, ausprobiert zu werden, überwältigen ihn und mich, als er sie mir anlegt, meine Brüste berührt, meine Brüste betrachtet, meine Brüste küsst, die sich ihm entgegenstrecken, stolz die Warzen stellen, damit er sie schmücken kann, die den Schmerz empfangen, der den Saft zum Fließen bringt und seinen Schwanz zum Stehen. Das Kettchen wackelt im Rhythmus seiner Stöße, als er mich umdreht und von hinten fickt, vor dem Spiegel, in dem wir es betrachten, zusehen, wie es schaukelt, mehr und mehr, bis ich vom Strudel der Lust erfasst werde, versinke, schreie, komme, bebe. Er führt mich ins Bad, setzt mich in die Wanne, seift mich ein, badet mich, trocknet mich ab. Er führt mich ins Zimmer, fesselt mich an den Hand- und Fußgelenken an das Bett, so dass ich ihm ausgeliefert auf dem Bauch daliege, dann schlägt er mich mit Peitsche und Rührlöffel, streichelt mich, schlägt mich, streichelt mich mit der Peitsche, führt die Wurst ein, fotografiert mich, ihm so ergeben, schlägt mich, fickt mich mit der Wurst, schlägt mich, kommt und geht, streichelt und schlägt, kommt und geht, streichelt und schlägt, dringt ein, tief, immer tiefer, stößt vor, immer weiter, erreicht sie, erreicht sie fast, die Kammer der Unterwerfung, ist kurz davor, sie zu öffnen, fickt mich, bis ich mich immer weiter auflöse, nur noch ihn spüre, mich hingebe und hingebe, bebe und bebe. Er löst die Fesseln, hält mich im Arm, kann mein Beben kaum bändigen, umschlingt mich mit Armen und Beinen, drückt fest alle Muskeln gegen meinen Körper, steckt seinen Schwanz in mich, behutsam, zärtlich, um mich auch damit zu halten, öffnet sie, die Kammer, mit dieser Bewegung, in diesem Moment, lässt sie frei, die Unterwerfung, die ich vollziehe, in diesem Moment, als er mich hält, mit seinem Schwanz, mit seinen Armen, mit seiner Seele, in diesem Moment, in dem ich sein werde, ihm gehöre, in diesem Moment bricht der Staudamm, gemauert in 50 Jahren, bricht und lässt sie fließen, die Tränen, die das Vollziehen der langersehnten Unterwerfung fließen lässt, die auch seinen Staudamm brechen, gemauert in 62 Jahren, sein Wasser fließen lassen, um sich mit meinem zu vereinen.

Es war geschehen!

Er hatte den Weg zu der Kammer gefunden und die Tür geöffnet. Ich hatte mich ihm unterworfen, er hatte meine Tränen zum Fließen gebracht, jetzt gehörte ich ihm.

Er hatte meinen Widerstand weichen lassen, ich hatte mich ergeben. Es war auf ganz andere Weise geschehen, als ich es erwartet hatte. Nicht mit heftigen, unerträglichen Schlägen hatte er es geschafft, nicht indem er den Widerstand brach. Zu gut konnte er lesen in mir, um zu erfassen, dass der Weg zu meiner Kammer vielfältiger, verschlungener war, dass mein Widerstand nicht zu brechen, sondern nur auflösbar war. Er hatte es nicht darauf angelegt zu diesem Zeitpunkt, er hatte nur getan, was aus ihm herauswollte. Er hatte es geschafft, indem und weil seine Seele bei jeder seiner Handlungen beteiligt war. Nicht nur die Sklavin hatte sich hingegeben! Unterworfen hatte er die Frau! In seinen Armen konnte sie sich vollkommen auflösen, weil sie sicher war, in diesen Armen wieder zurückzufinden. Sie war sicher, bei ihm würde sie sich nicht verlieren, mit ihm führte der Weg ins Glück.

Das Nacherleben zwang mich mit ungeheurer Kraft auf mein Sofa, meine Tränen liefen und liefen. Nichts hatte im Urlaub an Wirkung verloren, im Gegenteil. Obwohl wir nur unseren Hunger nach Wiedererleben befriedigt hatten, obwohl wir aus dem Bedürfnis heraus, uns zu vergewissern, alles sei noch da, keine neuen Handlungen vollzogen hatten, war Neues entstanden. Es war aus der Nähe zueinander geboren worden, die durch die geographische Entfernung und die bisher nie in seinem sowie in meinem Leben in solcher Intensität gefühlte Sehnsucht gewachsen war. Der Abstand hatte uns die Bedeutung des anderen für das eigene Leben bewusst gemacht.

Ich fühlte mich wie befreit. Auf Wolken schwebend, bereitete ich das Abendessen zu. Es gab Pfannkuchen, und ich rührte mit Schwung den Teig an.

«Hi, Mum!»

«Hi, Karl!»

«Na, wie war es?» Noch im Fragen hielt er inne. «Du siehst so glücklich aus!»

«Ja?»

«Ja, ganz glücklich.»

«Dass du es bemerkst!»

«Alles an dir strahlt! So habe ich dich noch nie gesehen! Du bist wunderschön so!»

«Ich bin auch sehr glücklich, so glücklich wie noch nie.»

«Hat W. dich so glücklich gemacht?»

«Ja, das hat er.»

«Ich freue mich für dich.»

«Danke!»

Wir begannen zu essen, schweigend. Im Kopf meines Sohnes arbeitete es. «Wann lerne ich ihn kennen?»

Am nächsten Morgen überraschte mich mein Spiegelbild: Ich sah zehn Jahre jünger aus. Das Brechen des Staudamms hatte meine Haut entfaltet, meine Gesichtsmuskeln entspannt, meine Augen glänzten wie poliert.

«Warst du am Wochenende bei einer Wellness-Kur?», fragte mich eine Kollegin tags darauf in der Arbeit.

«Ja, in einer ganz besonderen mit einer individuell auf mich abgestimmten Behandlungsmethode», erlaubte ich mir mit geheimnisvollem Lächeln zu antworten. Dann ging ich gleich konzentriert einer Aufgabe nach, um weitere Nachfragen zu verhindern.

Mein Sohn ließ nicht mehr locker: «Ich finde, jetzt musst du es endlich allen erzählen. Du willst doch auch immer alles sofort erfahren!»

Ich stimmte zu und arrangierte ein Treffen. Mit offenen Armen nahmen sie ihn auf, meine Kinder. Die Begegnungen waren nicht von Anstrengung geprägt, sondern von Leichtigkeit und Freude.

W. brachte sie mit, die Freude über meine Einladung zum Essen in meinem Haus. Es schien mir ein guter Rahmen, ihn meinem Sohn vorzustellen. W. parkte sein Auto hinter meinem Bus und stieg mit einem Blumenstrauß in der Hand aus. Sofort kam Karl die Treppe herunter.

«Es freut mich sehr, dich kennenzulernen», sagte W. zu Karl.

«Mich ebenfalls.» Die beiden sahen sich offen und interessiert in die Augen.

«Ich habe noch schnell an einem Autobahnparkplatz angehalten, um für deine Mutter Blumen zu pflücken», sagte W. zu Karl und küsste mich zärtlich.

Mein Sohn lächelte. «Toller Wagen!» Er ging um das Auto herum. «Ein M5?»

«Nein, es ist ein 545i. Der hat aber auch eine starke Maschine mit acht Zylindern.»

«Die würde ich gerne mal erleben.»

«Dann machen wir nach dem Essen eine Probefahrt.»

«Cool!»

Karl zeigte sich von seiner besten Seite. Es war für mich nicht zu übersehen, dass er bei diesem Mann einen guten Eindruck hinterlassen wollte. Mit schien, er wünschte sich, dass Ruhe einkehrte in mein Leben und damit auch in seines. Aufmerksam hörte mein Sohn zu, was W. über sich erzählte, saugte auf, was er über ihn und mich sprach, noch aufmerksamer beobachtete er, wie wir miteinander umgingen. Indem W. erzählte, statt Karl Fragen zu stellen, öffnete er auch die Türen meines Sohnes, wie er zuvor die meinen geöffnet hatte. Ich erlebte Karl in einer völlig neuen Weise, hörte und staunte, wie die beiden miteinander sprachen, von Mann zu Mann.

«W. ist toll. Er ist genau der Richtige für dich!», war Karls Kommentar am nächsten Morgen.

Mit dem Eifer eines kleinen Jungen beteiligte sich W. an der kleinen Stadtrallye, mit der uns Lucia ein Wochenende später an ihrem Studienort empfing und uns beobachtete, bevor wir sie entdeckten. Innerhalb einer Minute waren wir im tiefsten Gespräch. Meine Tochter Lucia, die mir von meinen Kindern am ähnlichsten ist, spürte sofort die besondere Verbindung zwischen ihm und mir. Sie spürte, so war es noch nie zwischen einem Mann und mir.

Herzlich umarmte sie mich und sagte nur: «Ich freue mich so für dich!»

«Ihr passt zueinander», sagte Johanna, nachdem wir nur eine halbe Stunde zusammengesessen hatten. Auch sie besuchten wir an ihrem Studienort.

Jedes Kind drückte es auf seine Weise aus, formulierte es mit anderen Worten, doch alle spürten es gleichermaßen: Er ist es, bei ihm wird sie bleiben – für immer. Ich sah nichts als Freude und Erleichterung. W. hatte einen Platz in meiner Familie erhalten.

Selbstverständlich würde ich den Kindern nicht sagen, dass ich mich mit Lust von diesem Mann schlagen ließ. Über Masochismus spricht man nicht. Die Familie würde nicht alle Aspekte unserer Beziehung erfahren können. Ich bedauerte dies, weil wir sonst so offen miteinander waren.

Nach den Besuchen bei meinen Kindern wuchs in mir der Wunsch, W. möge auf meinem Körper Spuren hinterlassen. Doch ich spürte auch das Bedürfnis, er möge diese Handlung nicht in einem Hotel vollziehen, sondern in seiner Wohnung, an den Balken an seiner Decke, von denen er mir erzählt hatte. Ohne dass ich diesen Gedanken aussprechen musste, äußerte er das Bedürfnis, mich am nächsten Wochenende in seinem Reich zu empfangen.

Die Gerte ist geschnitten

Nicht mit meinem Bus erreichte ich seinen Wohnort, sondern an seiner Seite, in seinem Auto. W. hatte mich abgeholt, um mich von meinem Haus zu seinem zu führen. Die ganze Fahrt über hielt er fest meine Hand, ließ mich keine Sekunde los. Er gab mir Hinweise zur Fahrstrecke, die in meinem Ohr blieben, weil sie seine Fürsorge spiegelten. Sie sollten gewährleisten, dass ich ihn fand, wenn ich das nächste Mal selbst zu ihm fuhr. Während er die Haustür öffnete und mich zum ersten Mal einließ, bereiteten sie dieses nächste Mal schon vor, ebenso die Male danach.

Er umarmte und küsste mich zärtlich. «Willkommen in meinem Haus! Willkommen in meinem Leben!»

«Ich freue mich so sehr, ich kann dir gar nicht sagen, wie sehr.»

Er wollte mir erst die einzelnen Zimmer zeigen. Doch ich konnte zunächst nicht weitergehen, weil mein Blick an dem Blumenstrauß in der Diele hängenblieb, den er für mich auf einer Wiese gepflückt hatte, um mich zu empfangen. Er hatte Blume für Blume so ausgewählt und nach Farben und Knospenstand arrangiert, dass dieser Strauß meine ganze Aufmerksamkeit band. Ich musste hören, was er mir über diesen Mann erzählte, während W. geduldig neben mir stand und wartete. Wieder einmal verstand er. Er freute sich, weil ich die Botschaft las, die er geschrieben hatte, für mich, mit diesem Strauß.

Als ich bereit war, zeigte er mir sein Arbeitszimmer und sein Schlafzimmer. Die Räume waren sehr stilvoll eingerichtet und wirkten gepflegt.

«Ich mache alles selbst, nur die Fenster lasse ich putzen.» Er hatte meine Gedanken erraten.

Im Bad muss ich zur Toilette, wobei er mich nicht allein lässt, meinem Strahl zuhört, mich küsst, während es noch rauscht, mich berauscht, mit seiner Zunge, die mir zärtlich und fordernd zugleich die Lippen öffnet, bevor er mich hochzieht, als ich fertig bin, mir mit den Händen meine Hose abzustreifen, mit seinem Schwanz meine Schamlippen zu öffnen, mich zu nehmen, noch bevor er beendet ist, der Rundgang. Während ich mich am Badregal festhalte, nehme ich ihn auf, seinen Schwanz, der in meine Höhle dringt, nehme sie auf, seine Bewegungen, die meinen ganzen Körper durchdringen, nehme sie auf, seine immer heftiger werden Stöße, die meinen G-Punkt erschüttern, bis ich mich ergebe, laut meine Lust herausschreie. Seine Sahne begrüßt meinen Nektar, sie vermischen sich zu einem köstlichen Saft, der zu tropfen beginnt aus meiner Lustgrotte, der zu fließen beginnt, als er seinen Schwanz herauszieht und ihn mit der Hand auffängt, die er gierig ableckt, unseren Saft, der auf den Boden rinnt, um seine und meine Lust dort als kleine Pfütze zu hinterlassen.

Er legte seine Kleidung ab und entkleidete auch mich vollständig, bevor er mich zur Spiegelwand führte. Der Durchgang zum Wohnzimmer war von der Decke bis zum Boden mit Spiegeln versehen.

Wir betrachteten unser Spiegelbild und nickten ihm zu. Es passte zu uns wie wir zueinander.

«Jetzt zeige ich dir die Balken», flüsterte er mir ins Ohr, bevor er mich in sein Wohnzimmer geleitete. Dicke braune Holzbalken zierten den Dachstuhl. Zwei Fesseln, die er in gut geschätztem Abstand an den Balken befestigt hatte, bannten meinen Blick. Sie brachten meinen Körper zum Beben, sie fesselten mich, bevor ich an ihnen gefesselt war, weil ich in meiner Phantasie bereits unzählige Male an sie gebunden war, mit gespreizten Beinen und weit auseinander-, hochgestreckten Armen, völlig ausgeliefert den Peitschenhieben.

Er löste meinen Blick, indem er meine Scham berührte und ihre Feuchtigkeit prüfte. Zufrieden ergriff er meine Hand und setzte sich mit mir auf den Balkon, um mein Verlangen zu steigern. Nackt, die Wärme der Sonne auf unserer Haut genießend, zogen wir uns voreinander aus, indem wir ein weiteres Stück unserer Seelen entblößten. Während wir noch sprachen, wanderten meine Zehen unter seine Beine, wanderten seine Hände zwischen meine Beine.

Bis er mich hochzieht, um den Tisch herzurichten, mit den Utensilien für unser Fest, das vielleicht unser Spurenfest wird, hier, an seinen Balken. Bewegungsunfähig verfolge ich die Bewegungen seiner Hände, spüre sie auf meiner Haut, als würden sie mich berühren, mich, nicht das Gemüse, das er behutsam umfasst, das er anordnet zu einem Bild der Lust. Ich ahne nicht, dass er auch mich einmal so sorgsam auf diesem Tisch anrichten wird, bevor er mich nehmen wird, auf diesem Tisch, den er, wann immer ich diese Wohnung betreten werde, in einen Lusttisch verwandeln wird. Sehe ihn in der Gemüseabteilung lange verweilen, Gurke für Gurke betrachten, bis er eine findet, die seinen Formvorstellungen entspricht, sehe ihn Banane für Banane abtasten, Auberginen sortieren, Maiskolben suchen, Zucchini auswählen, grüne und gelbe, während sein Schwanz sich aufrichtet, weil er weiß, was die Bedienung nicht wissen kann. Verfolge ihn in Gedanken zur Wurst-

theke, die Fleischwurst zu begutachten, die er auf dem Lusttisch neben der Peitsche anordnet. Werde, versunken in dieses Bild, feucht, spüre seinen Schwanz, der plötzlich in meine Spalte dringt, heftig zustößt, so dass ich mich festhalten muss, am Tisch, bis ich stöhnend komme, die Orientierung verliere, weil er mich weiterfickt, mit der Gurke, bis ich erneut komme, nicht aufhört, eine Karotte in meine enge Öffnung einführt, mich erregt, ungeheuer erregt, mit dieser behutsamen Eroberung, mich weitet, um auch die Spitze seines Schwanzes hineinzustecken, und dann zu wechseln beginnt zwischen meinen Öffnungen, bis ich lustlautschreiend komme, erschöpft auf die Knie sinke, was sein Schwanz nutzt, auch meine dritte Öffnung zu besuchen, sich darin zu ergießen.

Er legte mich aufs Sofa, direkt unter die Balken, damit ich sehen konnte, was er noch mit mir vorhatte. Er umschlang mich mit allen Gliedern. Ich war sehr froh darüber, denn ich brauchte es. Seine Berührungen wirkten nach, sie wiederholten sich in meiner Seele. Sie suchten den Weg, den sie bereits kannten, und sie fanden die Tür zur Unterwerfung, die sich wieder geschlossen hatte, in den Tagen, in denen er nicht bei mir sein konnte. Diese Tür wollte erneut von ihm geöffnet werden.

«Ich will dich jetzt peitschen!» Seine Worte erreichten nicht nur mein Ohr, sondern auch meine Brustwarzen, die sich sofort aufstellten. Doch vor allem erreichten sie meine Seele, die von seinen Bewegungen in mir weit geöffnet, entblößt war, so sehr, dass plötzlich Angst entstand. Ich konnte mir diese Angst nicht erklären, und ich wollte sie nicht. Sie störte, doch sie blieb.

Er stellt mich auf die zwei kleinen Tische unter den Balken, die meine Beine spreizen, die ihm bequem Zugang verschaffen zu meiner Lustgrotte, nimmt wortlos meine Arme, die sich willig nach oben strecken, den Fesseln entgegen, die er um meine Handgelenke legt, mich in das Bild meiner Sehnsucht zu verwandeln. Er verbindet mir die Augen, legt die Nippelclams an, die schmerzend den Saft vermehren, den meine momentane Haltung zum Laufen gebracht hat, den Saft, der sich hinter meinem Hügel zu einem See sammelt, während ich seinen Blick auf mir spüre, den Saft, der angezogen von der Faszination, mit der er mich betrachtend umkreist, aus meinem Spalt zu tropfen beginnt. Seine Hände, die meinen Körpers entlangfahren, seine Nägel, die mir über die Haut kratzen, entlocken meinem Mund ein Stöhnen, das lauter wird, als er meinen Saft schleckt, mit der Zunge meine Rillen von der Nässe zu befreien, wodurch sie nur noch nasser werden. Vorbereitet und doch unvorbereitet trifft mich der erste Schlag auf den Po. Ohne Zucken empfange ich ihn, ebenso den nächsten, den er mir verabreicht, mit einem Rührlöffel, mich einzustimmen auf die Peitsche. Zärtlich streift er die Riemen von meinem Hals über den Rücken, führt sie behutsam entlang meiner Scham, immer und immer wieder, was mich zittern lässt, in Erwartung der Schläge, die meine Lenden treffen, als er zu peitschen beginnt, wohldosiert. Es ist nicht der Schmerz, den ich stärker ertragen könnte, den ich stärker ertragen werde, in den Tagen, an denen er die Peitsche heftiger schwingen wird, es ist die Haltung, die in der Seele die Peitsche wirken lässt, die mich erregt, unsagbar erregt, sodass ich komme, kaum hat er die Gurke eingeführt, erregt bleibe, als er weiterpeitscht, komme, als er mich mit der Aubergine fickt, erregt bleibe, als er nochmals die Peitsche schwingt, aufstöhne, als er die Fleischwurst in meine Grotte steckt. Mehr noch als die Riemen treffen mich seine Hände, mit denen er mir feste Schläge auf den Hintern verabreicht, während er mich fickt, mit der Wurst, mein Becken mit heftigen Vibrationen erschüttert, bis mein Lustschrei lauter und lauter wird. Es sind die Hände, die meine Pobacken rot färben und so die Tür öffnen, die Unterwerfung freizulassen, es sind die Hände, die zart über meinen Körper streicheln, auf dem die Peitsche noch keine Striemen gezeichnet hat, die meinen Augen das Wasser entlocken, das mir unter der Augenbinde über die Wangen läuft. Nur die Fesseln verhindern, dass ich falle, so sehr verliere ich mich an diesen Balken, in diesem Raum, unter seinen Händen. Das Wasser fließt weiter, als er Augenbinde und Fesseln löst, mich auffängt, mich auf das Sofa kniet, von hinten in mich eindringt. Nicht nur in Tränen löse ich mich auf, sondern vollständig, ich ergebe mich seinen Stößen, schluchze und lustschreie, unterwerfe mich, gebe mich ihm hin, gebe mich ihm. Er hält mich, bis ich zu mir finde, flößt mir Wein ein, füttert mich, bringt mich zu Bett, umschlingt mich mit seinem Körper, mich so in den Schlaf zu führen, mich im Schlaf zu ficken, mich aus dem Schlaf zu ficken, mehrmals in dieser Nacht.

Nicht nur ich war angekommen. Auf der Heimfahrt fuhr ich den nächsten Parkplatz an, weil ich vor Glück weinen musste. Noch während die Tränen flossen, erreichte mich seine SMS. «Ich bin unendlich glücklich, bei dir und mit dir angekommen zu sein.»

Er hatte meinen Körper nicht mit Striemen gezeichnet. Er spürte, wir waren noch nicht so weit. Er wollte sich und mich nicht überfordern.

Wir hatten vorher noch einige Schritte zu gehen.

Wort für Wort erfuhren wir mehr voneinander. Wir ließen einander in die Vergangenheit schauen, wir zeigten einander auch die Wunden und Narben des Lebens, die auf der Suche entstanden waren, und konnten spüren, wie sie zu heilen begannen, angenommen von dem Ohr des anderen.

Tag für Tag vergrößerte sich unser Austauschbedürfnis. Immer öfter rief er mich an oder sendete mir eine SMS, bis kein Tag verging, an dem wir einander nicht gehört und geschrieben hatten.

Begegnung für Begegnung kamen wir uns näher. Unsere Gefühle füreinander nahmen zu und vertieften sich, auch wenn wir sie vor uns selbst und vor dem anderen nicht aussprachen.

Berührung für Berührung wurde ich immer mehr sein. Jede zarte und jede feste Berührung hinterließ eine unsichtbare Spur, bevor er eine sichtbare Spur hinterließ.

Blumenstrauß für Blumenstrauß, den er vor jedem Zusammentreffen für mich auf Wiesen suchte und liebevoll zusammenstellte, zeigte er mir seine Wertschätzung.

SMS für SMS wurde er auch in Abwesenheit zum Gebieter meiner Lust, indem er mich auf diese Art anwies, bestimmte Handlungen an mir selbst zu vollziehen, oder mir in Aussicht stellte, was mich bei meinem nächsten Besuch erwartete.

Woche für Woche wuchs mein Vertrauen. Er war stark, ich erlebte, er ließ sich durch nichts, auch nicht durch andere Menschen, von dem abbringen, was er sich vorgenommen hatte. Bei ihm konnte ich meine Kontrolle vollkommen aufgeben, weil er die Kontrolle behielt, weil er sie immer behalten würde.

Stück für Stück fügten wir unsere äußeren Welten ineinander. Wir erlebten einander in unserem jeweiligen sozialen Gefüge und wurden ein Teil davon.

«Mit dieser Frau hast du ins Schwarze getroffen», flüsterte sein Sohn ihm zu, als ich bei unserem ersten Treffen den Raum verließ und zur Toilette ging. Er war mir auf den ersten Blick sympathisch, als wir ihn und seine Familie besuchten. Fast wie in Studentenzeiten saßen wir in der gemütlichen Küche um einen großen Tisch und redeten die halbe Nacht hindurch, so leicht kamen wir tief ins Gespräch.

Von diesem Mann spricht sie anders, merkten meine Eltern, bevor ich ihnen W. vorstellte. Sie registrierten, es war mehr als eine Affäre, es war ernst diesmal, mehr noch, es war anders, als es je war. Sie beobachteten, wie der ruhelose Teil in mir verschwand, wie sehr ich mich veränderte. Allein schon wegen seiner positiven Wirkung auf mich hießen sie ihn bereits willkommen in meinem Leben, bevor sie ihn persönlich kennenlernten. Danach waren sie begeistert. «Ein Mann mit Größe!», sagte meine Mutter voller Überzeugung.

«Zu dieser Frau kann man Ihnen nur gratulieren», sagte ein Firmeninhaber, auf dessen Geburtstagsfeier W. mich als seine Partnerin vorstellte. Es freute ihn zu sehen, wie er mich hofierte und wie sicher ich mich auch auf diesem Parkett bewegte.

Indem wir unsere Außenwelten einbezogen, wuchsen wir immer mehr zusammen. Dennoch war da etwas, was mich sehr bedrückte: meine Aufzeichnungen, die sich immer mehr zu einem Buchmanuskript entwickelten. Ich beabsichtigte, dafür einen Verlag zu suchen, und das wollte ich W. auf gar keinen Fall verheimlichen. Er war ein Teil meiner Geschichte geworden. Ich kannte ihn gut genug, um zu wissen, dass er diesem Vorhaben zustimmen würde, mehr noch, dass er es gutheißen würde.

Trotzdem hatte ich fürchterliche Angst, er könnte nicht damit zurechtkommen, wenn er von meinen erotischen Spielen mit M. und H. las. Vielleicht wollte er mich dann nicht mehr! Als ich wieder einmal bei ihm zu Besuch war, nahm ich all meinen Mut zusammen. Ich legte mein Manuskript auf den Tisch.

«Ich möchte, dass du es liest! Und ich habe große Angst», sagte ich. Dabei zitterte ich am ganzen Körper.

«Wovor?», fragte er. «Ich weiß doch schon alles!»

«Ja, aber es im Detail zu lesen ist etwas ganz anderes. Ich weiß nicht, ob ich es ertragen könnte, deine Erlebnisse mit anderen Frauen zu lesen.»

«Du bist mir viel zu weit weg.» Er stand auf, kam um den Tisch, zog mich vom Stuhl hoch und umarmte mich fest. «Nichts von dem, was du aufgeschrieben hast, wird etwas zwischen uns verändern können, da bin ich mir sicher!»

W. las jedes Wort. Nicht auf einmal, sondern in drei Teilen, an drei aufeinanderfolgenden Wochenenden. Er setzte sich dazu mit mir auf sein Sofa unter die Balken, hielt mit der einen Hand die Seiten und mit der anderen Hand mich. Jedes Mal las er erst ruhig und konzentriert, legte dann das Papier zur Seite, zog mir den Slip aus und nahm mich.

«Auf dich muss ein Mann aufpassen, das habe ich von Anfang an gewusst. Aber jetzt ist es mir noch bewusster. Du brauchst einen ganz starken Mann», sagte er nach dem Lesen.

«Ja, das stimmt.»

«Ich fühle mich dieser Aufgabe gewachsen. Und ich übernehme sie mit Freude.» Er küsste mich fordernd und zärtlich.

«Deine Gedanken haben mich sehr beeindruckt. Du bist eine besondere Frau, und ich bin sehr froh, dich gefunden zu haben!»

Mehr als glücklich fuhr ich nach diesem Wochenende zurück nach Hause. W. hatte die Stärke bewiesen, die ich brauchte. Und er hatte auch meine Unterscheidung zwischen Frau und Sklavin verstanden. An seiner Seite konnte ich das Gleichgewicht zwischen den beiden bewahren. An seiner Seite würde ich auch den Balanceakt zwischen Selbstauflösung und Selbstbewahrung immer wieder vollziehen können.

«Ich werde dich in äquivalenter Weise spüren lassen, dass der Schmerz zu uns gehört wie du zu mir.» Seine SMS nach einem Zahnarztbesuch ließ Körper und Seele beben.

Sein Bedürfnis, sich seiner Macht über mich zu vergewissern, steigerte sein Verlangen nach mir. Er beherrschte mich nicht nur durch Fesseln, Schlagen und Peitschen, sondern auch durch Ficken. Wenn immer ihm danach war, schob er seinen Schwanz in meine Grotte. Ich wurde feucht, wenn ich nur an ihn dachte und sobald er den Raum betrat. Die Häufigkeit, mit der er meine Verfügbarkeit prüfte, wuchs mit jedem Treffen, er nahm mich auf dem Boden, auf dem Tisch, auf der Terrasse, er fickte mich mit Wurst, Obst und Gemüse, er ließ mich bis zur Erschöpfung kommen, bis zu 20-mal an einem Wochenende. Er fickte mich bis zur Besinnungslosigkeit.

Ich gewöhnte mich daran, dass ich nach unserem Zusammensein nichts anderes als Nachspüren konnte, körperlich und seelisch glücklich. Mir wurde bewusst: Seine Lust war meine Lust. Meine Lust bestand darin, mich allem hinzugeben, was er mit mir machte. Durch seine Art, mich zu beherrschen, band er mich mehr als mit Erniedrigungsspielen.

Je mehr er mir immer wieder auch als Frau seine Wertschätzung zeigte, je mehr wir unsere inneren und äußeren Welten verbanden, je mehr ich seine Ausrichtung auf mich spürte, umso stärker wurde mein Wunsch nach festeren Schlägen. Ich wollte von ihm gezeichnet werden. Seit unserer ersten Begegnung waren vier Monate vergangen.

Wieder fügte ich mich in Demut dem Warten. Ich gehörte ihm, es war an ihm, den Zeitpunkt zu bestimmen. Ich gab mich seinen Handlungen hin und wartete.

Mein Verlangen, er möge auf meinem Körper Spuren hinterlassen, wuchs von Tag zu Tag. Es steigerte sich, es schien mir, als könnte ich nicht mehr warten. Jeden Tag überfiel mich mehrmals dieser Wunsch, bemächtigte sich meiner, ließ mich innerlich winseln wie einen Hund nach seinem Knochen.

Als ich dachte, ich könnte es nicht mehr aushalten, erreichte mich seine Anweisung.

Die Gerte ist geschnitten! Ich erwarte, dass du noch heute deine feuchte Lustgrotte durch intensive Masturbation mittels deiner Finger und abschließend durch Einführen eines penisförmigen Naturdildos bis hin zum Orgasmus durchfickst! Als Belohnung werde ich dich morgen wieder stehend an die Balken fesseln, dich durchpeitschen, dich die Gerte Spuren hinterlassend spüren lassen! Ich erwarte deine detaillierte Vollzugsmeldung heute Abend! Ich lese, bebe, lese, bebe, zittere, lasse fallen, was ich gerade in der Hand halte, mein Arbeitszimmer weicht zurück, bis es ganz verschwunden ist, ich bin nicht mehr in meinem Haus, bin bereits an den Balken, gefesselt, erwarte seine Schläge. Mein Saft tröpfelt, fließt, strömt bei diesem Gedanken, schwindlig taste ich mich vor, finde den Kühlschrank, er ist noch da, was gut ist, weil in ihm das Gemüse vorrätig ist, das ich jetzt dringend benötige, um seinen Befehl zu befolgen. Ich erreiche mein Schlafzimmer, das ich abschließe vor meinem Sohn, der gerade den Rasen mäht, nicht ahnend, was seine Mutter hinwegschweben lässt, in diesem Moment, in dem er den Motor anwirft, als mich der Sog erfasst, ich die Finger in meinen Saft tauche, die Blüten meiner Scham berühre, Blatt für Blatt, die sich willig öffnen, ihm, den ich vor mir sehe, wie er mich beobachtet, die Bewegungen meiner Finger verfolgt, sie antreibt, sich heftiger zu bewegen, einzudringen, in den Lustschlund, der ihm gehört und in dem sie versinken, bisher unbekannte Lust erzeugen, weil nicht die Berührung meiner Finger sie hervorruft, sondern sein Befehl, dem sie Folge leisten, mich erschaudern lassen, dem sie gehorchen und sich zurückziehen, um die Gurke zu ergreifen, sie einzuführen, immer tiefer, begleitet von seiner Erregung, die ich steigere, indem ich die Gurke bewege, in mir, für ihn, der mir befiehlt, sie noch weiter verschwinden zu lassen, um seine Lust zu erhöhen, bis diese die meine erfasst, ich mich ficke, wie von ihm befohlen, mit der Gurke, bis ich komme.

Meine Vollzugsmeldung, die ich ihm sendete, ließ ihn spritzen. Die Erwartung der Belohnung erzeugte eine Erregung, die mit mir und ihm zu Bett ging und mit mir und ihm am nächsten Morgen aufstand, eine Erregung, die mich zwang, im Verlauf des Vormittags den Slip zu wechseln. Er kam zu mir. Meine Eltern hatten uns und Karl zum Mittagessen eingeladen. Die Erregung trat im Beisein der Familie nur in den Hintergrund, verschwand jedoch zu keinem Zeitpunkt ganz. Während wir uns mit den anderen über alltägliche Themen unterhielten, sahen wir uns immer wieder wissend an.

Kaum haben wir seine Wohnung erreicht, legt er mir die Hände, die beginnen wollen, den Koffer auszupacken, auf die Bettkante, damit ich mich festhalten kann, während er hinter mir steht, mir den Slip abstreift, seinen Schwanz einführt in meine erwartungsfeuchte Grotte, um mich zwischen Spiegel und Bett zu nehmen, seine Nägel über meine Lenden, meinen Rücken, meine Oberschenkel zieht, meine Brustwarzen drückt, mich zu ficken, bis ich laut stöhnend komme und mich festkralle, damit ich nicht die Orientierung verliere, in den Bewegungen seines Schwanzes, der nicht aufhören will, mir Lust zu verschaffen, der weiter in mich stößt, mich zwingt, mich ihm nochmal zu ergeben, in einem langen Lustschrei.

Vom Rhythmus unseres Liedes, das er auflegte, völlig mitgerissen, tanzten wir in immer ausgelasseneren Bewegungen, bis wir den Lusttisch anrichteten. Er legte die Gerten auf den Tisch, die ich andächtig mit den Fingern berührte, sie behutsam abtastete in ihrer

Länge und Dicke. Ich erschauderte, erahnte den Schmerz, während meine Höhle zu tropfen begann. Doch erst mussten wir noch sprechen, um zu verarbeiten, was nach den sozialen Begegnungen des Tages offen war und nur im Austausch von Worten geschlossen werden konnte.

Wir mussten es schließen, um frei zu werden von allen Gedanken, damit nicht eine Zuckung, nicht auch nur ein unausgesprochenes Wort zwischen uns stand, wenn wir vollziehen würden, was nur so vollzogen werden konnte. Wir redeten, bis wir spürten, er in sich und ich in mir, es war so weit, wir waren so weit. Er sah mich lange an, so lange, bis ich die Lider senkte, weil ich bereits verstand, was sein Mund dann aussprach: «Ich will dich jetzt festbinden, dich peitschen, deinen Körper mit Striemen zeichnen!»

Er führt mich an der Hand unter die Balken, an denen er bereits die Seile vorbereitet hat, um sie an meinen Handgelenken zu befestigen, mich ihm auszuliefern, von allen Seiten für ihn zugänglich, gebunden an diese Balken, die mir, obwohl mir von ihm vertraut gemacht, erscheinen, als sähe ich sie zum ersten Mal, diese Balken, was auch stimmt, weil sie nicht mehr die gleichen sein werden, wenn an ihnen die Spuren haften, mit denen er mich zeichnen wird. Erst berührt mich sein Blick, auf dem Nacken, auf dem Rücken, auf den Pobacken, dann die Peitsche, die er entlanggleiten lässt, langsam, vom Nacken über den Rücken, von den Brüsten über die Schamlippen zum Hintern, damit ich schaudere von der zarten Bewegung der Riemen, bevor er mich zu peitschen beginnt, gezielt auf die Lenden, wobei er die Kraft seiner Schwingungen sorgsam dosiert, um nicht vorwegzugreifen den Gerten, die er geschnitten hat. Seine Finger dringen in meine Grotte ein, umkreisen meinen Lusthügel, öffnen die Lippen für die Masturbationsgurke, um sie zu verwandeln in eine Fickgurke, indem er mich kommen lässt, mit ihr. Noch sind sie nicht abgeklungen, meine Vibrationen, als mich die erste Gerte zucken lässt, leicht nur, im Wechsel mit der Peitsche, deren Hiebe er unterbricht, um mich mit der Wurst zu füllen, die meinen Saft auffängt, als er wieder zu peitschen beginnt. Er hält inne, fickt mich mit der

Wurst, um meine Hingabe zu vertiefen, an die Schläge mit der Gerte, die er nun schwingt, um mich zu zeichnen, mit Striemen. Der Schmerz durchströmt mich, ist stark, lässt mich aufstöhnen, lässt mich wissen, dass ich mich nähere, der Erfüllung, lässt mich warten auf den nächsten Schlag und den nächsten, lässt mich spüren, dass sie mich markieren, diese Schläge, lässt mich sie still ertragen, weil sie mich auflösen, erlösen. Weil sie einen Strich ziehen, mit jedem Strich, den er zieht, unter mein bisheriges Leben, es vollenden, ihm den Sinn geben, mich versöhnen, mit jedem Schritt, den ich getan habe oder tun musste.

Behutsam löst er mir die Fesseln, trägt mich aufs Sofa, bettet mich, legt sich auf mich, um die heftigen Beben meines Körpers aufzufangen, die nicht enden wollen, weil sie von meiner Seele ausgelöst werden, die aufgefangen werden, von ihm, als er ausspricht, was ich sehne, ich möchte es nie wieder missen müssen, die andauern, als er mich auf den Teppich legt, in mich gleitet, als sie ihn weit geöffnet empfangen, mein Lustschlund und meine Seele, die seinen Schwanz und ihn aufnehmen, die sie für ihn alle Riegel gelöst haben, dank dieser Zauberschläge, die sie ihn hinlassen, zur Mitte, zu der es keinen Zugang gab, vorher, sich ihm hingeben, für immer. Seine Fingerspitzen, die zärtlich über die Striemen streicheln, lockern die Tränen, Tränen, die fließen, als er mich, begleitet von eigens für diesen Augenblick gewählter Musik, fest in den Armen hält, Tränen, die sich mit den seinen vermischen, ihn und mich mit Glück erfüllen. Ich erahne bereits, was ich erst am nächsten Tag in voller Intensität spüre, als die Spuren, die er auf meinem Körper hinterlassen hat, mehr und mehr nach innen dringen, sich einbrennen in jede Zelle meines Körpers, in jeden Winkel meiner Seele, am nächsten Tag, als ich die Striemen betrachte, immer und immer wieder, weil sie mich sehen lassen, was ich fühlte, seit er mich das erste Mal angebunden hat, an diesen Balken, dass er und ich am Ende eines langen einsamen Weges angekommen sind, ich bei ihm und er bei mir. Und ich erahne bereits – was ich erst an den folgenden Tagen begreife, als die Verwandlung ihrer Farben die Vielfalt der Dimensionen spiegelt, die sie in sich tragen, diese Spuren, die sich verändern, weil sie, indem sie ver-

blassen, nach Erneuerung schreien, die wiederum verlangt, dass Worte ausgetauscht werden, er und ich uns reinigen, uns innig verbinden, vorher, vor den Spuren, für die Spuren, verbunden sind, nachher, nach den Spuren, durch die Spuren –, dass der gemeinsame Weg begonnen hat, der Weg in nicht enden werdende, immer neue Tiefen.

Danksagung

An Joachim Jessen, meinen Agenten, dem gefiel, was er las, und der mir die Tür des Verlages öffnete.

An Barbara Laugwitz, die sich als verantwortliche Lektorin auf das Thema und so manche kontroverse Diskussion mit mir eingelassen hat. Ihre auf Inhalt und Form bezogenen, beharrlichen und kritischen Fragen und Anregungen haben mir zu einer besseren Fassung meines Buches verholfen.

An Angela Troni, die als Lektorin meiner Vorliebe für Partizipien, Nominalstil und Wortwiederholungen Grenzen aufgezeigt und so dieses Buch lesbarer gemacht hat.

An W., der mich immer wieder spüren lässt, dass meine Lebenssehnsucht Wirklichkeit geworden ist. Er gab mir als Gebieter und Mann die Kraft, neben Familie und Beruf meine erste, überwiegend für mich selbst geschriebene Fassung zu überarbeiten.

An David und Sieglinde, die mit großem Verständnis hingenommen haben, dass für sie keine Zeit blieb.

An meine Familie, die mich unterstützte, ohne zu wissen, woran ich arbeitete.

Ich danke euch.
Eva B.

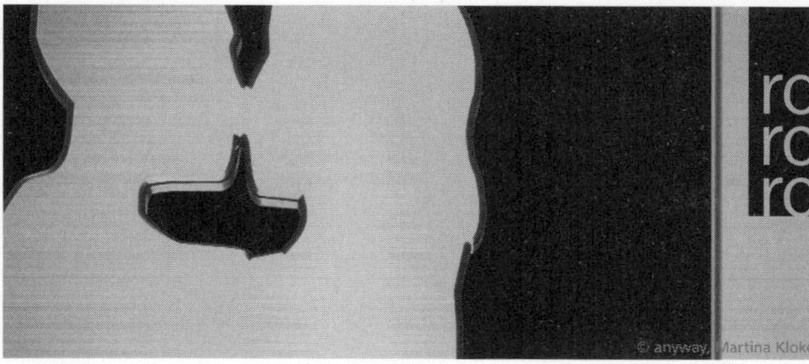

S 41/3

Liebe, Lust & Sex bei rororo

Alles fit im Schritt?
Tipps und Tricks für tote Hosen

Nancy Friday
Die sexuellen Phantasien der Frauen
rororo 17376
Die sexuellen Phantasien der Männer
rororo 17679

Kathrin Passig/Ira Strübel
Die Wahl der Qual
Handbuch für Sadomasochisten und solche, die es werden wollen
rororo 61692

Beatrice Poschenrieder
Der beste Sex aller Zeiten
Eine Expertin verrät, wie Sie jede Frau glücklich machen
rororo 61590
Stöhnst du noch oder kommst du schon?
Der sichere Weg zum Orgasmus
rororo 62071

Christiane Bongertz
Das Flirtbuch für Frauen
rororo 61697

Corinna Rückert
Die neue Lust der Frauen
Vom entspannten Umgang mit der Pornographie
rororo 61686

Katja Hertin
G.i.B. – Gut im Bett

rororo 61586

Weitere Informationen in der Rowohlt Revue *oder unter* www.rororo.de